リスク社会の科学教育

専門家とともに考え、意思決定できる市民を育てる

荻原 彰
OGIHARA Akira

新曜社

はじめに

読者の皆さんは『チコちゃんに叱られる』という人気テレビ番組はご存じだろう。日常生活の中で何気なく見逃しているが、聞かれると答えに詰まってしまうような疑問をチコちゃん（5歳）が芸人やタレントに質問し、見当外れな答えをすると「ボーッと生きてんじゃねえよ！」と一喝する。一般人のそれこそボーッとした答えも披露され、その後専門家が登場して謎解きをしてみせるという番組である。私は、たまに知人が登場してくることもあってこの番組を割と見ていることが多いのだが、見るたびに（少し大げさだが）専門家と非専門家のある種ステレオタイプな関係性に突っ込みを入れたくなる。

専門家（いろいろな専門家が出てくるが、ここでは科学の専門家という意味に考えていただきたい）は「この分野のことをよく知っていて何でも答えてくれる人」として登場するのだが、これは言ってみれば質問という入力を入れれば答えという出力が転がり出てくる自動販売機のようなものとして専門家を考えているということだ。専門性に必ず伴う留保（こういう条件がついています。この条件の範囲内で……）とか知識の限界（調べないと……）とかはまあ出てこない。テレビでそんなことをグダグダ言い始めたら視聴者はいらだってチャンネルを変えてしまうからだろう。

この本はまさにそのグダグダの部分にこだわっている。科学教育は専門家がチコちゃんに答えてくれる明快な答えよりもむしろその背後に隠れてしまう留保とか知識の限界にもっと焦点を当てるべきだということを主張している。

もう少し具体の問題に即して述べてみよう。社会の方向性を決める際に科学が決定的に重要となる問題について、それを科学の専門家に問うてみても、あいまいな（と見える）答えしか出てこなかったり、専門家間で意見の対立があったりすることがある。たとえば新型コロナウイルス感染症（COVID-19）が蔓延していたとき、接触制限を厳しく主張する専門家がいる一方で、重症者への的確な対応ができるのならば厳格な接触制限は必要ないとする専門家も存在した。いったい誰の主張が正しいのか見当がつかず、オリンピック開催の是非も絡んで専門家への不信を示す発言がSNSにあふれかえり、ワイドショーのコメンテーターは、統一した意見を示せない専門家へのいらだちをあらわにした。しかし「誰の言ってることが正しいのかわからん」、「どの説に基づいて対処すべきか、統一的な見解を示せ」といわれても専門家は困惑するばかりであろう。それぞれの専門家の主張にはそれぞれに根拠となるエビデンスが存在し、その意味ではどの主張も正しいからである（陰謀論のような明らかに誤ったエビデンスに基づく主張は除く）。

科学、特に日々新しい発見がなされるような先端的科学では、有力な学説が相互に競い合うのが常態であり、どの説が妥当なのかは事後的にしかわからないことが多い。さらに感染抑制と社会経済活動の両立という問題がある。感染を抑制することに１００％の重みを置けば、社会が回らなくなる。両立させるためには社会経済活動との見合いで許容できる感染拡大の規模について考える必要がある。しかしこれは専門家に問うても答えられない問題である。許容するのは専門家ではなく、社会全体の合意、実際には社会からの負託を受けている政治であって専門家はその大きな枠組みの中で知見を提供する存在だからだ。

このような事情があるにもかかわらず専門家不信が声高に語られたのは、政治が意識的に専門家委員会を政府批判の防波堤に利用したこともあるが、より根本的には、科学に問われても答えられない問いがあることを許容せず、「正しい」答えの自動販売機であることしか求めない社会の側、つまりは我々市民の科学への向き合い方の中にこそ問題があるのではないだろうか。これでは科学と社会の関係、専門家と市民の関係はゆがんだものにならざるをえない。本来、科学と社会の関係、科学と市民の関係は、医療においては一般的になってきたインフォームドコンセントのような関係であることが望ましい、つまり社会に大きな影響を与える科学技術政策上の問題を専門家や官僚に任せてしまうのではなく、社会との対話の中で方向性を決めていくべきなのである。しかし前述のような一方的依存はかえってこれを妨げる。一方的依存はインフォームドコンセントとは真逆のパターナリズム、偉い人にお任せ主義への道にしかならない。これは社会にとっても科学にとっても不幸なことである。

私はこのような状況となっている責任の一端は初等中等教育における科学教育にあるのではないかと考えている。初等中等教育における科学教育は理念の上では教養教育の体裁をとりながらも実体的には高等教育における科学技術の専門家養成のための予備教育となっており、市民教育における科学教育の固有の価値が考えられた教育となっていない。市民教育において科学教育を行う意義は日常生活に科学を応用できるというようないくつかの意義が考えられるが、最も大きな意義は、AI、原子力、遺伝子改変など人類の未来を大きく変えるような科学技術の変革に流されるのではなく、専門家とともに科学技術の発展の方向性を考え、科学技術政策に関する意思決定を行い、市民自身も政策執行のアクターとなるための教育、一言でいえば科学技術を統治する市民を育成することであると筆者は考える。そして初等中等教育における科学教育のこのようなコンセプトの転換は、高等教育以降の専門家教育において、市民と協働し、市民を支えることを専門家の重要な使命と考える志向性を培う基盤となるという意味で専門家教育にとっても有意義だろう、本書はそのような教育を実現するために筆者が考えてきた論考をまとめたものである。この論考が科学教育の方向にわずかでも影響を与えることができれば望外の喜びである。

リスク社会の科学教育❖もくじ

第2章　科学の社会化　35

第6章　トランスサイエンス問題への自律的意思決定の基盤をつくる　251

装幀＝新曜社デザイン室

序章　「文明社会の野蛮人」と科学教育

科学論研究者の小林信一は、スペインの哲学者、オルテガ・イ・ガセットの「文明社会の野蛮人」（科学技術の産物をあたかも自然物であるかのようにみなし、科学技術の成果は享受するが、科学技術を生み出す努力やプロセスには無関心な人々）という概念を援用して、若者の科学技術離れを説明する研究を行った。小林は高校生調査の因子分析から、「文明社会の野蛮人」の特徴を抽出している。[1]

安定志向で、社会的関心は弱いが、人とつきあうのは好き。機械いじり、工作、パソコン操作、理科の実験などはあまり好きではなく、文章の読み書きも苦手。自然もそれほど好きでない。そして、世の中を動かすのは科学技術より政治・経済だと思っている。

このように科学技術のプロセスに関してはあまり縁はないが、科学技術の提供するアメニティが向上していくことは歓迎する。

小林の示す人間像は示唆的である。現代人の生活は科学技術の基盤の上に載っている。我々は、地下2000メートル以上の深さから採掘され、巨大タンカーで1万2000キロメートル（中東原油）を運ばれる石油による発電に電力の多くを頼っている。地球の上空約2万キロメートルの軌道に沿って配置された測位衛星によるGPSに依存して行動している。我々の日常生活は高度の科学技術と巨大な社会資本、つまり社会に実装された巨大な科学技術システムにより支えられているのである。しかしそれを意識することはほとんどない。科学技術は自然物のように我々の日常世界の中に埋め込まれており、その成果が普遍的に享受されていても、それが機能するプロセスや生成されるプロセスに関心が向けられることはあまりない（プロセスへの無関心）。まれに関心が向けられることはあっても、その目も眩むような専門性と、国家や巨大企業を背景とする権力性に圧倒され、「専門家にしかわからない」、「専門家に任せればよい」という一種の思考停止に陥り、日常のあれやこれやに紛れていつしか関心も薄れてしまうというのが多くの人の実態であろう。

プロセスへの無関心は、社会を支える様々なシステムの科学技術的側面に限定されたことではない。各システムがどのような原則で運営され、他のシステムとどう相互依存しているかといったことについては、システム内部での関心事項にとどまることが多い。システムは高度の専門性を持つ専門家により運用されているため、市民（専門家も自分の専門以外の部分では市民である）は専門家をとりあえず信頼してシステム運用をまかせる他なく、システムについて知識を得たり、システムについての決定に参与していくという動機づけは乏しくなる。だれかが電気を作ってくれるなら、電気について知らなくても電気を利用することはできるのである。大災害等でシステムが崩壊し、生活を脅かされるなどの事態が生じないかぎり、システム外の人々はシステム内部のプロセスに関心を向けることはほとんどなく、一方的なシステムの消費者・享受者にとどまっている。

システムが人々のニーズを的確に反映し、公正に運営されるならば、大きな問題は発生しないのかもしれない。しかし福島第一原子力発電所の事故や薬害エイズ事件が示すように、システムの破綻は起こりうるし、それが社会の基幹をなす大きなシステムであればあるほど一般の市民に対する被害は大きくなる。福島第一原子力発電所の事故の際、首相官邸の描いた最悪シナリオでは、首都圏3000万人を避難させる必要性があるとされていた。[2] もちろんこんなことは不可能であり、これは日本破滅のシナリオに他ならない。たった一つの発電所の事故がGDP世界第3位の大国を破滅させる可能性があったのである。しかしこのような巨大事故があり、高い放射能レベルに阻まれて事故の詳細の分析が進んでいないにもかかわらず、原子力発電所再稼働は進んでいる。

ことは原子力発電所に限らない。現在、安全性審査が進んでいる青森県六ヶ所村の核燃料再処理工場は原子力発電所とはけた違いの大量の放射性物質を扱う上、化学プラントという性質上、爆発などの事故が起きやすく、原子力発電所における原子炉格納容器のようなバリアーがないだけに原子力発電所以上に破滅的な事故を起こす危険性が高い。その他、核開発をはじめとする軍事科学、石炭火力発電所の新増設や発展途上国への輸出、生態系にどんな影響を与えるかわからない化学物質の新規合成など日本を含む世界の大国の多くが破滅的なリスクの生産を一向に止めようとしていない。

しかしリスクの生産に携わる人々、たとえば電力会社、化学工業、経済産業省、原子力工学や化学工学の研究者といった人々は利権に凝り固まった邪悪な人々というわけではない。もしそうならば話はむしろ簡単である。「悪い奴ら」に責任をとらせればよい。しかし、むしろほとんどの場合、これらの人々は有能であるだけでなく誠実でもある。「世のため、人のため」に懸命に働いている。問題は個人の資質というよりも「システムの悪」[3]である。システム内部の人々は、このような大規模で制御が非常に難しいリスクのもたらす恐るべき未来が垣間見えたとしても、システムそのものを否定したり根本的改変を企図するにはいたらない。システムはかれらの存在理由であり、現実的に言えば飯のタネでもあるからだ。リスクは技術的対処のできる問題として矮小化され、技術が次々に付加されて、システムはさらに巨大化していく。

システムが巨大化すれば、リスクに携わるそれぞれの現場は他の現場をも見通して行動することが難しくなり、決定権者の方でも、システムを一望して適切な決定を下すことは難しくなる。福島の事故の際に原子力安全委員会も東京電力首脳もほとんど機能しなかったことにこの事情をよく見て取ることができる。

福島の事故は10万人を超える人々に避難を強いた巨大事故である。しかしこの事故を引き起こした東電の経営責任者は刑事責任を免れている。この事故よりはるかに小さな規模の事故でも、多くの事故で刑事責任が認められているのに、このようなことがまかりとおるのは不当なようにも思える。しかし、現在の司法が彼らの刑事責任を認めることは困難であろう。巨大になりすぎた原子力発電所のシステムがどのような条件のときにどのような状態になり、何が起こるかというのを、あらゆる場合において的確に把握するなどということは人間の能力を超えており、能力を超えたことについては、人間は責任をとれないからである。

「意思決定には責任が伴う」、これは常識である。しかし何が起こるのか、それによってどのような被害が生じるのかわからなければ、つまりリスクが特定できなければ、少なくとも法的に責任を負わせることは難しい。問題は意思決定したのに責任をとらないということではなく、そもそも責任などとれない、被害の巨大さを考えれば責任などとっても意味がないことについて意思決定をしてしまっているということである。

だれも責任をとらず、だれも責任をとれない。とっても意味がないという状況にもかかわらず、原子力発電所は再稼働し、再処理工場は動き始める。「あらゆる領域の多種多様な決定、悪意やエゴイズムよりもむしろ近視眼でもって特徴づけられる数々の決定[3]」がルーティンとして積み重ねられ、破滅の予感を持ちながらも歯止めがかからない。「この先に大きな滝があるのがわかっているのに、流れに身を任せるしかなすすべを知らない船の漕ぎ手のような状況[4]」のまま進んでいるというのが現実であろう。政治・経済・科学技術、領域によっては軍事やメディアを抱え込んだ巨大なシステムはそれ自身の慣性で突き進んでいくのであり、システム内部からそれを正すことは難しい。

内部から正せない以上、システムの大きな方向性に対して、システム外部の人々（市民）が、その決定への参加を求め、決定に実質的に参与することが、システムの暴走を防ぐための唯一の道であろう。科学技術を統治する「強力かつ独立した大衆[5]」が求められるのである。

そのためのしくみづくりも求められるが、何よりも必要なのは、市民が自分たちの生活を支えるシステムの内部プロセスに関心を持ち、システムを見えにくくしている専門性の壁を乗り越え、専門家の知見を学び、自分の意見を形成しようとする意欲を持ち、専門家や他の市民とのコミュニケーション能力を身につけることである。専門家によって支えられる社会、各人が高度な専門性を身につけることを要請される知識基盤社会であればあるほど、専門家を統制し、社会のあるべき姿を専門家任せにしないで、自分で考えることができる市民の育成が求められる。科学技術について言えば、専門家の協力を得ながら、科学技術システムを統治できる市民の育成が求められるのである。

そのためにはどのような科学教育が必要だろうか？　おそらく伝統的な理科教育とはかなり様相の異なる教育が求められるだろう。伝統的な理科教育（大学教育も含める）では「科学を知る」ことを重視してきた。科学の高度化に対応するために学校教育の期間を延伸したり、知識教授の密度を高める（より多くの知識を扱う）ことによって、より広く高度な知識を身につけ、先端的な知との距離を小さくするという考え方で対応してきたのである。その背景には、基礎を一つ一つ積み上げながら学ぶのが学校教育であり、実社会での意思決定に必要となる総合とか学際とかはその基礎の上に立ってこそ可能であるという考え方が存在する。

この考え方は一見、もっとものように思えるが、少し突き詰めて考えると、こんな疑問が浮かんでくる。毎日、膨大な知識が生産され、知の前線が日々、進歩していく中で、一体基礎とは何をさすのだろうか。もし一つ一つ基礎を積み上げていかなければ総合ができないのだとしたら、大学院でも、あるいは社会人となっても、いつまでたっても総合などできないのではないか。しかし、現実には、職業人としても、また主権者としても、様々な意思決定を迫られる機会はたくさんあり、その多くは教科とか学問という形でまとめられた個別の知の体系に収まらない、総合的なものである。

例をあげてみよう。原子力発電・遺伝子操作などの抱えるリスクとベネフィットについて判断し、その是非を意思決定していくのは究極的には国民一人一人である。専門家は意思決定についての援助をするのであって、意思決定そのものはあくまで国民（実際には国民の負託を受けた政治家が判断を下すことが多い）の責任である。その際、エネルギー安全保障、遺伝子工学など意思決定に必要な様々な事柄をすべて知悉しなければ、意思決定ができないのであろうか。もしそうだとすれば、そのようなことは不可能であり、結局は専門家集団に丸投げをするほかはなくなる。

むしろこう考えるべきであろう。意思決定者としての国民にとって必要な資質は、個別的知識というよりも総合的な判断力であり、自己が意思決定の責任を担うという自覚と主体性を持つことである。知識ではなく知恵が求められるのだと。

この事情は、実は専門家にも共通している。専門家は、専門教育と実務経験により培われた専門性（専門的な知識とスキル）を有している。しかし科学技術の急激な拡大に伴う知識爆発に追いつくため、専門の細分化が進み、広い視野で自己の所属する学問分野を見渡したり、自分が携わっている研究や実務が世の中にどのようなインパクトを与えるのかを考えることが困難になっている。そのことに自覚的でない専門家は「専門性の檻」に閉じ込められ、自己の専門性にかかわること以外のことに興味をもたなくなる。その症状がもっと進めば、自己のコミュニティの利害というバイアスのかかった観点でもっぱら世界を眺めるようになる。その意味で専門家も「野蛮人化」しているのであり、総合的判断力は専門家にも求められている。

このような能力を伝統的な手法である科学的知識の基礎からの積み上げだけで獲得できるだろうか。おそらく無理であろう。科学と社会が密接にかかわり、総合的判断力が求められる具体的な課題について考え、議論し、迷いながら自分の考えを形成していくという経験、伝統的理科の枠を超えた総合的・問題解決的経験とそれを保証する教育（主に初等中等教育）のしくみ、そしてそれらの背景となる知、「科学技術を統治する市民を育てる教育のための教育学」とでも言うべき知が必要となる。本書はこの知をめぐる私の論考である。

第1部　科学技術と社会の相互作用——社会の科学化、科学の社会化

第1章　社会の科学化

社会の科学化の進行

1989年11月9日、東ドイツ政府は東西ベルリン間の国境検問所を開放し、翌日、ベルリンの壁の撤去作業が始まった。この事件を契機にすでにポーランドやハンガリーで進みつつあったいわゆる東欧革命が加速し、1990年には全東欧で社会主義政権が消滅した。革命は東欧にとどまることなく、1991年には社会主義国の中核であったソビエト連邦が崩壊した。わずか数年で世界は激変したのである。顧みれば、20世紀は二度の世界大戦、ロシア革命などこのような世界の劇的な変化が立て続けに起こった人類史上、未曽有の世紀であった。

しかしこのような政治上の巨大な変化も20世紀から21世紀にかけて科学技術が人類にもたらした変化に比すると微小なものにすぎない。エリック・ホブズボームは「二〇世紀の第三・四半世紀は石器時代の農業の発明とともに始まった七〇〇〇年、ないし八〇〇〇年の歴史の終わりを記したと主張できるであろう。この時代とともに、人類の圧倒的多数が食糧を育て動物を養って暮らしてきた長い時代が終わったからである。[1]」と述べているが、これは科学技術が農業生産とグローバルな輸送システムにもたらした変革によるものに他ならない。変革は物質的なものにとどまらない。2023年には世界人口の6割以上がウェブに接続しており、辺境の僻村の人々にも数本の指を動かすだけで世界大の情報空間への入出力が可能となっている。スマートフォンを持つということは知的な意味では、世界を手のひらに乗せていることに等しいのである。

社会の隅々まで科学技術が浸透し、社会の中での科学技術セクター（研究者、技術者だけでなく科学技術にかかわる行政機構や企業等の技術戦略にかかわる部門を含む）の比重が大きくなり、科学技術で優位を占めることは国家の意思決定における主要関心事の一つとなっている。いわば社会の科学化が進行しているのである。

社会に対する科学技術の影響力の増大（科学技術から社会への作用）は科学技術自体の性格に変化をもたらしている（社会から科学技術への反作用）。一部の化学工学を例外として、20世紀初頭までの科学は世界への認識を深めることを動機づけとする、いわゆる好奇心駆動型科学[2]であり、技術は科学に基礎づけられたものというよりも、技術者の試行錯誤により開発されるものであった。科学と技術は別々の道を歩んでいたのであり、社会は大学での小規模な科学研究を許容はするが、科学研究の技術的有用性にさしたる期待はしていなかったのである。白熱電球、蓄音機など多数の発明を行い、「メンローパークの魔術師」と讃えられたエジソンが系統的な科学教育を受けていなかったことはそれを象徴するものといえよう。

しかし、第一次世界大戦での飛行機や毒ガスなどの戦争における科学の「有用性」の実証、1920年代以降のデュポンなど基礎科学の成果を生かした新製品の開発を担う企業内研究所の発展は使命志向型科学という科学の新しい型を生みだした。これを決定的にしたのが第二次世界大戦の際の原子爆弾開発計画(マンハッタン計画)である。[2] これ以後、政府や企業など特定の主体が技術的目的(原爆開発、月着陸など)と期限を定め、科学者・技術者を目的達成のために短期間に大量に動員して目的を達成するプロジェクト型の使命志向型科学が好奇心駆動型科学と並ぶ、あるいは凌駕する科学研究の主流となり、科学と技術は一体のものとみなされるようになった。好奇心駆動型研究が重要であることには変わりはないが、好奇心駆動型研究により発見された研究のタネの発展の方向性が社会の側から規定される時代、科学が社会化される時代を迎えたのである。

このような「科学の社会化、社会の科学化」は、教育にも新たな課題をつきつけている。それはネット・リテラシーを高めるとか、AIに置き換えられないようなキャリア教育をするとかいうような、市民が科学による社会変化に適応できるような教育が要求されているという意味ではない。それも一定程度必要ではあろうが、それ以上に必要なのは、この科学と社会の相互浸透、科学が社会に遍在し、科学と社会が分かちがたく結びついて、いうなれば社会-科学複合体となっている現代という時代を俯瞰的に眺め、科学と社会のあり様とあるべき方向性を考えることのできる観点(切り口)の獲得であろう。少し大げさに言うならば、文明論的視点で現代の科学文明をとらえることといってもよい。

科学技術と社会の関係性を俯瞰的にとらえる観点には様々なものがあるが、その代表的なものは社会変革の原動力として科学技術をとらえる観点である。この考え方は、古くはフランシス・ベーコンまでさかのぼるが、学問的な定式化を行ったのはヨーゼフ・シュンペーターであろう。シュンペーターは、価格メカニズムにもっぱら注目して経済現象を静態的にとらえていた一般均衡理論を批判し、資本主義社会の中核的発展要因としてイノベーション概念を経済学に持ち込んだ。そしてイノベーションをもたらすもっとも重要な因子の一つとして技術革新をあげた。言うまでもなく技術革新のネタは基礎科学にあり、技術そのものを開発していくのも広い意味での科学（工学）である。我が国を、世界で最もイノベーションに適した国に変革し、科学技術イノベーションを通じて Society 5.0 の実現を目指す政府の統合イノベーション戦略や「持続可能な科学・技術イノベーション創出能力の育成には、単なる『人材育成』を超えて『初等・中等教育から高等教育と社会人教育』にまで踏み込んだ一貫した教育政策と、科学・技術政策との協働が不可欠である。[3]」とする日本学術会議の提言は、科学に対するシュンペーター以来の考え方の延長線上にあり、これは現代の我々にとってもっともなじみ深い科学技術と社会の関係形態である。

しかし、この小論の目指す「科学技術を統治する市民を育てる教育」に適合的なのは、現代における科学技術と社会の関係性のもたらした果実（たとえば医学や公衆衛生学による平均寿命の伸長）を率直に評価しながらも、その問題点を意識し、是正し、市民による科学技術統治を促す観点である。そのような観点として私が注目するのは社会の科学化という意味では、ウルリッヒ・ベックの「リスク社会」という考え方であり、科学の社会化という意味では金森修の「科学の変質についての3つのモデル」である。そこで、以下ではベックの『危険社会――新しい近代への道』[4]と金森修の『科学思想史の哲学』[5]に依拠しながら、社会の科学化と科学の社会化について見てみたい。なお『危険社会――新しい近代への道』ではリスクではなく「危険」という用語が主として使用されているが、以下では「リスク」という語を使うこととする。

リスク社会とその特性

（1）遍在と破滅

ベックのいうリスク社会とは、富の分配とそれをめぐる争いが社会の中心的課題であった「貧困社会」が「人類の技術生産力と社会福祉国家的な補償と法則がある水準に到達」し、貧困が緩和され、同時に「危険と人間に対する脅威の潜在的可能性が、今までになかったようなスケールで顕在化する」社会である[4]。リスク社会においては「日々のパンをめぐる争い」の重要性は低下し、そのかわりにリスクの分配が人々の、そして政治の大きな関心事となってくる。生産力の飛躍的増大をもたらして貧困を緩和した主たる要因は科学技術であるが、リスク社会におけるリスクをもたらしたものもまた科学技術である。もちろんリスクは科学技術が発展する以前から存在していた。しかし、現代のリスク社会を特徴づけるリスク、科学技術が深く関与するリスクは、それ以前のリスクとは大きな違いがある。その一つは「人類全体に対する包括的な危険」であり、またそれと密接な関係にある遍在性である[4]。日本の例で説明してみよう。

福島第一原子力発電所の事故は日本を破滅の瀬戸際まで追いつめた事故であった。しかしこれを「破滅の一歩手前で踏みとどまった」と考えるのは誤りであろう。宮崎駿が「原子力発電所の事故で国土の一部を失いつつある国」[6]と日本について述べているように、放射性物質により高度に汚染され、事実上国土から失われた地域（帰還困難区域）は福島県の7市町村にまたがり、3万3700ヘクタール（新宿区の20倍程度）、避難した住民は2万4000人に及んだ（2017年4月時点）。避難指示は順次解除はされてきているが、住民は「日常生活において自らの被ばく線量を把握し、被ばく線量低減手段や放射線教育、健康管理や生活環境地域のモニタリング等について関心を高め、放射性セシウムが残存する生活環境で暮らす放射線防護の知識が大切」（富岡町放射線健康管理係）[7]という生活を強いられている。被曝は自己責任だというわけである。野外で長時間遊んだり、まして川や森など除染できない（しない）場所で遊ぶなどは、自己責任をわきまえない、もっての外の非違行為ということになるのだろう。このような環境が子どもにとって、子育てにとっていかに過酷であるかは言うまでもない。日本は2011年3月に破滅の一歩手前で踏みとどまったのではない。部分的に破滅したのである。同様のことはチェルノブイリでも、ウラルのマヤーク核技術施設（放射性廃棄物タンク爆発事故や放射性物質の投棄により大量の放射性物質が放出された）でも、もっと大きな規模で起きている。放射能だけではない。有機化学が生み出したテトラクロロエチレンのようなPOPs（難分解性、高蓄積性、長距離移動性、有害性を持つ物質）は人や生態系の健康への脅威となり、世界を緩慢な破滅へと追い込んでいく危険をはらんでいる。

ベックは原子力災害や有害化学物質に汚染された土地を、地図上に出現し拡大していく「白い斑点」

にたとえ、そのような土地はもはや土地としての価値を喪失し、「誰も所有することを望まない」土地、「法的な所有が継続しても社会的または経済的には収用されてしまう」、「生態学的価値収用」された土地となることを指摘している。[4] このようなローカルな破滅が世界中で進行しているのである。そしてローカルな破滅はローカルにはとどまらない。「至るところで、有毒物質がまるで中世の悪魔のように忍び笑いをしながら悪事を働いている[4]」、つまりダイオキシンが日本中の母親の母乳から、あるいは南極のアザラシからも検出されるように、汚染は汚染源とは全く無縁のように見える場所まで浸透していく。水、空気、食物といったあらゆる媒体を通じて侵入してくる有害化学物質や放射性物質は環境に偏在しており、それらにさらされることは避けがたい。「危険は風や水とともに移動し、あらゆる物とあらゆる人の中に潜り込む」。「危険を前にして富めるものも力を持つものも安全ではない[4]」。リスクを生産する側にもブーメランのようにリスクは舞い戻ってくる。リスクはある場所では顕在化するが、他の場所でもリスクがないわけではない。そのことは人々も薄々感じ取っており、「そのかげで安心して暮らせる壁と自分の空間」は存在しない(ベックはこれを「『他者』の終焉」と呼んでいる[4])という不安が薄く広く社会をおおっている。逃げ場はないのである。

一方で、依然として解消されていない全面核戦争による破滅の脅威があり、化石燃料の大量消費が招く可能性がある暴走温暖化の脅威がある。このようなグローバルな破滅の脅威、一度起こってしまえばもはや地球規模で文明と生態系に修復不能な損害を与え、人類の絶滅につながりかねない脅威も世界を脅かしている。

科学技術がもたらすリスクあるいは少なくとも科学技術なしでは存在しえなかったリスクがローカ

ル・グローバル両面から我々に迫っているのであり、地球的規模で遍在している。

ただ附言しておかねばならないこともある。ベックはリスクの階級性を否定しているわけではない。「危険は階級社会を解体させずに強化している」[4]ことも指摘している。リスクの階級性は、市民による科学技術の統治が求められる主要な根拠の一つとなるので、後で述べることとしよう。

（2）リスク認知・リスク処理の科学技術への依存

1928年に開発されたフロンは、人体に毒性がなく、不燃性で化学的に安定している理想的な冷媒として、あるいは断熱材、発泡剤、半導体等の洗浄剤として1960年代以降急激に普及した。しかし、1974年にアメリカのローランドがNature誌に提出した論文がきっかけとなり、フロンによる環境破壊に懸念が抱かれるようになった。ローランドは、フロンが成層圏で放出する塩素原子がオゾン層を破壊し、地上に到達する有害紫外線の量が増える可能性を指摘したのである[8]。その後、この懸念を裏付けるデータが、日本を含む数か国の南極観測隊やNASAから報告され、オゾン層破壊が現実のものであり、極上空では極端にオゾンが減少したオゾンホールが出現していることが1980年代後半には明らかになった。フロンによるリスクは速やかに国際社会に共有され、フロンの製造、消費及び貿易を規制するモントリオール議定書が1987年に採択された。これは科学技術が生み出したリスクが科学者によって発見され、フロンの代替物質の開発を含めて科学技術による対応がなされたという意味で科学の成功物語の一つといってよいかもしれない。

しかしここで注目したいのは科学技術が生み出したリスクの認知やリスクの処理が科学技術に全面的に依存しているということである。紫外線や放射線、有害物質は知覚できない。具体的な被害が出れば、何か恐ろしいことが起きているということが市民にはわかるが、いったい何がどのようにして被害をもたらしているかは科学技術の専門家による調査に待つしかない。ましてまだ被害が起きていない、あるいは被害を起こした要因が多様な環境要因の中にまぎれてしまっている場合には、リスクが生じているということ自体がわからない。「危険は本質的には目には見えないが、因果律にはのっとっている。そして最初は危険をめぐる（科学的または反科学的）知識の中に、またその中にだけあらわれる」[4]のである。未知のリスクについては、専門家のみがその潜在的危険性を知りうる、そして指摘できるのであって、市民はそれを問題として取り上げ、何らかの規制を加えるという議題設定自体ができないということになる。

既知のリスク（リスクをもたらすものがある程度特定できるリスク）についても似たようなことが起きる。リスクが特定されたとしても、そのリスクがどの程度の影響を人の健康や生態系に与えるのか、どのような対策をとればよいのか、他のリスクとの相乗効果はあるのかないのかといったことは多くは専門家によって確定され、政府はそれを政策決定に組み入れる。

上でも述べたように、科学技術が生み出すリスクは巨大化し、遍在しているが、社会がそのリスクを認知し、対処していくのも科学技術に頼らざるをえない。つまり「（技術官僚を含めた）専門家におまかせする」のである。

科学技術とその専門家への全面的な依存は、信頼を意味するわけではない。むしろ逆である。科学技術、特に科学の顕著な特徴の一つは系統的懐疑主義である。系統的懐疑主義とは要するに何でも疑い、徹底的に根拠を追求することであるから、科学の最前線では意見の不一致はごく普通のことである。むしろ意見の不一致こそが科学の進歩につながるのである。健全な科学では必ず意見の不一致が研究を進める原動力となっている。しかし大きなリスク、たとえば原子力発電所事故や薬害の存在下で、意見の不一致があらわになれば、市民は誰を信じればいいのか、何を信じればいいのかわからなくなる。「専門家におまかせ」するしかないのに「専門家におまかせ」できないことがわかって市民の不安は高まる。このようなとき専門家集団、つまり科学技術共同体はしばしば一枚岩となろうとする。内輪では科学の不確実性を認識してはいても、外部に対しては統一見解を打ち出し、共同体の権威と利益を守ろうとする。だがこれは多くの場合、逆効果となる。異論や代替的選択肢の排除はリスク隠しではないかという疑念をもたらし、これは市民の憤激をかい、市民感情に不安ではなく今度は不信をもたらす。依存は不信に転化する。

本当に必要なのは、科学技術共同体が一枚岩になってありもしない無謬性を装うことではない。不確実性が含まれている場合には、それを公表し、異論を周辺化するのではなく、むしろ科学技術の方向性を修正する資源として認めること、専門家相互の対抗的対話を共同体内部に構築することである。さらには市民の不安には根拠があることを認め、市民との対話をその使命の一部とすることである。また市民の側も科学技術をあたかも質問を入れれば答えが出てくる自動販売機のようなものとみなさず、不確実性の中で政策決定を行っていかなければならない現実を認め、確定しない宙づり状態への不安を受けいれることが必要である。

一方で、リスク認知をめぐる社会と科学技術の関係に変化が起きていることも指摘されている。小林傳司は「科学という営みがその中核的価値として重視する『因果関係の厳密な確定』及びそれと対をなす『不確実な事柄を断定しない』という知的禁欲[9]」が薬害や公害の被害者の救済を阻む論理として機能していることを指摘している。生態系や人体の中の錯綜した因果関連を厳密にたどらなければ、あるいは多数の汚染原因がある場合に、どの汚染がどの被害者に被害を与えたかということを厳密に立証しなければならないのであれば、汚染の規制も汚染者の責任追及もできず、汚染もその被害も広がる一方である。科学が「危険増大の許可証を与えることになる」のであり、「厳密な科学性と危険とはひそかな連帯関係にある[4]」。このような場合、厳密な因果関係の追求はむしろ真実を覆い隠す。必要なのは別の論理であり、この要請に応えたのが、四大公害訴訟が援用した疫学の論理である。

疫学においては、たとえば二酸化硫黄の濃度が高い地域に長く居住している集団の肺疾患の罹患率が統計的に有意に高くなった際には、因果関係を厳密に立証しなくても、罹患率を上昇させた原因として二酸化硫黄を特定する。裁判所は、汚染物質の発生者から被害者まで厳密な科学的因果関連を切れ目なくたどっていく従来の手法では公害問題の正当な解決は得られないと判断し、判決に疫学的証明を活用したのである。

裁判所が（当時の世論から考えてこれは「社会が」と言い換えてもよいように思われる）が科学技術に求めたのは、患者を救済し、これ以上の汚染を防ぐことに有効なリスク認知であり、それを提供したのが疫学であったのであろう。この場合、社会は、科学技術が提供するリスク認知の単なる受容者ではない。むしろ問題の文脈に応じた適切なリスク認知を提供することを要求する主体的クライアントである。リスクは「科学的な議論の材料によって規定されたり、隠されたり、演出されたりする社会的な構築物」（ベック[10]）であって、椅子とか机といった誰が見てもその存在や大きさを確認できる客観的実在ではない。当然、専門家集団（科学技術共同体）が提供するリスク認知には多様性がある。そのどれを選択するか、リスク認知に応じてどのように行動するかは社会の側の問題ということである。ここに社会の側の主体性の回復の兆しを見て取ることができる。

なお科学の不確実性と疫学の発想は教育上も重要であるので、後にもう一度取り上げることになる。

（3）リスクの不平等な配分とリスクの受苦の不可視化

「ひび割れた原子力《NUCLEAR POWER》　雨に溶け 風に乗って
受け止めるか　立ち止まるか　どこへも隠れる場所は無い　It's A NEW STYLE WAR」
浜田省吾　A NEW STYLE WAR（1986, アルバム『J. BOY』より）

ベックの言う「『他者』の終焉」を端的に表した詞ではないだろうか。リスクは地球的規模で遍在しているのである。しかしこれはすべての人が同程度のリスクにさらされていることを意味しているわけではない。

アメリカでは、貧困層や有色人種の集中する地区に産業廃棄物埋め立て施設、化学工場、ウラン鉱山などの危険施設が集中していること、「破壊の踏み車」という言葉に見られるように、一度汚染が起こると、それがさらに別の危険施設の立地を誘い、「差別と貧困の結びつきの中で汚染が汚染を呼ぶ」状況になっていることが明らかにされている（藤川賢[11]）。

日本でも、宮本憲一が公害の社会的特徴として「被害は社会的弱者に集中する」[12]ことをあげているように、公害の被害は、水俣や四日市といった地方都市、そして漁民や農民など社会的発言力の大きくない人々が住んでいた地区に集中して現われていた。また日本の公害研究者は、水俣に典型的に見られるように、差別が公害の原因追及を妨げ、公害が激化していく構造が見られることを早くから指摘している。「公害は終わった」あるいは「日本は公害克服の先進国」と語られることが多い。しかし、この構造は現在に至るまで基本的には変わっていない。確かに短期間に激甚な身体的被害を与えるタイプの環境汚染はほとんど見られなくなったが、都市からあふれ出した産業廃棄物が地方へ運び込まれ、都市では立地できない産業廃棄物処分場が地方に立地する「ゴミは田舎へ」という流れは現在も続いている。コンビナート、原子力発電所などの立地の際の「安全性は確認済、課題は『抵抗感』、主たる解決策は『地域振興策』（＝交付金等の経済的優遇措置）というパッケージ」（寿楽浩太[13]）で立地を迫る論理は、今は放射性廃棄物の中間貯蔵施設や高レベル廃棄物処分場で多用されている。原子力発電所が東京や大阪といった電力の大消費地からはるかに離れた東北や北陸に立地するのは、有り体に言えば、政治と経済の中心地の近くにそんな危険なものを置いておけない、地方ならば許容できるだろう、と政治家も電力会社も、そして東京や大阪の人々も考えているからである。

同じことが国際的規模でも起きている。たとえばエイシアン・レア・アース社（三菱化成の子会社）がレアアースの精製をマレーシアのペラ州ブキメラ村で行い、その過程で発生した残土（放射性物質のトリウムを含む）が野積み状態で放置され、周辺住民に白血病などの健康被害を与えた事件がある。レアアースの鉱石はオーストラリアの鉱山で採掘されたものであり、レアアースは日本に輸出されていた。エイシアン・レア・アース社は日本やオーストラリアの厳しい環境基準を嫌って、マレーシアで精製を行っていたのであり、いわば公害の輸出を行っていたことになる（和田喜彦[14]）。同様の事例（先進国による発展途上国への公害の輸出）はフィリピンのパサール銅精錬所（丸紅などが出資）、マレーシアのマムート銅鉱山（三菱金属などが出資）など日本の企業が関与したものだけでも多くの事例が見られる。先進国の消費者からはほとんど見えないが、先進国の企業と発展途上国の政府は公害や資源の収奪（資源収奪の典型的なものは森林の皆伐とそれに伴う水害や間伐、先住民が慣行的に利用していた森林資源の消滅である）においてしばしば結託し、住民の被害は発展の名の下、政府によって隠蔽され、住民の運動は弾圧を受けている。

国内でも国外でもリスクは富の配分とは逆に富裕層よりも貧困層に、都市よりも地方に、マジョリティよりもマイノリティに（たとえば白人よりも黒人に）多く配分される。リスクにさらされる程度には厳然たる階級性が存在するのである。ベックはこうも述べている。「富の問題が上方への集中であるのに対して、危険の場合は下方へ集中している。その限りにおいて、危険は階級社会を解体させずに強化している」、「極度の貧困と極度のリスクとの間にはシステム上の引力が働いている。[4]」と。

このリスクの不平等な配分の背景には何があるのだろうか。もちろん富と権力の不平等があることは間違いない。NIMBY（Not In My BackYard　自分の裏庭には来るな）という言葉が示すように有害化学物質や放射性物質、廃棄物を扱うような施設は誰しも近くに来ては欲しくないので、そのような施設は抵抗の少ない地域に立地することになる。アメリカの廃棄物業界会議で、住民の反対で立地がなかなか進まない熱リサイクル施設（廃棄物を焼却することによる熱エネルギーを利用する施設）の立地をどう進めるかをテーマとした部会が開かれ、そこでコンサルタントによって用意された資料には、「抵抗が少ない地域の条件」は、次のようなものであったという（藤川賢[11]）。〈南部もしくは中西部、人口2万5000人以下の小規模コミュニティ、農村部、これまでに施設による美観的影響を受けていない、既存施設による雇用効果の経験もしくはその認識がある、経済的利益が目に見える、処分場埋立地の上、保守的、市場主義重視、中高年が多い、学歴は高卒以下が多い、共和党系、職業としては農牧業・ビジネス関連・技術関連・自然搾取的、低収入、カソリック、政治的関心低、ボランタリー団体への所属なし、平均居住歴20年以上〉。これはあからさまに富と権力から遠い地域にこのような施設が立地しやすいということを示している。ちなみにカソリックが条件にあげられているのは奇妙に見えるが、これは宗教自体が影響しているというよりも、アメリカは、歴史的経緯からプロテスタントが社会上層を占めており、カソリック信者の社会的地位が低いことが関係するのであろう。

居住地以外の条件（食物、職業等）においても、富裕で権力のある人々はリスクを回避できる多様なオプションを持つのに対して、その対極にある人々はそもそも選択できるオプションが限定され、リスク回避に有効なオプションを持っていないことが多い。先進国の富裕な消費者は無農薬のバナナを選ぶことができるが、先進国の大農業資本が支配する発展途上国の農園では労働者の手で殺虫剤が撒かれ「人々は白く粉だらけになっている」（ベック[4]）。

しかし、富と権力の不平等のみがリスクの不平等な配分をもたらすわけではない。私は近代以降の社会の基本的前提である功利主義そのものに起因する面も大きいと考えている。

功利主義について述べる前に私の個人的経験に触れておきたい。

ある電力会社の課長と話したとき、彼は原子力発電所に反対する人々を大略次のように批判した。


大学病院のヘリが家の近くをよく通るが、それをうるさいといって批判する人がいる。そういう人は自分のことばかり考えていて社会全体のことを考えていない。原子力発電所も社会全体のために必要不可欠なものという意味で病院のヘリと同じだ。それなのに否定するのは、社会全体のことを考えていないのだ。

原子力発電所の立地したところは、それまで開発が遅れ、貧しくて困っている人たちが多かった。原子力発電所ができて道も学校も新しくなり、生活がとても便利になって皆喜んでいる。それなのによそものが入ってきて原子力発電所反対を叫んでいて住民は困っている。


もちろんこれはインフォーマルな場での話である。しかしそれだけに本音ではあろう。少し矛盾したところはあるが、功利主義の考え方を体現していると思うので紹介した。

彼の話の前段は、功利主義、後段は功利主義に立った際の政策選択を補助する補償原理を示していると考えることができる。

功利主義は、政策選択にあたっては社会構成員全体の効用の総量を最大化することを目標として選択するべきであると考える。「電気を安く大量に供給する原子力発電所は、電気の豊富な供給により産業や市民生活を支えており、リスクを勘案したとしても便益の方が大きいので、国民全体の総効用を高めるために原子力発電所を選択するべきである。それを批判するのは社会全体の効用に配慮しない視野の狭い感情的な議論である」というのが功利主義に基づいた彼の前段の考えであろう。

一方で原子力発電所周辺の住民は事故のリスクのため、事故時はもちろん、平常時でも事故の恐怖にさらされて効用は低下する。大多数の人々の効用の改善をもたらす政策であっても残った少数の人々の効用を低下させてしまうのでは、政策の犠牲者を出すことになり好ましくないし、犠牲になる人々の激しい抵抗を引き起こし、政策が実行できない可能性が出てくる。望ましいのは、「誰かの厚生（効用）を損なうことなく、他の誰かの厚生を高める」ことのできる変化[15]（パレート改善）である。そこで、原子力発電所や居住地の水没を伴うようなダム建設に典型的にみられるような、周辺住民の効用の低下を必然的に伴う開発や施設建設に際しては、それに伴って発生する効用（具体的には電力会社の増益や税金の増収分）の一部を周辺住民に移転（道路や学校を新しくする、土地の補償を行うなど）して効用の低下を補償することが行われる。補償によって効用の低下分を回復するので、「誰かの厚生（効用）を損なうことなく」社会全体の効用が上昇する。「補償のおかげでそれまで貧しかった地域が豊かになって皆喜ぶ。反対するのはそれを理解しないよそもの」というのが後段の部分の彼の考えであろう。

むろん、原子力発電所がそもそも社会全体の効用を改善するのかという前提への疑問は残るが、それなりに筋の通った議論のように見えるし、実際、国の産業政策は明治以来、一貫して功利主義の論理で行われ、単純な功利主義一辺倒で通せない場合は補償原理で補正してきた。しかし功利主義は以下に述べるように、リスク分配の不平等を助長し、さらにリスクの受苦者を不可視化するという重大な欠点を持っている。

その一つは「費用も便益も、それが富裕な人々に生じる場合に大きくなり、貧困な人々に生じる場合に小さくなる傾向があると言える。したがって、便益が比較的富裕な人々に享受され、費用が比較的貧困な人々によって負担されるような変化は、そうでない変化よりも、効率性の基準を満たす可能性が高い」（岡敏弘[16]）ことに伴う不平等である。仮に都市の高級住宅地の近くに原子力発電所を作ろうとすれば、土地代だけでも莫大な費用がかかるし、労働コストも高い。一方、へき地と呼ばれるような場所に立地し、安い電気を大量に都市に送電すれば、送電にはある程度の費用がかかるが、全体的な費用ははるかに少なくて済む。電気をふんだんに使えることになる都市の便益も大きい。

便益は主として都市に生じるが、その便益の一部を原子力発電所立地自治体に交付税等の形で還元すれば、パレート改善が実現するであろう。しかしこうして実現されるパレート改善は都市とへき地の貧富の差に依存して生じるものである。この論理を徹底させるなら貧困地区や地方に危険な施設を集中させればよいことになり、このことがリスク分配の不平等を助長し、公正を損なうことは明白であろう。

もう一つの欠点は価値の経済価値への一元化である。ダム、発電所、コンビナートなどの大規模開発行為が行われる際には経済効果の算出とそれをテコとした開発促進（地元理解の促進）が行われるのが通例である。ダムを例にとると、建設時の作業員の雇用、地元の建設会社への支払い、ダム所在地交付金などダムサイト立地地域には多額の資金が流れ込む。たとえば青森県の津軽ダム所在地の西目屋村の2019年度の歳入が約24億7000万円であり、一方、日本ダム協会の資料[17]によれば、2008年度のダム建設の経済効果（2008年度に雇用や用地費等で地元に帰属する資金）は約27億6000万円である。ダム協会の資料なので、帰属効果の大きい年度を選んでいる可能性もあるが、村の歳入を凌駕する規模の資金が地元に流入していることになる。一般にダムサイトの所在する市町村は過疎地域が多いので、地域の経済規模に対してかなり大きな比率の資金が流入し、それには多分に補償の意味も含まれているのだが、それにもかかわらずほとんどの地域で強い反対運動が起きている。

それらの地域は概して先祖伝来の土地と地域共同体への愛着が強く、村の神社の桜をともに愛で、生業ではないにしても渓流でアユやヤマメといった魚を取り、近場の山でキノコや山菜を採取することを楽しむ人々が多い。このような生活は都市居住者にとっても憧れの生活類型となりうる生活であり、経済的価値には還元できない遊び仕事を多く含む、金銭収入とは別な意味で豊かな生活である。このことはおそらくほとんどの人が認めることではないだろうか。ダムサイト地域におけるダム反対運動は、ダムがこの豊かな生活をまるごと沈めてしまうことに反対しているのである。しかし、補償においては、上述の豊かさはほとんど顧慮されない。土地代や現金収入（一般に山村ではこれは低額である）といった経済価値のみが補償の対象となる。というよりは実務上これしか方法はないだろう。コミュニティのつながりや清流の持つ精神的価値は考慮する客観的手法がないからである。

これはもちろんこれらの価値が実在しないとか重要でないということではない。しかし経済価値に乗らないということで一度無視されると、以後はそれらの価値がなかったかのように、あるいはわずかの精神的慰謝料に換算してそれで済まされるということになりがちである。本来経済的価値に還元できないこれらの諸価値は無視されるか、むりやりわずかな経済的価値に翻訳される。このような立場を内化した人々から見れば、山村の生活は「貧困」以外の何物でもない。ダムはむしろ「山村で暮らさざるをえなかった貧しい人々」の生活を近代化する福音としてすらとらえられ、反対する人々は「些末なことにこだわって多くの人々へ恩恵をもたらすダムの建設を邪魔する利己的な人々」と見られるであろう。ダムによって上述の諸価値が失われること、つまり村や川や山をダム底に沈められる人々の受苦はこの論理によって不可視化される。それだけではない。このような内化は外部の人々だけではなくダムによって沈められる地域の人たちにも起こる。内化を受け入れた（受け入れざるをえなかった）人々と内化を拒否する人々との間で対立が起き、もともと緊密なつながりを持つコミュニティであるだけに対立はしばしば骨肉相食むような激しい憎しみを引き起こす。開発推進側はこの対立をあおり、コミュニティを破壊することによってダム建設を受け入れさせようとする。ダムを造る権力はダムを造るだけではない。コミュニティを引き裂き、経済価値以外の価値を捨象し、貧困を創造するのである。

話がずいぶん長くなってしまったが、もう少し続けさせてほしい。ダムによって利益を受ける都市の人々は恩恵を受けるだけで何もデメリットはないのだろうか。私はそうは思わない。誰かを犠牲にすることによってその他の大勢の人々が助かることは、犠牲になる人々にとっては気の毒だが、やむをえないということを受け入れてしまえば、それはダムにとどまらない広がりを持つようになる。原子力発電所、産業廃棄物埋め立て地など様々なリスクを社会経済的に弱い立場にある人々へ押し付けることをやむをえないと考える、倫理学でいう「滑りやすい坂道」に踏み出すことになる。ダーウィンは進化論が「弱者が生き延びて子を残すことの明らかな悪い影響」という優生学的発想に帰結することを認めながらも、同時に弱者を助けねばならないという義務感が人間の「最も高貴な部分」に由来し、弱者を選別排除することは「もっとも高貴な部分が傷つくこと」になるとも述べたという（松田純[18]）。「滑りやすい坂道」へと踏み出すことは、他者の痛みへの無感覚や無視をもたらし、他者への共感という人間の「もっとも高貴な部分」を傷つけることによって、都市の人々に対しても不利益をもたらしているのではないだろうか。

実は、人々の効用の総和の大小関係でとるべき政策を判定できるという功利主義は経済価値以外の価値を排除しているわけではない。経済価値以外の価値を無視する傾向にあることへの警告はむしろ功利主義の現実への適用を論ずる場合に必ずといってよいほど聞かれることである。しかし実務上はこのような警告はほとんど無視されてきた。ダム然り、原子力発電所然り、コンビナート然りである。

これまでの歴史を鑑みると、民主主義体制が確立されてから以降でも、何かを行う場合、どこかにリスクを押し付けて全体の福利の向上をはかるという形での功利主義の援用、「みんなのために」の旗印でだれかを犠牲にするという形での権力の運用を功利主義で正当化することがしばしば行われてきた。功利主義そのものを捨て去ることはできないだろう。しかし我々はこの限界を認識し、その適用限界の境界線が見えてきたら、潔く撤退することを厭ってはならない。そして、社会が背負うリスクの最小化と、それにもかかわらず発生するリスクに対しては、それを平等に配分することを政治の使命として位置づけなくてはならない。

（4）全体主義の誘惑

スチュワート・リチャーズは『科学・哲学・社会』の中で、高速核増殖炉が実現した未来を想定し、「巨大増殖炉計画はプルトニウムの頻繁な輸送を必要とするが、それは偶発的事故とテロリストの攻撃という当然の危険を伴うのである。そのために列車と原子炉用地の警戒のために大部隊の憲兵が必要になるであろう。これは原子力と個人的自由との非両立性という恐れをやがて起こすであろう」と述べている。[19] 高速増殖炉はプルトニウムを増殖する炉である。非常にコントロールが難しく、技術的な理由で頓挫しているが、核燃料の主体を現在のウラン235からウラン238とプルトニウム239に転換する核燃料サイクルの中核をなす炉である。仮にこれが社会実装された場合、プルトニウムを積載した車両や船が日本中を走り回ることになるであろう。プルトニウムは核爆弾の製造が容易であり、核爆弾に準ずる厳格な管理・警備と情報統制が必要となる。それは警察や軍を含む官僚機構とそれをコントロールする政治に権力を集中させることになるだろう。テロを防ぐため、現在の中国に見られるような監視社会化が進むであろうことは想像に難くない。リスクの巨大化は必然的にそれを制御するシステムを巨大化させるのである。

市民の権利を制約することに対する反発があるとしても、テロリストが都市中心部で核爆発を起こす危険性を考えれば、そのような大惨事を起こす可能性を最小化するための権利の制約を受け入れざるをえないだろう。

注意すべきことは、政治家や官僚が集権化を強引に画策しなくてもこのようなことは起こりうるということである。集権化に慎重な官僚や政治家であっても、「テロへの対抗」という論理に誘引され、やがて人権侵害に対してためらわなくなっていく。「怪物と戦うものは、自分もそのため怪物とならないように用心するがよい。そして君が長く深淵をのぞきこむならば、深淵もまた君をのぞき込む」（ニーチェ）[20]のである。プルトニウムという物質の持つ性質、それを利用する核燃料サイクルという科学技術体系そのものが権力の再配分の原因となる。集権化をもたらすのである。

科学技術そのものは価値中立であり、その利用がどのような結果をもたらすかということはそれを使う社会の側の問題であるという見解をよく聞く。しかしこの例に見られるように、科学技術はそれが社会に実装された場合、社会を大きく変えてしまう可能性を持っている。社会がある科学技術を選択すれば、その科学技術が社会の方向性を変えていく。社会が科学技術を選択するだけではない。科学技術も社会を選択するのである。にもかかわらず科学技術の価値中立性を言い立てて科学技術と社会をくっきりと二分することは、科学技術の持つ政治的・社会的含意を見えなくする目隠しとして機能してしまう可能性がある。

集権化の行きつく先には全体主義の復活が待っている可能性すら否定できない。原子力発電所危機のような非常事態が起これば、それを収拾するために超法規的行動が正当化されることもある。そのような際には、民主的な意思決定やそれを担保する手続きの要件は、しばしば緩和あるいは停止される。「非常事態や秩序・安全の危機への脅威は、統治権力が法規範や道徳を踏み越えて行使される『例外状態』を正当化するための装置として機能してきた」（気候変動リスク管理における科学的合理性と社会的合理性の相互作用に関する研究、研究代表　藤垣裕子）[21]のである。関東大震災後の混乱を受けて公布された「緊急勅令・治安維持ノ為ニスル罰則ニ関スル件」がやがて治安維持法に変わったように「例外状態」が常態化する危険は常に存在する。権力にとって非常事態は危機であると同時に社会統制の好機でもあるのだ。

日本のような成熟した民主主義国家でこのような全体主義への道が開かれるということは考えにくいと多くの人がとらえているだろう。しかし政党政治がまがりなりにも定着し、労働運動が大きな力を持った大正期の政治があっけなくファシズムに屈服（というよりも自発的に服従したといった方がよいかもしれない）したように、全体主義への道は閉ざされているわけではない。ちなみに2020年1月に、コロナウイルスによる肺炎の蔓延に備え、行政府に権力を集中させ、国民の人権保障を一時的に停止する緊急事態条項の憲法への導入を求める声が自民党内から出ている。全体主義の復活は必ずしも杞憂ではないと私は考えている。

話を戻そう。この項で言いたかったことは次のことである。

「我々がどのような科学技術を選択していくかということは、どのような社会を作っていくのかということと無縁ではない。むしろ社会体制の選択につながる行為である。破滅的リスクを伴う科学技術の選択は集権的体制を選択するのと同義であり、それは全体主義の復活をもたらす危険を伴う道である」。

第2章　科学の社会化

二人の科学者

マイケル・ファラデーは、電磁場の基礎理論を確立し、電動機技術の基礎を築いたイギリスの物理学者である。クリスマス・レクチャー「ロウソクの科学」でも知られている。アインシュタインやニュートンと並ぶ科学界の巨人であるが、世俗的名誉には関心がなく、ナイトへの叙爵も王立協会会長職も固辞した。権力とも距離を保ち、クリミア戦争（1853〜1856）の際に政府から化学兵器を作ってもらえないかという要望がきたとき、彼は協力を拒否したという（吉田英生[1]）。引退するまで、一日のほとんどを実験室で過ごし、一研究者としての生涯を貫いた。召命という言葉がある。神に召されて使命を与えられることを指すが、ファラデーはまさに科学に召命された研究者であったと言えよう。

ファラデーと対照的な生涯をおくったのがエドワード・テラーである。テラーはローレンスリバモア国立研究所の所長を務め、水爆の開発に主導的役割を演じた人物である。核戦争による人類滅亡を描いた映画『博士の異常な愛情』（スタンリー・キューブリック監督）の主役である大統領顧問ストレンジラブ博士のモデルともいわれている。

テラーはドイツからの亡命後、オッペンハイマーの指導するマンハッタン計画（原爆開発計画）に参画した。日本への原爆投下の惨害を知った多くの物理学者が政府と距離を取る中で反共主義を唱え、積極的に水爆開発を主張し、テラー・ウラム配置と呼ばれる水爆を爆発させるための基本機構を創案した。晩年にはソビエトの核ミサイルをミサイル衛星やレーザー衛星、地上迎撃システムで無力化する戦略防衛構想（SDI）を推進し、レーガン大統領からアメリカ科学界最高峰の栄誉とされるアメリカ国家科学賞を贈られた。

テラーは「物理学者は原罪を知った……」と言ったオッペンハイマーや、日本への原爆投下を生涯悔いていたアインシュタインと異なり、原水爆開発に一貫して肯定的な言動を行い、悔いることはなかった。

ファラデーとテラー、権力や世俗的栄光と科学との関連においてこの二人は対照的である。もちろん、二人の境遇や個人的資質が大きく異なっていることが基礎にあることはいうまでもない。しかし科学のおかれた時代背景の違い（ファラデーは19世紀前半、テラーは20世紀半ばに主たる活動を行った）があることも見逃すことはできない。ファラデーの時代の科学は基本的に個人の科学者が自己の研究的関心に沿って行うものであり、政府や産業からの大きな資金も必要とはしなかった。科学と技術は別個のものであり、研究成果の実用化・産業化に向けた大きな社会的圧力も存在しなかった。権力や資本に対して自由な立場を維持することができたのである。

一方、テラーが頭角をあらわすきっかけとなったのは、マンハッタン計画である。マンハッタン計画では、原爆開発という単一の目的のため、ロスアラモス研究所だけでも約6700人の科学者・技術者が動員され、約20億ドル（現在の貨幣価値に換算すると300億ドル）が投じられた大プロジェクトである（日本原子力研究開発機構[2]）。このように、特定の目的とその達成までの期間をトップダウンで決定し、多数の科学者・技術者と巨費が投じられるプロジェクト型研究は、以後、軍事研究に限らず、原子力、航空機、超LSI開発などの工学部門、さらには宇宙科学、ヒトゲノム解読、加速器建設など基礎科学を含む広範な分野に広がっていった。

プロジェクト型研究の拡大は科学と社会の関係を一変させた。科学研究が膨大な資金と人手を要するものに変化したことにより、研究者は自分の興味の赴くままに自由に研究を進めるファラデー型の研究者から、技術的応用を社会にアピールしながら研究費を調達し、業績をあげていくテラー型の研究者へと変容を余儀なくされた。資金提供者である政府や企業の発言力が格段に大きくなり、政府や企業と近しい立場にある、つまり資金を引き出す力のあることが指導的研究者の条件となった。このような科学と社会の関係性の変化は科学そのものの変質を伴うものになっている。このことは多くの科学論研究者により指摘されているが、その中から、金森修の指摘している科学の変質過程の3つのモデル[3]を手がかりにこの問題を考えることとする。

しかし、その前に、このモデルの前提となる、科学者・技術者のエートス（気風・習性）の変化、具体的には、専門分化の極度の進行による科学者・技術者の視野狭隘化、やや極端な表現ではあるが、科学者・技術者が「自分が研究している宇宙の微々たる部分については実によく『知っている』が、それ以外のことについてはまったく何も知らない[4]」状態になっていることについて、その問題性を見てみよう。

専門性という檻

日本が近代大学制度を導入したとき、ヨーロッパでは、すでに自然哲学からの自然科学の専門分化が進行し、工学や農学も学問としての専門性を確立しはじめていた。日本の大学は基本的に、その当時のヨーロッパの学問の枠組みをそのまま移植したものであったため、日本の自然科学は自然哲学の色彩をほとんど持たず、最初から専門分化していた。また「帝国大学ハ国家ノ須要ニ応スル学術技芸ヲ教授シ及其蘊奥ヲ攻究スルヲ以テ目的トス」(帝国大学令)にあるように、学問によって国家を軍事的・経済的に発展させるという目的で設立されたため、「何のために研究するのか」ということはほとんど自明であり、深く問われることは乏しかった。「自らが従事する『科学』研究の意味をさして問わず、既成の枠組み内部での業績競争こそが、研究者たちの日常を支配している観念となっていた」(佐々木力[5])のである。

研究者(科学者)の関心は、それぞれの学問分野における業績(論文)を蓄積していくこと、それをテコに激しい競争に勝って、研究者としての地位を高めていくことに集中し、科学技術が社会や自然にどのような影響を与えていくのかということについての関心は薄かった。厳しい言い方をすれば、科学は最初からタコツボ化していたのである。そしてそのタコツボは研究が進むにつれて細分化し、ますます多数のタコツボが出現し、その中での競争に集中することによって研究者の関心は社会全体を考えることからさらに離れていった。

近年の激化した業績競争はそれを加速している。大学や研究機関では年俸制の導入・拡大が進んでいるが、年俸制の場合、各年度の業績によって次の年度の給与が増減する。給与の増減だけでなく、任期付き雇用の場合には、業績と雇用は直結する。

聞いた話になってしまうが、知り合いの研究者が、政治・経済・社会・文化・国際関係などをめぐる優れた論考に対して授与される、ある有名な賞を受賞した際に「本など業績にならない。論文を書きなさい」と教授に言われたのだという。

もちろんこれは単なるエピソードに過ぎないが、多くの研究者、特に若手の研究者は常勤の職を得るため、研究資金を獲得して研究を続けていくため、激しい業績競争にさらされている。その背景には、研究や教育に向けられる資金が細っていく中、業績競争で研究者を駆り立てることで大学や研究機関が資金と高評価を獲得するという形での大学・研究機関間競争が存在する。

競争や専門分化によって当該学問分野が進歩していくことは、いいことには違いない。しかしそこに起きる視野の狭隘化の弊害を直視することも必要であろう。各研究者が狭い自分の領域に立てこもり、領域内での業績競争に終始することは、自分の行っている研究の意義を深く考えず、意義を自明視することに直結する（というよりも自明視しなければやっていけない）。研究の成果がどう社会に実装されるのか、社会や自然にどのような影響を与えるのかという、研究領域を超えた問い、もしかしたら自らの属する学問コミュニティの存在意義を否定しかねないような問いは、今日明日の研究に役立たない無駄な思弁的な問いとして意識の底に押し込められる。研究するときの自分と、社会の中で生きていく自分が分裂し、前者が後者を圧倒する。研究成果が無条件に社会の進歩につながるという予定調和的な見方で自分を納得させ、また社会に対して主張することになる。縄張りを固守し、専門性の檻を強化する思考になっていくのである。

かつてノーベル物理学賞を受賞した湯川秀樹や朝永振一郎を中心とした物理学者が、核兵器を物理学者が作り出してしまったことに対する悔恨の思いもあり、核兵器廃絶運動を進めたことがあったが（現在も途絶えているわけではないが、社会への影響力は格段に減少している）、自分の雇用さえままならない研究者にこのような社会的視野を要求することは難しい。

社会科学についても同様の視野狭窄、専門性への閉じこもりが見られる。経済学は社会科学の中では数学的モデル化が進み、社会科学の女王とも言われているが、奇妙な前提の上に壮大な学問が構築されている面がある。たとえばホモ・エコノミクス（自己の経済利益を極大化させることを唯一の行動基準として行動する人間の類型）という仮想的人間像である。人間の多様な側面（宗教、人間関係、倫理等）の市場の外にはみ出す部分をちょん切って人間の行動を予想することを学問の前提としているが、このような粗野な人間像が全面的に通用するのは、株式や債券市場での取引のような短期的で自分の利益追求のみに専心することが許される特殊な場合に限定されるだろう。教育や介護といったクライアントに全人的に向き合わねばならない世界の人たちにとっては、ホモ・エコノミクスはむしろ非現実的である。これらの事業に従事している人たちを動かす最も大きな動機づけは、子どもや被介護者の福利とその福利が向上したときに感じる自らの幸福感・充実感であって、自己の経済的利益の最大化という動機づけは、ないわけではないが付随的なものである。

ひとたび学問の論理の外側に立てばこのようなことは自明であろう。落下速度と物体の形状が無関係なのは真空中でしか成り立たないのと同様に、ホモ・エコノミクスという人間行動の前提は限られた状況の中でのみ妥当である。このことはもちろん経済学の専門家（経済学者だけでなく、経済官僚など経済学をバックグラウンドとする人々）はよく承知している。修正の提案もなされている。しかし依然としてこの前提が経済学の基礎になっていることは変わりない。経済学は緻密な理論、膨大なシミュレーション、優秀な人的資源からなる壮大な伽藍であるが、その基礎はホモ・エコノミクスという小さな石の上に載っているのである。

このことが必ずしも問題というわけではない。前提の限定性を考慮し、慎重な運用をすればよいのである。しかし、経済学が発展・細分化し、その専門性が高まるにつれてこのことは忘れられやすい。専門性という檻に自ら閉じこもってしまい、その檻の基礎となる前提を忘れてしまう。ホモ・エコノミクスという眼鏡で世界を見ていることに気づかなくなってしまうのである。この状態のまま経済学を社会に適用すれば、それはきわめて危ういことになる。社会政策のほとんどすべてをホモ・エコノミクスの考え方で貫徹するような政策になりかねない。

そして、自然科学と同様、社会科学においても人文学においても学問は細分化し、業績競争は激化している。視野狭窄の危険はあらゆる学問分野において大きくなってきているのである。

もちろん技術者においても事は同様である。研究者（科学者）よりもより社会に近い位置にあるという点では、自らの仕事と社会の関連性について判断を迫られる場面は多いと思われる。しかし技術者、特に企業の技術者の場合、組織の縛りが強い。組織の頂点に近い上級技術者を除けば、意思決定の権限はごく限定されている。技術システムの巨大化につれて、「止めることのできぬ巨大な歯車の1つの小さい歯にすぎない[6]」状況が進んでいくと、組織の社会的使命、つまりは自分は何のために働いているのかということへの関心が希薄となり、自分の割り当てられた業務の遂行にのみ関心が集中するようになる。視野狭窄（たとえば「それはとても重要だ。しかし私の仕事ではない」、「そういうことは上の人が考えてくれる」）に陥り、「集団的にはあれほどの権力を自由にする企業の中心部におけるこの個人的責任の欠落[6]」ということになるのである。

科学者・技術者のこのような視野狭窄、専門性の檻への閉じこもりにより何が起きるのだろうか。彼らが閉じこもっている専門性の檻は、世界の一部を、彼らの属する学問分野の視点により切り取ったものである。彼らは、その視点を精緻化することによって、人工衛星や100万キロワット級の発電所やヒトの全ゲノム解読といった赫赫《かっかく》たる成果を上げてきた。現代世界は事実上、彼らが作り出したものといってよいだろう。しかし、そのことは同時に前章で述べたリスク社会をもたらしている。リスクは原子力発電所にせよ、遺伝子組み換えにせよ、化学物質にせよ、その因果は錯綜していて、それぞれの檻の守備範囲を容易に飛び越えていく。化学物質一つとっても数種類の化学物質による生物への複合作用のことなど不明のまま、日々、新規の化学物質が市場に登場するのである。そこに起こることは「専門と専門の隙間から、ザルの目を通り抜けるように危険が落ちていく[7]」という事態に他ならない。

それを一言でいえばこのようになるだろう。「彼らは自分たちの顕微鏡をひたすらのぞき込んでいるばかりで足元の床が抜けそうになっていることを感知できないのだ」（ジャン－ピエール・デュピュイ[8]）と。

科学の変質過程——3つのモデル

近代細菌学の基礎を築いたことで知られるルイ・パスツールは「科学には国境はないが、科学者には祖国がある」と語ったという。この言葉は、戦争にまで至った当時のフランスとプロイセン（現ドイツ）の対立を反映している。彼は好戦的であったというわけではないが、フランスの科学力がドイツに劣っていたことをフランスがプロイセンに敗北した原因の一つとして考えており、科学の振興に国力を注ぐことを強く訴えた。アンモニア合成の業績でノーベル賞を受賞したドイツのフリッツ・ハーバーも戦時には科学者が軍に協力することを当然と考え、毒ガス開発の指揮を取った。近代の国民国家の成立と、国民国家どうしの覇権をかけた国力増進の競争が進行するにつれ、科学は国家及び国家を支える産業（富国強兵！）によってからめとられていく。科学を不可欠の要素として取り込んだ政治経済体制が確立し、そのもとで科学の軍事化・産業化が進んでいくことになる。同時に見逃せないのは、科学の側もその成果を喧伝することによって社会からの支援をとりつける、もっとあからさまに言えば研究費と人件費を確保してその営みを回していく、それ自体が一種の産業になっていることである。そこには「科学研究は、専門家の共同体の内部に閉じ込められた活動ではなく、その共同体の外部の様々なセクターが、共同体の中を覗き込み、何か『利用できることはないか』、『搾取可能な知識』はないか、と探索の目を光らせる一方、専門家の共同体の方でも、自分たちの研究成果が、外部のセクターに高値で売れるのではないか、とこちらも探索の目を光らせる」（村上陽一郎[9]）という科学技術と国家、産業の相互依存関係が成立している。

このことは科学技術を論ずる多くの論者により指摘されているが、その中からとりわけ厳しい指摘を行っている金森修の分析を見てみよう[3]。金森は古典的な科学観、科学者観である「実証性、客観性、普遍性、公益性を備えたものとしての科学」、「自然界の秘密を探るために一生を真摯な研究に捧げる孤高の人間としての科学者」が近代初期に一定の妥当性をもったものとして社会に浸透していったが、現代においてこのような科学観、科学者観を保持することは難しくなったことを指摘している。金森は、科学、科学者の変容を3つのモデルで説明している。一つは「マンハッタンモデル」である。マンハッタン計画（アメリカの原爆開発計画）は、政府が科学技術の目標設定をし、それに沿って多数の科学者を動員した大プロジェクトである。これは国家が科学をリードすること、つまり国家による科学政策が科学の大きな動因となることの契機となった。科学政策は資金を科学の特定分野に引き寄せる名分となるため、科学は政治や科学の他分野に対して折衝的でかつ闘争的な姿勢を取らざるをえなくなった。ここにおいて科学はいくぶんか政治化する。「国家からの独立性・自立性規範にヒビが入」るのである。

そして1970年代以降、急激に発展した生命工学に典型的に見られる「生命工学モデル」がそれに続く。知識が莫大な富をもたらすことが関係者の共通認識となることにより、知識の公開性規範がゆらぐ。特許権の保護のため研究成果が秘匿され、大学教員がベンチャービジネスを起業することが珍しくなくなってくる。「科学的知識を起源とする一連の事象の一種の商品化、商業化」が進行するのである。

そして「放射能汚染モデル」である。原子力発電を継続・拡大することに利益関心を持つ関連企業や省庁の複合体と科学者が一体となり、「本来なら企業や関連省庁よりは客観性や中立性を担保されているはずの科学者集団自体が、複雑極まりない利権構造や権力性の中に組み込まれる」。その結果、「科学技術が大枠での公共性からほんの少しでも逸脱し始めるとき、それは公の仮面をかろうじて装着しながらも、事実上は特定の利益集団の保護に集中するという様相を呈する」。科学のおそらくもっとも重要な規範であるはずの客観性規範が脅かされるというのである。

もちろん、金森も科学界全体が以上のような状況に置かれているとしているわけではない。むしろ多くの科学、科学者は古典的規範に則って作動し、行動していると考えている。しかし「一部の科学は既に変質し始めている」ことをきちんと認識し、その意味を見据えることが必要だと考えているのである。

これら3つのモデルに示される科学や科学者の「変質」はもちろん科学や科学者だけの問題ではない。社会と科学の界面に起きる問題であり、科学と科学者を包みこみ、リスク社会化の動因となっている産業・政治・官僚・科学・軍事、場合によってはメディアといった様々なセクターの複合体に起きている問題である。この複合体は産学複合体とか産官学複合体とか呼ばれているものであるが、問題によって、関与するセクターは様々であるので、以下ではややあいまいな言い方になるが社会－科学複合体と呼ぶことにし、そこに起きている問題について述べていくこととする。

社会 — 科学複合体の問題点

（1）国家と資本（産業）の論理による科学の公益性の独占——知は奴隷なり

科学史研究者の古川安は科学の産業化について次のように述べている。[10]

一九二〇年頃から科学は急速に「産業の奴婢」になった、というアメリカの経営史家ノーブルの指摘は誇張はあるものの、ポイントを突いている。時期のずれこそあれ、こうした傾向はどの科学技術の先進国にも共通したものとなった。産業科学の興隆とともに、良きにつけ悪しきにつけ、科学そのものが質的にもスタイルにおいても産業化・商業化されてきたという。科学が産業の性格を変えたように、産業もまた科学の性格を変えたのである。科学研究はもはや人間の知識の拡大にどれだけ貢献したか、「真理の探究」にどれだけ寄与したかという古典的な価値基準よりも、産業にどれだけ奉仕したか、企業にどれだけ利潤をもたらしたか、どれだけ「儲け」につながるか、という価値基準から評価される傾向すら生まれるようになった。

科学の成果に対する評価をもっぱら経済的価値で判断しようとするこの傾向は、逆に言えば、科学が産業に対して持つ重要性を示しているともいえる。ある一つの企業あるいはある一国の産業の競争力は資源の豊富さ、マーケットへの近さなど様々な要因があるが、知識経済（経済活動が知識への依存度を高め、モノやサービスの生産における知識集約度の高い経済）[11]化が進むにつれて、知識創造の典型というべき科学の重要性が大きくなってくる。

特に競争の激しい既存市場（レッド・オーシャン　血で血を洗う競争の激しい領域）の枠外にブルー・オーシャン（青い海、競合相手のいない領域）を作りだすような技術革新、たとえばGAFAのようなオンラインプラットフォーム、GPS、クリスパー・キャス・ナインに代表されるゲノム編集にかかわる技術などは企業や個人に莫大な利潤をもたらし、短期間に巨大な産業を成立させるインパクトを持つ。しかもこれらの技術は大企業の中央研究所のような、特定の企業に囲い込まれた応用研究の場から生み出されたものよりは、むしろ学会、大学といった基礎科学と強く連結されたアカデミズムの場に由来し、社会実装の段階になって、そこから研究者自身がベンチャー企業の経営者の形でスピンアウトしてきたり、大企業が技術を買い取り、販路を開くケースが多い。科学とそれを担う人々への産業からの期待・要求が大きくなるのは当然といえるだろう。

産業と並ぶ科学の資金供給者である国家による科学への要求は、軍事という独自の要素が絡むだけに、産業によるそれよりも、より直截で強烈である。原子核物理学は原水爆へ、ロボット工学は軍事ロボットへ、VR工学は軍事シミュレーターへと直ちに展開されていく。ロケット工学のように軍事的要請によって立ち上がってきた学問分野すら存在するほどである。

産業政策も科学への要求・介入を強めている。

1980年代以降、日本、西欧、アメリカの産業政策は、新自由主義的傾向を強め、かつての日本の通産省のような政府による強力な産業への介入は経済発展にとってむしろ有害という認識が広まった。「政府の役割はむしろ会社法制、競争政策を始めとした市場制度の整備や不要な規制の緩和撤廃にあるべきである」（産業構造審議会[12]）、つまり「市場経済の番人」に政府の役割を限定しようとする考え方が主流となり、鉄道、通信、郵政といった政府事業も次々に民営化されていった。

しかし、科学政策の場合、新自由主義は科学への政府の直接的な介入の傾向をむしろ強めている。新自由主義の根幹はあらゆる領域における市場原理の貫徹、つまり競争とその競争の結果に応じた報酬である。市場の中では競争の勝者は事後的に決まるが、科学の場合、特に基礎研究の場合、そこから何が生まれるかは、やってみなければわからないというところがあるにもかかわらず、事前に資金を割り当てる必要がある。そこで、資金配分は誰かがある基準を作り、それによって判定することになる。そこに政府の、具体的には官僚や政治家、そしてそれと密接な関係にある経済人や指導的科学者・技術者の裁量の余地が生まれる。公正な競争という外被にくるまれた大きな権力が発生するのである。基準としてもっとも重視されるのは、社会に与えるインパクト、もっと端的に言えば当該科学の経済的波及効果（どれだけ大きな市場を生むか）であるが、これは考慮に入れるパラメーター次第というところがあり、相当自在な解釈が可能である。つまりそこに権力が生まれる。

しかも国家による基準はそれだけではない。国益というさらに自在な解釈が可能な要因がからんでくる。極言すれば、「国益」を言い立てれば、理屈はあとからついてくる。「エネルギー自給」とか「資源の有効利用」と言い立てて累計1兆円以上の国費をつぎ込んだ挙句、撤退を余儀なくされた高速増殖炉の開発などはこの典型であろう。

国家による科学統制をさらに強めているのが財政難である。財政がひっ迫する中、国は大学や研究機関、特に国立大学の運営費交付金を削減する一方で、競争的資金を拡大している。いきおい各大学は資金を握っている省庁、特に文科省や内閣府、総合科学技術・イノベーション会議の意向を気に掛け、「どんな研究に金がつくのか」を絶えずリサーチしている。競争的資金には科研費のような広く基礎科学に助成するものもあるが、特定の分野に使途を限定したものが多く、これは政府が実質的に科学研究の方向性を決めていることと等しい。

ラベッツはイギリスの状況について「政策決定によって特に優遇されることになったプロジェクトや、重点的に投資されるようになった分野に、科学者は引きつけられる。これは彼らの事前の興味や考え方に関わりない。この考え方は、『科学政策』についてのあらゆる議論の暗黙の仮定となっている。[13]」と述べている。これはむしろ現在の日本にこそあてはまる指摘だろう。

先に引用した村上の言にあるように、国家や産業界が「何か『利用できることはないか』、『搾取可能な知識』はないか、と探索の目を光らせ」、それに呼応して科学の専門家たちは「自分たちの研究成果が、外部のセクターに高値で売れるのではないか、とこちらも探索の目を光らせる」状況は、以上に見てきたような知識経済化、新自由主義、財政難といった要因によりますます強まる傾向にある。国家と産業界を科学研究の主要なクライアントとするこの関係性は、膨大な資金を必要とする科学研究にとってはほとんど必然的なものではあるが、同時に科学の方向性が産業と国家の要求によって一方的に決められていく危険をはらんでいる。

産業や国家が科学に要求を行うこと自体は正当なことであろう。資金を提供する以上、その資金の有効利用を求めるのは当然だからである。しかし問題は、国家の軍事的・政治的・経済的優位性と企業の市場における競争優位性への科学の貢献が、その貢献がいかなる変化を社会や個々の市民に（たとえば原子力発電所事故で故郷を追い出された市民に、原爆で死んでいった市民に）もたらすかという文脈抜きで肯定され、要求され、科学者・技術者自身もその要求に乗っていることである。国家と産業の優位性を追求する論理に科学が縛り付けられ、それがもたらすリスクや不公正に目を向けられない。科学の社会への実装によって大きな利益を得る人や機関・団体・企業はたしかに存在する。しかしそれによってひどい目にあう人がいたとしても、国益や産業の利益という「公共性」が顕示されると、それが「公益」ということになり、その前で、個々の市民の利害は捨象され、市民は共通の利害を持つ「国民」化される。ひとまとめにされて同意と協力が求められる。国家と資本（産業）の論理が公益性を独占するのである。

世界科学会議は「科学と科学的知識の利用に関する世界宣言」（ブダペスト宣言）で人類の知の地平を拡大する「知識のための科学」（science for knowledge）に加えて、「社会のための科学」（science for society）も科学の使命とした。[14] しかし、現実の科学の現場では、「社会のため」ということが、ほとんど何の留保もなく「国家のため」、「産業のため」に読み替えられている。「実際に科学のコントロールの主導権を手中に収め続けたのは、市民ではなく資本や国家」（塚原東吾[15]）である。

そのことについて問題視する言説が科学にかかわる人々の内外にあったとしても、「国際競争に乗り遅れる」、「他国の軍事的・経済的脅威に対処できない」という強力な競争の論理（葵の紋所のような！）がローラーのようにその言説を押しつぶし、科学と社会の関係を均してしまう。フランシス・ベーコンをもじって言うならば、「知は奴隷なり」である。

（2）研究者社会を席巻するアカデミック・キャピタリズム「私には決められない　決める力もない」

スローターとレスリーは大学をめぐる研究環境の変化が大学教員の意識や大学内の権力構造に与えた影響を研究し、1980年代以降、外部資金獲得が大学及び大学教員を動かす主要な動因となってきたことを指摘し、「大学および大学教員の、外部資金を獲得しようとする市場努力ないし市場類似努力」をアカデミック・キャピタリズムと呼んだ[16]。ややショッキングな表現ではあるが、科学の国家と資本への従属に対応して大学（同様のことは国立研究所など他の研究組織でも起こっている）組織内部、研究者の共同体内部で起きる変化をこの語はよくとらえている。

研究資金は競争を通じて勝ち取られるものであり、そこにはある種の疑似的な市場が成立し、勝者と敗者が現れる。勝者は単に研究資金を獲得するだけではない。研究資金の獲得は組織の内外での地位と威信を高め、ポスドク（任期付き研究員）の雇用による研究室の拡大をもたらす。研究の担い手を多数持つ研究室はそれだけ業績をあげやすく、資金供給者との関係も深まって、資金獲得競争上、ますます有利となり、それがさらに勝者（研究室主宰者）の地位と威信の上昇をもたらす。いわゆるマタイ効果

（成功者はますます成功する）である。

大学もこのような「稼いでくれる」研究者は大学の威信の向上やオーバーヘッド収入（研究費の一定部分を間接経費として大学が得ることができる）の拡大につながり、優遇する。

名の売れた研究者になれば所属組織や学会の幹部になったり、審議会委員など国の科学政策に影響を与えるポストを獲得できるかもしれない。研究資金は組織や研究共同体内部での出世を駆動するエンジンのような役割を果たすのである。

競争はそもそもこういうものであり、このようなインセンティブによって業績が上がり、社会貢献ができる。これの何が問題なのかという意見もあるだろう（むしろこのような意見の方が多いかもしれない）。しかしアカデミック・キャピタリズムを抑制なく発動すれば、上記のような構造はほとんど必然的に金森の指摘した科学の変質をもたらす。研究資金を獲得し続けていくこと、それをテコに組織や研究共同体内部で職を得たり上昇していくことが主要な目的となり、そのためにも資本や国家の要求に密接によりそうことが必要となるのである。

自由で独立した探求という、実態からは離れていたにせよ、それなりに研究者を律していた理想像は崩壊し、社会－科学複合体（産学複合体、産官学複合体・軍産学複合体）の上部で研究の大きな方向性が定められることになる。

少し余談になるが、国立大学教員としての私の経験から言えば、大学が純粋に学術上の必要から要求する基礎科学の経費であっても、ある程度大きな装置（といっても数千万円程度）であれば、学内審査が行われ、文科省の審査で通りそうかどうか、つまり文科官僚に取り上げてもらえそうかどうかということを考えながら予算要求が行われる。文科省は文科省で財務省に取り上げてもらえそうかどうかを考えながら審査を行うそうである。では財務省は何を気にしているかということまではわからないが、おそらくメディアとか時の政権の意向なのだろう。研究者が主導権を持つはずの基礎科学でさえ政府の意向を忖度しながら、お金の使い方、すなわち研究の方向性を決めていくのである。

話を戻そう。産学複合体に研究共同体が組み込まれると、共同体内部の構造も変質する。権力や資本と密接な関係にある指導的科学者が上部に位置するピラミッド構造は一種の研究企業のようになっており、そこで働く研究者は自律性を制約され、自分の仕事の方向性を自分で決めることができない研究労働者になる。原子力研究者で原子力発電の危険性を主張する研究者（たとえば京都大学の小出裕章や都立大を辞して原子力資料情報室を立ち上げた高木仁三郎）や東大の宇井純のように公害に対する化学工学の責任を主張した研究者は科学のヒエラルキーから弾かれていく。ここにあげた人たちは、覚悟を決めて自らヒエラルキーから外れ、それによって自らの志を守った人たちである。しかしほとんどの研究者は自分や家族の生活を守るために沈黙せざるをえないだろう。

ピラミッドの高い位置にある指導的研究者も研究の自由を必ずしも持っているわけではない。研究のネタは科学自身からしか出てこないので、それを見つけ、その可能性を売り込む段階において研究者の自律性は大きい。しかし、それが萌芽期を過ぎ、産業化段階となってプロジェクトとして動き出すと研究者の自律性は後退する。プロジェクトを動かすシステムがそれ自身の慣性で動き続ける。大きな資金が投入されることによって関係者との間に固着した利害関係ができあがり、研究の方向性に問題があることがわかってきても、簡単には止められない。

たとえば高速増殖炉である。高速増殖炉は開発当初から大きな問題が指摘され、筋《すじ》が悪い、このまま進めていくと危ないと指摘され、実際、研究開発の段階で多くの事故を起こし、開発が一向に進んでこなかった。ところが国の科学計画の中で常に重点項目として指定され（たとえば第3期科学技術基本計画では「国家基幹技術」と指定されている）、ニュートリノ実験施設など学術的評価の高い計画よりも常に優先され、巨額の研究費が注ぎ込まれてきたのは、宇宙開発と原子力を二枚看板として科学政策を進めてきた科学技術庁（現文科省）、原子力立国を掲げて軽水炉から高速増殖炉への置き換えを計画してきた経済産業省、使用済み核燃料の処分を核燃料サイクルの形で先送りすることができる電力業界、「総合エネルギー戦略」という形で官と産を取りまとめてきた自民党といった政官産の巨大なステークホルダー（利害関係者）が絡みあいながら研究者を取り込み、高速増殖炉開発を後押ししてきたからに他ならない。同様のことは、高コストで14機しか売れず、ほとんど開発当事者の英仏以外に普及しなかった超音速旅客機コンコルド、ねらいとしたコスト削減が実現せず、一方で機体事故率40％と史上最も危険な有人宇宙船となったスペーシャトルなどについても言える。指導的科学者・技術者であっても国や大企業が大規模に資金を投入してくる場合、「大型事業の指導者ではなく使用人である場合が多く、一般的には意思決定に際してわき役にとどまる」（吉岡斉[17]）のである。この意味で指導的研究者もまた産学複合体や産官学複合体の中の一つの小さな歯車にすぎない。

このような事情の中で、大学は、自律的でそれゆえ世間の風向きとは無縁でいられた「象牙の塔」とはもはや言い難い。特に理工学系においては、外部からの研究資金を燃料として回り続ける研究企業の集合体の様相を呈している。それらの研究企業はその研究を通して産学複合体に組み込まれ、研究企業の現場を回している研究者はもちろん、研究企業のリーダーも、一度回り始めた研究プロジェクトについて、その方向性を左右する力には乏しいのが実態である。

プロジェクトが良好に進捗する場合、このことに大きな問題はないかもしれない。しかしプロジェクトがそもそも筋《すじ》の悪いもの（これは事後的、つまりやってみなければわからないことが多い）である場合、研究者は微妙な状況に置かれる。離脱することは可能であろう。しかし、それは、国や産業からの研究資金の流れが止まり、それにより駆動していた研究室（研究企業）が機能停止する危険を覚悟の上でのことである。それができる研究者は稀であろう。

離脱まではいかなくとも、多少の軌道修正はできるかもしれない。有害廃棄物が出てくる工程があれば、その廃棄物を処理する技術を開発したり、危険が予想される場合にはそれを抑制する技術を開発したりという具合に、根本の科学は変えないで、末端の技術的改善によって、のりきろうとする、いわゆるエンドオブパイプ・テクノロジーである。しかしこれはコストがかさみ、根本が変わらないので、問題の解決には至らないことが多い。原子力発電所の安全を確保するために、原子炉緊急停止系、非常用炉心冷却といった大規模な安全装置を付加して、外付けで安全を確保しようとして、結局福島やチェルノブイリに見られる大きな失敗をしてしまった原子力発電所技術はその好例である。

居直りあるいは思考停止という可能性もある。自分の組み込まれている利益共同体（産学や産官学複合体）に自己同一化し、その利益共同体の利益を公益と思い込み、主張する。福島第一原了力発電所の事故の際に、プルトニウムの毒性は食塩より低いとテレビで言ってのけた原子力工学の研究者がいたが、ここまでくると、学問とか研究とか大学とかの存在意義、公費が投入されることへの意味も問われかねない。本当の意味での有用性、すべての人々の福利を改善するという目的が後景に退いてしまい。もっぱら特定の領域に形成された利益共同体の利益（もっとはっきり言えば利権）が主要関心事となってしまっているのである。

以上述べたことは極論かもしれない。深宇宙観測や考古学のように産業応用とほぼ無縁であっても大きな研究資金が投じられている分野もあるし、科研費という学術上の意義が重視される外部資金がかなり大きな資金源となっている事情もあるからだ。しかし全体として研究者が資本や国家に取り込まれ、その歯車の一つと化している状況は否みがたい。

これらのことから言えることは、アカデミック・キャピタリズムが大学や研究機関を広く覆っている現在、産業応用や国益増進への錦の御旗が掲げられ、研究に大きな資金が投入され、国や資本が動き出してしまえば、その方向性が間違っていても、具体的には大きなリスクを社会に与えたり、できもしない目標にいつまでもしがみついて巨額の資金が無駄に使われたりということがあっても、研究者がそれを転換するような影響を与えることは、原爆開発にかかわった研究者が原爆投下に反対しても一顧だにされなかったように、非常に難しいということである。もちろん研究者でなく、官僚、政治家、産業指導者が研究プロジェクトの破棄を含む軌道修正を適切に決定できるのなら、それでもよいだろう。しかし後で述べるようにそのようなことは期待しがたい。

おそらく期待をかけるべきは、国家でも資本でもない「地域」と「公共」に軸足を持つアクターとしての市民、NPO、当該分野に利害関係のない研究者（対抗的専門家になりうる研究者）の連帯なのであろう。どのような期待をかけるのか、どうすればその期待を実現できるのかについての私の考えはしばらく後で述べることとし、以下では社会－科学複合体の持つ問題点についてさらに述べてみたい。

（3）先送りの論理と技術楽観論「そのうち何とかなるだろう」

ここでは、原子力を例に科学と社会の関係を不健全なものにしている先送りの論理と技術楽観論について述べてみたい。

この節を執筆する少し前に原子力規制委員会が青森県六ヶ所村の再処理工場の安全審査を終了し、認可する方針であることが報じられた。これを受けて、経済産業大臣は核燃料サイクル政策の推進を表明している。しかし使用済み核燃料を再処理して、ウランとプルトニウムを取り出し（MOX燃料）、それを高速炉（高速中性子による核分裂反応を利用する炉）の燃料として利用するという核燃料サイクル政策が破綻していることは多くの研究者やメディアによって指摘されている。話が複雑になるので、プルトニウムの核兵器への転用の懸念については省略し、原子力発電所との関係に絞って述べる。

MOX燃料を利用する高速増殖炉（高速炉の一種、核反応により燃料のプルトニウム以上の量のプルトニウムを生産するため増殖炉と呼ばれる）の原型炉、つまり開発段階の炉である「もんじゅ」は、核燃料サイクルの要であるが、繰り返されてきた事故のため廃炉になるので、使用済み核燃料を再処理してMOX燃料を製造したとしても、その行き場がない状態になっている。結局、使用済み核燃料は行き場を失ったまま、原子力発電所の燃料プールと再処理工場の貯蔵プールにたまり続けている。

政府や電力会社は、やむをえず、MOX燃料を軽水炉（現在の形式の原子炉）の燃料にするという理屈をつけて再処理工場を稼働させようとしているが、MOX燃料は、ウラン燃料に比べて制御棒の効きが悪い、融点が低下し、燃料が溶けやすくなるなどの安全上の問題点がある。さらに再処理工場自体が通常運転でも大量の放射性物質を放出し、またいったん事故が起きると、福島第一原子力発電所の事故とは比較にならない膨大な量の放射性物質がまき散らされる（小出裕章は使用済み燃料の5％の破損により日本全体で190万人ががんで死亡すると計算している）[18]ことになるという重大な問題点を抱えている。このことは政府も電力会社もよくわかっている。

しかし核燃料サイクルが重大な問題を持っているからといって、それを転換するわけにはいかない事情がある。青森県と六ヶ所村は、2010年に、再処理事業を担当する日本原燃と、「再処理が困難となった場合、使用済み燃料の施設外への搬出を含む措置を講じるもの」という覚書を結んでおり、核燃料サイクル政策を放棄すると、再処理工場から各原子力発電所へ燃料が送り返されることになる可能性が高い。その場合には、そうでなくてもひっ迫している原子力発電所の燃料プールが満杯となり、原子力発電所を停止せざるをえない。いわゆる「返送リスク」[19]である。原子力発電所を稼働し続けるためには、核燃料サイクル政策を進めていくというポーズをとらざるをえないのである。こうやってずるずると先延ばししているうちにも、コストだけは累積し続け、再処理の総事業費は13・9兆円にまで膨らんでいる（2017年現在　使用済燃料再処理機構）[20]。破滅への道を走りつづけるチキンレースの様相を呈しているのである。しかも、このチキンレースは当事者だけが破滅するわけではない。もし再処理工場が稼働して大規模な事故が起これば、日本を破滅させるチキンレースである。

そもそもこのチキンレースはどのように始まったのだろうか。話は1940年代にさかのぼる。高速増殖炉は早くも1940年代に構想されているのである。当初はアメリカのみで研究が行われていたが、ソ連が40年代末、イギリス、フランスでも50年代に開発が始まった。日本でも1956年の原子力利用長期計画の中ですでに取り上げられている。1967年の計画では、原子力発電の発電コストについて「重油専焼火力発電に比し、はるかに有利となっていく」とし、高速増殖炉については「高速増殖炉は核燃料問題を基本的に解決する炉型であり、将来の原子力発電の主流となるべきものであるので、その実用化のための技術開発を強力に進める必要がある」。さらに高速増殖炉及び新型転換炉（後に開発が放棄され、高速増殖炉開発に一本化される）の開発が「産業基盤の強化と科学技術水準の高度化に大きな効果が期待される」とされている（原子力委員会[21]）。高速増殖炉にきわめて大きな期待がかけられていることがわかる。

その当時は、高速増殖炉は1980年代前半に実用化するとされていた。しかし高速増殖炉は、核分裂反応の速度が大きくなって冷却材の温度が上昇するとさらに分裂反応の速度が大きくなるという不安定性（ちなみに現在の原子炉（軽水炉）は冷却材の温度が上昇すると、核分裂速度は小さくなる）を持ち、暴走しやすいこと、また冷却材に金属ナトリウムを使用するため、ナトリウム漏れが起こると水と爆発的に反応すること、中性子の量が非常に多いため、燃料や燃料被覆、構造材の劣化が進行しやすいことといった、軽水炉よりはるかに難しい条件で作動しなければならないため、開発過程での事故が絶えず、開発は難航した。高速増殖炉開発に取り組んでいた各国はこの問題を解決できず、アメリカ、イギリス、ドイツは開発から撤退した。原子力発電所大国であるフランスも実質的には撤退している。ロシア、中国、インドは開発を続けているが、上記の問題を何とかコントロールできるような技術的ブレークスルーが起こっているわけではない。

日本では原型炉のもんじゅは1985年に着工したが、1995年にナトリウム漏洩・火災事故が起こっている。開発は遅延に遅延を重ね、原子力利用長期計画が改訂されるたびに、実用化の日程は先送りされた。結局もんじゅの実用化の目途は立たず、2016年に廃炉が決まった。この間、着工以来、1兆円以上の国費が投じられてきたが、結局、この30年間で稼働できた期間は250日にとどまる。

では現在の政府の原子力利用計画では高速増殖炉の記載はどうなっているのだろうか。原子力利用長期計画のような詳細な計画は福島第一原子力発電所の事故を機に策定されなくなったので、かわりに原子力関係閣僚会議の高速炉開発戦略ロードマップ（2018年）[22]を見てみよう。ロードマップでは「高速炉開発は中長期的には資源の有効利用と我が国のエネルギーの自立に大きく寄与する可能性がある」、「高レベル放射性廃棄物の減容化・有害度低減に対する寄与の観点も重要」とし、結局「高速炉の本格的利用が期待されるタイミングは21世紀後半のいずれかのタイミングとなる可能性がある」と、福島第一原子力発電所の事故を受け、歯切れは悪くなっているが、開発の方針は継続されている。ちなみに「高レベル放射性廃棄物の減容化・有害度低減」というのは使用済み核燃料を再処理し、高速炉で燃やすことによって容積を小さくし、半減期の長い核種（長寿命核種）を半減期の短い核種に転換することをさす。しかし再処理を前提とするので、再処理に伴い、放射能を帯びた廃液や吸着剤がゴミとして発生し、さらに巨大な再処理工場そのものがいずれはゴミとなることを考えれば全く減容にはならないし、そもそも複雑な化学処理の行程中に残渣が発生してしまうので、再処理で長寿命核種を完全に回収することはできない。むしろ環境中にばらまいてしまうことになりかねない。

ロードマップでは、さらにこんなことも述べられている。「市場メカニズムが適切に働かない場合には……適切な規模の市場補完的な制度措置が必要」、「開発資金調達のメカニズムの構築も重要」であるとも述べている、意味がわかりにくいが、おそらく今後とも巨額の国費を費やしていくぞ！という決意表明なのであろう。つまり1967年と2018年では基本は変わらず、このロードマップ通りに進めていくならば、約100年間！、膨大な国費を使って破滅的なリスクを伴う技術体系の研究開発が進められることになる。

このような、危険というかむしろ無謀ではないかと思われる科学体系が、確たる見通しも立たないまま進められてきた主な要因は、前にも述べたように、政官産の巨大なステークホルダーの存在、直接的には開発主体となってきた官僚機構の慣性、つまり社会－科学複合体の問題であろう。しかし、その背景には、より根源的な原因として、社会－科学複合体を支えるメンタリティ、先送りの論理がある。

原子力利用長期計画や原子力政策大綱、「原子力利用に関する基本的考え方」といった政府の原子力政策の基本を示す文書は長期にわたり一貫した論理で貫かれている。まず、

①原子力を推進すべき理由：経済成長に伴い、エネルギー需要は増えていく。ところが日本のエネルギーは海外からの化石燃料に多くを依存しており、日本経済は中東など資源供給国の政治情勢や燃料価格の上昇に対して脆弱である。原子力は準国産エネルギーであり、また発電原価が安いことから、安全保障上も産業の国際競争力向上のためにも有利である。高速増殖炉、さらには核融合が実用化されれば、日本のエネルギー事情は劇的に改善する。

②他国の動向：世界のエネルギー需要が増大する中で原子力発電は有力なエネルギー源であり、他

国は原子力利用の拡大と原子力にかかわる科学の開発を進めており、原子力産業の国際競争力を高める上でも、日本はそれに立ち遅れてはならない。

③ 原子力の抱えている問題：チェルノブイリ原子力発電所事故、福島第一原子力発電所の事故など深刻な事故があり、また使用済み核燃料の処分や他国からの懸念が強いプルトニウム在庫の積み上がりなど原子力は解決が難しい問題を抱えていることは確かである。しかし原子力の持っている高い公益性を踏まえれば、安全性に十分留意しつつ原子力を利用することは日本にとって今後とも必要である。

④ 問題への対応：課題に対応するためには、軽水炉の円滑な運用、使用済み核燃料の処分や再処理・高速炉・核融合についての研究の促進とそのための基盤の整備、原子力分野の人材養成、さらに国民の理解を得る取り組みが必要である。

ただし若干の変化もある。①については、1994年の原子力利用長期計画以降、二酸化炭素排出量の削減も利点としてあげられている。②については、チェルノブイリ原子力発電所の事故以降のヨーロッパでの原子力発電所の退潮を受けて、取り上げられる国の構成は先進国から中国、ロシア、インドなどに変化してきている。

ある一つの計画を取ってみてみれば、妥当な議論にも思えるが、問題は数十年にわたってほとんど同じ趣旨の議論が繰り返され、その間、核燃料再処理にせよ高速（増殖）炉の開発にせよ、膨大な国費が投じられているにもかかわらず、実質的な進展がほとんどみられないことである。

「開発が期待される」、「研究開発を着実に進める」、「可能にすることも考えられる」等の文言が繰り返され、将来の技術開発により問題が解決されるとしている。エネルギー政策の研究者であるウィリアム・ウォーカーはイギリスの核燃料再処理施設（ソープ再処理工場）をめぐる意思決定を分析して、新技術に対する過度な期待があったことを指摘しているが[23]、日本の原子力政策も全く同じ罠に陥ってしまっている。「どんな目標でも、その問題について十分に研究すれば、いつでもその手段を見つけられるという、科学の道具主義的見解[24]」、つまり技術楽観論を背景とした「いつか技術革新が起こって問題を解決してくれる」という先送りの論理で延々と時間を稼ぎ、結局そのようなことは起こらないまま現在に至っている。

もちろん技術革新が起こらなかったわけではない。たとえば「もんじゅ」において冷却材の挙動を調べるシミュレーション技術や原子炉の炉心材料の開発など一定の技術革新の蓄積は見られた。炉そのものは、1985年に着工し、1991年に試運転にこぎつけたことからわかるようにむしろ順調に建設・稼働したのである。しかし炉を運転することはできても、それとペアになるべき事故の危険性を抑制する技術の革新が遅々として進まなかった。跛行的に技術の実装が進んでしまったのである。安全性については植木等の歌のように「そのうち何とかなるだろう」で来てしまった。イノベーションは起こらなかったのだ。

この先送りの論理と技術楽観主義は、挑戦してみなければ技術革新は起こらないという意味で悪いことばかりではないようにも見える。自動車も飛行機もまずは動力源や駆動技術が実用化され、その後は悲惨な事故を繰り返しながらも安全機構や公害対策を進歩させてきた。このような歴史的先例があるからこそ、原子力発電所、そして核燃料サイクルや高速炉推進の議論には一定の説得力がある。石原慎太郎や吉本隆明などは、原子力発電所を廃止することは原始時代に戻ることだとか、サルに戻ることだとかなり極端な発言をしたが、潜在的には同様の感情を持っている日本人は多いだろう。私も電力会社の人と原子力発電所の議論になったときに同様の趣旨の反論を聞かされたことがある。人間がある程度の犠牲を払いながらもここまで進歩させてきた科学の成果を無にするのか、「原始時代に戻れ」というかのような感傷的で素朴な論は受け入れられないというのだ。

しかし私に言わせれば、原子力発電所や核燃料サイクルを進めようとする主張こそが感傷的で素朴（素朴というのは良い意味で使われることも多いので、ナイーブと言う方がよいかもしれない）な論である。人間は一度達成した成果を放棄することを、たとえ放棄した方が得だということがわかっていても拒否する傾向にあることが心理学の実験からわかっている。これは人間集団としても同様であろう。軽水炉、核燃料サイクル、高速炉といった原子力技術の体系は、膨大な費用をかけて開発され、高度な技術的蓄積が達成されている分野である。日本はこの分野に遅れて参入したが、他の先進国が停滞する中で、今やフランスと並ぶ原子力発電所大国となっている。日本は原子力発電所技術という巨大な山に他をリードして登ってきたのだ。その山を下りて別の山を登りなおすのは、せっかく大きなものを獲得したのに、それを放棄することであり、（特に関係者には）耐え難いことに違いない。しかし、再処理工場だけでも10兆円以上の投資が必要になると見込まれている（これまでの原子力発電所関連の開発計画の費用見積もりが著しく過小であったことを考えれば、実際に必要な費用はこれを上回ることは確実である）。費用面だけでも核燃料サイクルが破綻していることは明らかである。これは関係者もよくわかっているが、声を出すものがいない。原子力は裸の王様になっているのである。そして何よりも、日本を破滅させかねない巨大事故を起こす危険をはらんでいる。冷静に考えれば、これまでの技術的達成にこだわって、問題があっても先送りし、「そのうち何とかなるだろう」という技術楽観論にしがみつくことこそ感傷的で素朴な議論であると私は考える。

突然だが人類による水銀の利用を考えてみよう。水銀の塗料などへの利用は古代から行われ、近代以降も電池、蛍光灯、体温計などに広く利用されてきた。しかし水俣病に見られるように、その有害性も明らかであり、元素であるため分解もできず、環境中に拡散してしまえば回収するてだてもない。いわば水銀を利用する技術は有害性をコントロールできない「筋《すじ》の悪い」技術であり、それゆえ水銀使用の廃止・低減が行われ、人類は水銀利用技術から撤退しつつある。

原子力技術も同じことではないだろうか。夢の技術と讃えられたときもあったが、今になってみれば10万年もの長期間漏洩しないように隔離しておかなければならない膨大な有毒物質を生み出す「筋の悪い」技術体系であったことは明らかである。基礎科学についても技術にしても、原子力発電所の研究開発に費やした費用は莫大だったが、安全性や環境への有害性低減を飛躍的に改善するイノベーションは結局起こらなかった。欧州環境庁が環境問題を分析した『レイト・レッスンズ』では「社会が受け入れがたいリスクだと判断した特定の分野や技術の方向の革新を相当切り詰めるか終わりにする必要があるだろう[25]」と述べられている。冷静に考えれば原子力技術ほどこれによく該当するものはない。

また原子力技術を放棄するからといって、吉本隆明が言うように「サルに戻る」ことを意味するわけではない。『レイト・レッスンズ』はこうも述べている。「ある一つの選択肢を切ると別の分野の革新を育て、強める助けになることが実際に起きる。またその革新を先導している国々の経済に新たな競争力を与えることにもなる」。日本学術会議の提言によれば、「我が国には、全電力需要だけでなくエネルギー消費量全体にも匹敵する量の再生可能エネルギーが存在する」（日本学術会議[26]）。原子力発電所技術を放棄すれば、その維持と革新に投じられて来た資源を再生可能エネルギーへの投資と研究開発に投じることができるのであり、日本のエネルギー消費が今後漸減することを踏まえれば、この方向に踏み出すことがむしろ現実的である。

もちろん原子力発電所だけが「筋が悪い」わけではない。攻撃用ミサイルの進歩や飽和攻撃戦略に追いつけないまま配備が進行している迎撃ミサイルや海洋への蓄積が問題となっているプラスチックなども「筋が悪い」技術と言える。我々の社会は19世紀以来の科学の目覚ましい発展とそれが社会にもたらした巨大な便益に印象づけられ、科学にかかわる問題について、いつかは解決策が見出されると考え、先送りとその背景となる技術楽観主義に走りがちである。科学教育もこれを助長する傾向があった。しかしこれは、リスクを直視することを避ける知的怠慢に他ならない。リスクが現実のものとなったとき、知的怠慢は一気に反科学という反動を招きかねない。これは科学にとっても社会にとっても科学教育にとっても不幸な事態である。

社会が知的怠慢に陥ることを防ぎ、科学に市民の統制（シビリアン・コントロール）を利かせること、そのような資質を持った市民の育成を行うことは科学教育のもっとも重要な使命の一つであると私は考える。

（4）責任なき支配「皆の責任だ、だからわたしの責任ではない」

丸山真男は「軍国支配者の精神形態[27]」の中で、極東軍事裁判における軍幹部、官僚、政治家の証言を分析し、指導者たちが、それぞれのセクターの利害を背景としながら、妥協とあいまいな集団的意思決定を行い、誰一人として責任意識を持たないまま、流れに飲まれるようにして開戦をはじめとする重要事項がなんとなく決定されていく「無責任の体系」を活写している。

日本社会の権力構造を研究したカレル・ヴァン・ウォルフレンは、1990年（終戦後45年）こんな文章を書いている。「今日もっとも力のあるグループは一部の省庁の高官、政治派閥、それに官僚と結びついた財界人の一群である。」「個々のグループはどれも究極的な責任は負わない。」「ヒエラルキー、あるいは互いに重なり合ういくつかのヒエラルキーの複合体がある。だが頂点がない。いわば先端のないピラミッドだといえる。究極的な政策決定権をもつ最高機関が存在しないのである[28]」。丸山の指摘した、誰も明確な責任を負わないままに、いつの間にか国の形が決められていく、いわば「責任なき支配」は、戦後半世紀が経過してもその本質が何ら変わらないまま存続しているように見える。

もう一つ、今度は原子力についての評論を見てみよう。滝順一は福島第一原子力発電所の事故について日本の原子力政策をこのように分析している[29]。

甘さの背景にはもたれあい体質がある。電力会社と政府の規制当局者、一部の学者が原子力発電所推進の国策の下でむすびあい、現状を追認する。しかもだれかが決定的な判断を下すことは巧妙に避ける。役所は学者に「安全性の判断」をゆだねる。学者は安全のハードルをそこその高さにとどめ、基準を超える対応は事業者の自主対応にまかせる。事業者は規制当局のお達しに従ったまでという。外部から無責任にも映る「原子力村」の行動様式だ。

科学政策についても全く同じ構造で動いているのがわかる。誰も最後の責任をとらず、明確な責任の意識もないまま利害関係者の「村」の中で物事が決められていく。意思決定はされているが、その意思決定の責任者が存在しないのである。

科学がかかわる場合には、このような「責任なき支配」の状況をいっそう混沌とさせるような事情が存在する。それは、たとえば、ある化学物質が一定の濃度以下では安全だとされ、認可されても、複数の化学物質が関与するいわゆる「複合汚染」が安全かどうかはわからないことが示すように、科学が作り出すリスクは複雑な因果関係の網の目を通して人間や環境に影響を与えており、その因果関係を解きほぐすのが容易でないこと、そしてそのような因果関係の見えにくさは、しばしば因果関係がないものとして考えられてしまうことである。科学者は一般に因果関係の推定に対して慎重な態度をとる。因果関係の誤った肯定は科学者個人やその研究への信頼を揺るがしかねないからである。しかし因果の証拠が確定しないことは因果が存在しない証拠とはならない。にもかかわらず前者が後者と（しばしば意図的に）同一視される。誤った肯定を犯すまいとして誤った否定に陥ってしまうのである。そのため汚染者やそれを見逃した行政の責任は先延ばしされ、後で因果関係が確定しても、「その時点での予測はできなかった」として責任は免除されてしまうことになる。

また因果関係の複雑さは関与する関係者の多様化をもたらす。農薬の使用基準を守っているゴルフ場からの農薬で下流の飲料用水源が汚染された（と疑われる）場合、誰が責任を問われるのだろうか。ゴルフ場の経営者か、農薬の製造元や販売店か、使用基準を決めた農水省や環境省か、はたまた基準を決めるにあたって専門的知見を提供した研究者なのか、検出が遅れた場合は自治体の環境部局にも責任はあるのか、それとも誰にも責任はなく、水源の使用者は自然災害のように汚染を甘受しなければならないのか。ゴルフ場の経営者に無過失責任を問うことは可能かもしれないが、それ以外の関係者の責任を問うことは難しい。まして官僚機構や企業組織の中に埋め込まれている個人に責任を求めることは至難の業であろう。農薬が汚染源である以上、集団的決定とはいえ、関係者は何らかの責任を持つはずではある。しかしその責任はあまりに分散しすぎており、間接的すぎて問うことはできないのである。科学とその政策における責任についてはこのようなややこしい事情があるため、「責任なき支配」は日本だけの話ではなく、どこの国の科学政策にも見られるグローバルな特徴となっている。

責任なき支配には以下のような諸特性が伴っている。

(a) 想像力の縮減——見たくないものは見たくない

スリーマイルアイランド原子力発電所の事故の後、日本原子力研究所の中に環境放射能安全委員会が設置された。委員会は原子力発電所事故の際に放出される放射性物質の拡散シミュレーターの基本システムを6年間かけて開発（現在のSPEEDIの原型）した。完成後、委員長がこのシステムを使った避難訓練の実施を提案したところ、「そんなことはとんでもない。出来るはずが無い」「普段から発電所の人達がこの原子炉は絶対に安全だとそう言ってやっとのことで、ここで稼働している。もしここで事故があったと、たとえ演習にしてもそこで事故があったということを言ったならば、大変なパニックになってしまって、もう原子力発電はしてほしくないということになる。ただでさえ反対運動があるくらいだから、そんなことをやれるはずが無い」と拒否されたという（近藤次郎[30]）。封建時代の「民は由《よ》らしむべし、知らしむべからず」（民は依存させればよいのであって、その理由を知らせる必要はない）を彷彿とさせるエピソードである。これは原子力発電所関係者の警戒心、原子力発電所関係者だけで固まって他の人々を寄せつけない閉鎖性を如実に表すエピソードだが、同種のことは対市民だけにとどまっていない。

地震学者の石橋克彦が地震時の原子力発電所の炉心溶融事故の危険性を論文で提起したとき、原子力発電所関連の研究者は「原子力学会では聞いたことのない人」と評したり、「石橋論文は保健物理学会、放射線影響学会、原子力学会でとりあげられたことはない」などと発言したりしていたという。また金属学者の井野博満が中性子による原子炉圧力容器材料の脆化《ぜいか》する温度の上昇予測の根拠となる反応速度式に誤りがあるのを発見し、指摘したところ、式を求めた論文の著者自身が誤りがあったことを認めているのにもかかわらず、原子力安全保安院の見解は、特段の根拠も示さず、「脆化予測式の内部構成にかかわらず、直ちに規制の見直しの必要はないものと考えます」、「さらに議論を行う必要はないものと考えます」というものであったという（大久保真紀[31]）。

地震により起こる現象で地震学者が非専門家であるはずがない。また井野の指摘について言えば、脆性破壊は低温下で金属が粘りを失って小さな力で破壊されることを指し、脆化温度の上昇は圧力容器の破壊につながる危険性を秘めている。このような重大な指摘を受けているにもかかわらず対応しようとしない保安院に対して、井野は「監視試験の規定に不備があることをすんなり認めるわけにはいかないという自らの立場や、身内の学者のミスをかばうことの方が、原子力発電所をきちっと管理することよりも大事であるようだ」と痛烈に批判している。[32]

最初にあげたエピソードと同じく、原子力の利権共同体（いわゆる原子力村）以外の人々の意見を脅威と考え、躍起になって排除しようとする閉鎖性の表れであろうが、私にはそれだけとは思われない。脆性破壊が大きな規模で起これば、原子炉の炉心がむき出しになる。それがいかに恐るべきことであるかは原子力発電所の関係者ならば皆理解しているはずである。その基礎となる式が誤っていることが指摘されたのだから、誰よりも原子力発電所関係者がそれを深刻に受け止め、正しい基礎の上に原子力発電所を再設計しようとするだろう。原子力発電所を推進するためにもそれこそが合理的対応であろう。にもかかわらずそれを拒否するのは、単に仲間内のかばい合いという矮小なことにとどまらないように思われるのである。ここにはもっと根本的な問題がある。つまり放置しておくことがもたらすかもしれない事態の深刻さを直視する想像力がそもそも欠けていて、あるいは共同体の中で生きていくためにそれを抑圧して「見たくないものは見たくない」→「見たくないものは存在しない」ということになってしまっているのではないだろうか。実はこの想像力こそが専門家に求められる重要な任務であるにもかかわらずである。だから目の前で誤りを指摘されているそのことをどう収拾するかということだけにこだわってしまうのである。

このような想像力の縮減が大きな悲劇をもたらした事例として水俣病をあげることができる。

周知のように水俣病は新日本窒素肥料（後のチッソ、以下チッソとする）水俣工場の排水中の有機水銀によって引き起こされた有機水銀中毒で、1956年5月に患者の発生が公式に確認されている。その年の11月には熊本大学研究班が、原因は重金属の中毒であり、汚染源としてチッソの排水が最も疑われるという結論を出し、1958年6月には参議院社会労働委員会で厚生省環境衛生部長が水俣病の原因はチッソの排水であるという公式見解を示し、1959年7月には熊本大学研究班が有機水銀が原因と発表している。この時点で、厚生省や熊本大学の見解をうけてチッソが排水から重金属を取り除く措置をとっていたら、すでに患者は出ていたものの、水俣病はあれほどの悲劇には至らなかったであろう。しかしチッソは、科学的証明がなされていないとして熊本大学研究班や厚生省の見解を否定し続け、有機水銀除去にはほとんど効果がないと試運転時にすでにわかっていたサイクレーター設置と排水口の付け替えを行ったのみで、排水を出し続けた。サイクレーターが有機水銀を除去する効果がないことは、チッソは認識していたにもかかわらず、このようないわば詐欺的な措置しか取ろうとしなかった。企業を指導する権限がある通産省もチッソを擁護する態度をとり続けた。チッソが独占的なシェアを占めていたオクタノールがプラスチックの加工に不可欠であり、チッソの工場が止まることによる化学工業への打撃を恐れていたからである。省内部では操業停止になることを避けるよう大臣官房から経済企画庁水質課に出向していた課長補佐に指示を出し、また厚生省からのチッソへの指導要請を「原因は不明」として拒否し、各省庁連絡会議の席上で、有機水銀説を批判する研究者の小冊子を配布し、有機水銀説を否定した（連絡会議で異論が出ると政府として動けない）。池田通産相も閣議で有機水銀が水俣工場から流出しているというのは早計である旨の発言を行っている。結局、有機水銀を排出しない完全循環が実施されたのは1966年、国が有機水銀を規制対象としたのは、1969年と熊本大学の発表から10年が経過していた[33]（以上の経緯は平岡義和による）。

水俣病は恐るべき病である。『証言 水俣病』（栗原彬編[34]）にはこんな証言が掲載されている。田中静子という5歳の少女は、ご飯をこぼしたり、皿を落としたりすることから始まって、やがて歩けなくなり、しゃべれなくなり、目が見えなくなり、入院したが「ずっと目も見えないままで、ものもいえないし、手も足も曲がってしまって、身体もエビが曲がったようにしとったです。そして昼も夜もずっと泣いて、泣きつづけて亡くなったんです。話せば淡々としてしまうんですけど、静子は本当に苦しんで死んだんです」（静子の姉の話）。佐々木清登の父は症状が悪化して入院後、手も足も宙に突きあげてゴォゴォと声を上げて苦しみ、その状態で苦しみ続け、口から泡を吹いて亡くなった。

チッソや通産省で働いていた人々は水俣病に対する自分（自分たちではなく）の責任をどう考えていたのだろうか。漁協の抗議や熊本大学の有機水銀説、さらには国の機関である厚生省すら名指しでチッソの工場排水が原因となっているとしている中で何らかの責任は感じていただろう。そのことは水俣病対策市民会議など様々な集会での元従業員の発言やチッソ労働組合の「水俣病を自らの問題として取り組んでこなかったことを恥とする」という恥宣言、国と患者の和解交渉で国側の責任者を務め「水俣の仕事はどうしてもやりたくなかった。自分に嘘をつかなきゃいけない部分が多すぎるんだ」と家族に漏らし自殺した厚生省の官僚の言動[35]からもうかがうことができる（田村元彦）。しかし有機水銀が猫に水俣病と同様の症状を起こすことを発見した〈猫400号実験〉を行った工場附属病院の細川医師が技術部と話し合って、「一例だから」ということで、会社の立場への配慮からそれを伏せてしまったこと、アルデヒド製造実験を担当した職員が有機水銀説が正しいと考え、職場でも話していたにもかかわらず、結局自分の立場が悪くなることを恐れ、幹部に伝えることはなかったこと、熊本大学の研究を受けて、取締役の一部も、このまま垂れ流しにするのはまずいと認識していたこと、通産省から出向していた上記の課長補佐も、人間の命は重いというのはわかるが、自分の立場では排水を止められなかったと述べていることなど、重要な立場にあった多くの人々は、有機水銀が水俣病を引き起こしていることにある程度の確信を持っていながら、結局それぞれの個人が行動を起こすことはなかった[33]。

組織に縛られているこれらの人々を責めるのは酷かもしれない。しかし水俣病に苦しめられている患者の苦しみを考えて、あえて言うならば、これらの人々は有機水銀排出が水俣病の原因であると公言するような行動が自分の立場に与える影響を想像することはできても、患者の恐るべき苦しみを自分に責任のあることとして受けとめ想像することはできなかったと言わざるをえない。見たくないものを見ないですませようとしていたのである。会社や官庁という組織の中で責任が分散し、わがこととして水俣病を受け止めることができなかったのである。

(b) 組織の慣性――もう決まったことだ

大きな組織には一種の慣性（現在の運動状態を続けようとする性質）がある。慣性はとりわけ巨大な官僚組織、つまり国や都道府県といった行政組織において著しい。科学政策もその例外ではない。というよりも、長期にわたる投資や安定した制度が必要であるため、典型的に大きな慣性を持つ政策であるといえるだろう。

慣性には善悪両面がある。ある分野に長期的・計画的に投資を行い、その分野を支えることはたとえば宇宙開発や海洋調査を大きく進展させることになった。その功績はほとんどの人が認めるところだろう。また一方で、何回も使う用語だが「筋の悪い」分野に資金・人材を大量に注ぎ込んでしまったために引き返せなくなってしまったり、過去に決めた方針に引きずられて機動的な意思決定ができず、事態を悪化させてしまうことも起こる。前者の典型的な例は高速増殖炉であり、後者の典型的な例は水俣病であろう。

このような悪い意味での慣性が働いている例を見てみると、そこには「無謬性の神話」と「政策の自己目的化」という共通の特徴があるように思われる。

「無謬性の神話」とは、官（政府）は無謬（誤らない）という前提に立った思考のことである。官僚は自分が決めたことであれ、前任者や上司が決めたことであれ、一度決めた政策の誤りを想定もしないし、議論もしない。誤りが明白になってきてもそれを認めない。大雑把に言うとこういうことである。

原子力政策やダム建設などの国土開発、公害病への対応など行政機関の問題点が指摘されている事例のほとんどにあてはまることであるが、とりわけ悲惨な結果が出るのは保健行政の誤りである。ここでは、イギリスにおける変異型クロイツフェルト・ヤコブ病（vCJD）についてその経緯をパトリック・ズバネンバーグとエリック・ミルストーンの『「狂牛病」1980年代から2000年にかけて──安全の強調がいかに予防を妨げたか」[36]と小林傳司の『トランス・サイエンスの時代──科学技術と社会をつなぐ』[37]から見てみよう。

vＣＪＤは、クロイツフェルト・ヤコブ病（進行性認知症、運動失調等を呈し、発症から1年～2年で死亡する致死率１００％の神経難病）の一種である。原因は、狂牛病に罹患した牛の神経組織を食べたことによる異常プリオン蛋白の侵入である。イギリスでは狂牛病の牛が爆発的に増加したことから、人間への感染の懸念が広がり、その可能性を検討するサウスウッド委員会が１９８８年に組織された。サウスウッド委員会が「人間への感染の危険性はありそうにない」という報告を１８８９年に行ったことで政府は牛肉を介した狂牛病の人間への感染の可能性を否定し、イギリスの牛肉は安全であると宣言した（小林傳司）。しかし現実には１００人以上の人々が牛肉から感染したvＣＪＤにより死亡し、１９９６年には保健相が「発病の原因が狂牛病に感染した牛肉であることを否定できない」と表明して、政府は安全宣言を撤回した[36]。

経緯からするとサウスウッド委員会の報告に責を求めるのが妥当なように思える。しかし、サウスウッド委員会は感染の可能性を否定したわけではない、「人間の健康に何らかの影響を与えるとはほとんど考えられない。しかしながらこういった見積もりの評価が誤っていれば、結果は大変深刻なものとなるであろう」と感染の可能性を留保しているのである。政府への情報源はサウスウッド委員会だけではなかった。政府自身がその後組織した海綿状脳症諮問委員会は１９９０年に「現在の知識の下では人にリスクを及ぼさないと明確に述べることは妥当ではなく、またゼロリスクを主張することも適切ではない」と政府に伝えている。同年、委員会は主席医療担当官あてに作成した牛肉の安全性に関する文書でくず肉の危険性を示唆する文言を盛り込んだ。しかし農漁業食糧省（ＭＡＦＦ）の反対により、この「最も感情を刺激する可能性のある」文言は削除され、その後もＭＡＦＦは人間への感染の可能性を明確に否定し続け、イギリスの牛肉は安全であり、それは科学的な証拠に基づいていると、一貫してゼロリスクを主張しつづけた。

もちろん、肉にはかならず末梢神経が含まれているのだから、牛肉を使う限り、リスクを完全に排除することはできないだろう。MAFFとしては牛肉を介したvCJDの発生を認めることがイギリスの畜産業の壊滅につながることを懸念したことは理解できる。しかしリスクの存在を認め、国民にもそれを誠実に伝え、脳除去の手法の改善など可能な限りのリスク低減策を講じることはできたはずである。事実大臣自ら脳除去の手法への疑念をMAFF内では提起していたことも明らかになっている。

しかし政府は、一度ゼロリスクを宣言してしまったために、リスク低減の規制の導入がゼロリスクへの疑念と政府への不信をかきたてることを恐れて、国民にも伝えず、ほとんど無策のまま時を過ごしてしまった。多数の死者を出し、政治的危機にまで発展してようやく感染の可能性を認めたのである。早いうちに誤りを認め、政策を変更していれば、犠牲者を減らし、畜産業への打撃も最小限に抑えることができたのではないかと思われる。vCJDは「無謬性の神話」が政策変更の余地をなくしてしまい、結果として大きな禍をもたらした典型的な事例といえるだろう。問題に対処すべき規制当局が問題の一部となってしまったのである。

「政策の自己目的化」は一度決めた政策について、政策遂行が目的と化し、政策の有効性とか政策の目的が後景に退いてしまう、つまり本末転倒が起こることを指す。

典型的なのが原子力、巨大ダム、兵器といった人工物やテクノロジーの開発の際に見られる。いったん開発目標が決まると、巨額の追加費用が発生したり、大きな事故が起こってスケジュールが大幅に遅延したり、行く手に大きなリスク（たとえば暴走する原子炉、核戦争）があっても、当初の目標を変えることなく突き進む。私企業の場合ならばコストと利潤のバランスという一種の歯止めがあるが、国家の場合はそのような歯止めはない。ラベッツは、超音速輸送を例として「ある技術革新が、技術的観点からは危険が大きく、採算がとれるかどうかも疑わしく、誰にとってもてはなはだ有害であり、法的・政治的にも問題がある、とわかっていても、その技術革新が国家威信に貢献し、重要産業における雇用と士気を維持する上で重要ならば、国家から膨大な資金を受け取ることもある」、「プロジェクトの費用と利益を計算する際に、法律的に責任を問うことのできないあらゆる費用——特に自然環境や人間環境の悪化が無視される。」と述べ、そのようなテクノロジーを「暴走するテクノロジー」と呼んだ。[38] これは政策遂行のためにどのような犠牲も厭わないという意味で政策の自己目的化の極端な例だといえよう。私は日本でいえば高速炉や核燃料再処理がこれにあたると考える。

「無謬性の神話」と「政策の自己目的化」は単独ではなくしばしば対で現れ、相互強化する。政策の結果が政策の目的から乖離してきたり、副作用が出てきた場合、政策そのものには誤りはない（無謬のだから、解離や副作用を人や資金の追加投入によって克服しようとすることは正しいことだし、場合によっては隠蔽や虚偽も正当化される。何しろ政策は正しいのだから。

しかしそうやって深みにはまっていくといつしか政策遂行自体が目的となっていき、政策は柔軟性を失い、政策本来の目的は政策を正当化するための添え物、刺し身のツマのような存在となっていく。外部からの批判、内部からの告発も行われるが、それを封じ込め、築き上げてきたものを失わないようにするため、ますます無謬性の神話が強化されていく。

この悪循環が続くと、政策は「裸の王様」化していき、その破綻があらわになってくるのである。最後に、この項で述べてきたこと、つまり科学における責任なき支配、想像力の縮減、組織の慣性といったことに対して、官僚機構や産業は自らその宿痾に抗して政策変更を行うことができるのだろうかということを考えてみよう。結論から言えば、極端な採算の悪化や強力な政治や世論の力が作用する、つまり外部からの強制なしで官庁や産業みずからが政策変更に乗り出すことはおそらくほとんど期待できないと私は考える。その理由は3つある。

①利権共同体の権力：これはすでに何回も述べていることであるが、政策を進めていく官庁や政策遂行から利益を得ている産業、研究機関などが国費の使用、研究費の調達、天下りといった人的・資金的ネットワークを築いており、利権を脅かす政策変更には頑強に抵抗する。

②先送りによるリスク回避：官庁や大企業のような大きな組織の内部では「政治的・組織的文脈においては継続的関与は、撤退よりもより容易でより危険が少ないように見える。たとえそれが実際にはより困難で、より危険であったとしても[39]」（ウィリアム・ウォーカー）。政策変更を提起することは、たとえそれが組織の長期的利益につながるものであったとしても組織内での摩擦を引きおこし、担当者にとっては大きな個人的リスクとなる。個人にとってはその在任期間中に政策変更の提起を行わず、先送りにすることがリスク回避策となる。

③官僚による界面の支配：これはあまり論じられていることではないので、少し詳しく論じてみよう。新型コロナ政策に見られるように、政治が意思決定を行う際には、専門家（主として研究者）の意見を踏まえることが求められている。しかし専門家はそれぞれの分野の知見を踏まえた政策提言はでき

ても異なった分野間の意見調整はできない。そもそも専門家は自らの専門分野で答えることのできる問いを設定し、それに応答する定式化されたプロセスを構築することでその問いに答えているからである。エネルギー問題のように、因果関係が複雑に入り組み、多様な専門分野、多数のアクター間の相互作用が交錯する問題（悪構造の問題）については、専門家の意見を踏まえながらも政治がその時々のかじ取りをしていくほかない。しかし政治の扱う課題が外交、経済、医療、教育、環境等々と多岐にわたる以上、問題の交通整理を行い、意思決定をサポートするスタッフが必ず必要になる。アメリカの場合、それは民間から任用される補佐官であり、日本（に限らずほとんどの国）ではキャリア官僚である。

これ自体は必然的なことであるが、そこに官僚の権力が生まれる。官僚は専門家と政治を取り持つ存在である。事務局という立場で議論を整理するが、多くの場合、それは整理という語感から連想されるような中立的なものではない。議論の背後で落としどころに向けた絵を描いているのである。有限の時間内で議論を収束させるために行っているのではあるが、落としどころには官僚の所属組織やその組織の関連業界の意向が働き、その利害が反映することがまれではない。原子力委員会事務局は、２０１２年に、使用済み核燃料の処理のコスト試算を行ったが、その際、直接処分をすると、再処理事業にこれまでかけてきたコストが無駄になるからという論理で、そのコスト、つまり再処理事業に費やしてきたコストを直接処分にかかるコストとして計上するという操作を行って、直接処分のコストが再処理のコストよりも高くなるという試算を行った（２０１２年の算出、これはあまりにも露骨な操作であったために、委員に指摘され再計算した結果、直接処分のコストが再処理を下回ることになり、算出結果が逆転した）（吉澤剛他）[40]。この類のことはエネルギー政策の分野では多数見られるが、他の分野でも同様であろうことは想像に難くない。しかし官僚は黒子であり、その存在が見えない。政策選択を実質的に左右する存在であるにもかかわらず、責任はとらない。責任をとらずに自在に政策を動かす見えない権力が作動し、官僚と業界の利益を脅かすような政策変更を阻んでいるのである。

　コロナについても同じ力学が働いているのではないか。感染症の専門家が集まる専門家会議では、専門家の意見がまとまりやすく、その根拠も明確である。政府がそれを無視することは大きな政治的リスクとなる。しかし専門家会議は早々に解散させられ、新型コロナウイルス感染症対策分科会に置き換えられた。新型コロナウイルス感染症対策分科会のように経済学者やメディア、知事など多様なメンバーが関与し、それぞれが根拠を持つ異なる立場からの立論が交錯するということになると、どの立場を選択してもそれなりに根拠を持つことになり、政策の正当化が可能である。官僚の黒子としての力はむしろ大きくなるのではないだろうか。専門家会議が分科会に置き換えられたことについては、このような見方をすることができる。多様な意見を政策に反映することは必ず必要であるが、それが有効にはたらくためには、官僚によるコントロールに陥ることを警戒する必要がある。むろん実務担当者としての官僚の意見を聞くことは必要であろう。しかしそれは顔の見えない黒子としてではなく、実務担当者の立場としての参与であり、最終的な決断と責任は政治にある。政治がその決断を行うに際しては、専門家の意見をどのように利用したのかあるいは利用しなかったのかその理由を明確にしておかねばならない。

　科学にかかわる問題が生まれたり大きくなってきて、組織の慣性に抗した政策選択が必要となってきた場合、政策変更は、菅直人が血友病患者のエイズ問題で厚労省を指揮したように、あるいはドイツのメルケル首相が原子力発電所全廃を決断したように、政策から利益を引き出している利権共同体（官庁、産業、政治家）の外部者の決断と介入によってなされるであろう。つまり民主主義の出番である。では科学にかかわる民主主義の現状はどうなっているのだろうか。ここにも問題が発生している。次にそれを見てみよう。

（5）民主主義の目詰まり

ベックは現代社会の分析に有用な様々な概念を提示したが、そのうちの一つがサブ政治という概念である。近代社会において経済や科学が民主的統制の範囲外となり、政治が科学やグローバル経済にかかわる諸セクターが生み出すリスクをコントロールできなくなってきている状況、諸セクターが政治のコントロールを離れて半ば自律的に作動することをさす概念である。議会制民主主義の機能不全を指摘した概念と考えることができるだろう。

議会制民主主義に基づく政治は、議員として選出されてくる人々（立法府）が、社会の安危にかかわる問題、社会の方向性にかかわる問題に対して国民を代表して議論し、その議論の結果である法律が行政府を通じて執行され、国民の福利を向上させる、あるいは少なくとも福利を危険にさらさないように問題をコントロールできることを前提として成り立っている。しかし大学、企業、研究機関（政府自身の研究機関を含む）が日々生み出す科学やそれによる新しい人工物がリスクを生みだしているとしてもそれを政治が逐一モニタリングすることはほぼ不可能である。

リスクとして意識されるようになってきたとしても、そのリスクを生み出す科学が社会に根を張り、社会－科学複合体が形成され、経済活動の重要な一環をなすまでに成長すると、政治によるコントロールは難しくなる。

プラスチックが自然分解されずに海洋等に蓄積されることが自明であるにもかかわらず政治が有効な規制を打ち出せず、レジ袋の有料化という弥縫策にとどまっているのはその好例であろう。プラスチック産業があまりに重要な産業であるため、プラスチック（生分解するプラスチックを除く）の他素材への置き換えという抜本策には手が付けられないのである。

では産業育成に政府の関与が不可欠な場合、政治が産業育成にかかわる科学の方向性をコントロールすることができるかといえば必ずしもそうではない。日本やフランスにおける原子力発電所、アメリカにおける兵器開発に典型的に見られるように、行政府（狭義の政府）が産業や研究機関と強力な相互依存関係を築き上げている（社会－科学複合体）場合には、政治家や政党にとってその複合体と対決することは政治的なリスクとなる。一方、複合体の利益に沿うよう行動すれば（複合体の一員、つまり族議員となれば）、複合体からの支援をあてにできる（票と金）。複合体を政治の力により強化すれば、いっそうの支援が特定の政治家や政党に集中し、政治家・政党が政界内で大きな力を得ることができる。このようなしがらみが一度形成されると、政治家はそのしがらみに足を取られ、民意を実現するのが政治ではなく、複合体の利益を実現するのが政治ということになってしまう。政治が主体となって問題解決を行うことが期待できなくなる。むしろ政治が問題の一部となる。

この傾向は議会制民主主義における政治につきまとう2つの限界、

（a）政策パッケージによる政治家や政党の選択（投票）
（b）短期利益が長期利益に優越する傾向
によってさらに強化される。

（a）政策パッケージによる政治家や政党の選択（投票）

国立環境研究所気候変動リスク評価研究室の報告書「地球規模の気候リスクに対する人類の選択肢[41]」にはこんな一節がある。「競争的民主主義では、投票を行う際に気候変動リスク管理が争点にならなければ、投票時に有権者は立候補者の気候変動リスクに対する考えを知ることが困難である。そして、他の争点に関して国民の信を得た政治家が、気候変動リスクに関して信を問うこともないまま判断を下す可能性がある。」

これは気候変動リスクに限らず、ほとんどあらゆる問題にあてはまる。議会制民主主義では議会において多数を占める政党が「選挙により信を得た」として政権を握り、政策を具体化していくが、選挙の争点とならなかった問題についての国民多数の意見と政権の政策が食い違うことはしばしば発生する。民意と政策が乖離するのである。科学に関する問題でいえば、たいがいの世論調査では原子力発電所を縮小・廃止という意見の方が多数であるが、政府が基幹電源として原子力発電所を維持するとしているのがその例になるだろう。

自民党にしても立憲民主党にしてもその政策のほとんどを支持するようなコアの支持層がさほど多いわけではなく、各個人は政策ごとに賛否を選択している。このような状況においては「医療、福祉、環境問題などに関わる多様な個別的論点に関心を持つ人々が生まれており、その人々の利害は従来の会社、労働組合といった制度への帰属と対応しなくなっているのである。したがって、政党はそのような諸制度の利害をもとにした政策パッケージによっては、これら分散化した利害を吸収できなくなっている」（小林傳司[37]）。これは一面では政党の枠組みに吸収されない市民運動を喚起することにはなっているが、一面では政党が市民の意見を吸収し、市民の代理となって政策を遂行していくという議会制民主主義が機能しにくくなっていることでもある。民主主義が目詰まりを起こしているのである。

(b) 短期利益が長期利益に優越する傾向

2020年8月に、北海道寿都町が核廃棄物最終処分場受け入れに向けた文献調査に応募する方針を表明した。その理由は20億円の交付金により町の財政危機をしのぐことだという。もちろん財政危機を回避することは必要だが、すくなくともメディア報道からは10万年間の長期間にわたって核廃棄物を貯蔵することへの覚悟は伝わってこない。当座の財政危機への対応という短期の視野が10万年の長期保管という長期の視野を圧倒しているように見える。

実は核関連施設の受け入れはしばしばこのような短期的視点でなされている。内橋克人の『原発への警鐘』[42]によれば、元敦賀市長が1983年に行った講演で「短大は建つわ、高校はできるわ、五十億円で運動公園はできるわねえ。火葬場はボツボツ私も歳になってきたから、これもいま、あのカネで計画いたしておる、といったようなことで、そりゃあもうまったくタナボタ式の町づくりができるんじゃなかろうか」「五十年後に生まれた子どもが全部、片輪になるやら、それはわかりませんよ。わかりませんけど、いまの段階では（原子力発電所を）おやりになったほうがよいのではなかろうか……」と述べていたという。これなどは端的な例であろう。短期的でその日暮らし、今が、現世代がひとまず豊かになればよい。未来世代がどうなろうとそれは他人事なのである。もちろんこれはかなり極端な事例ではある。しかし目の前の受益が今は目に見えない未来の受苦よりも優先されること、現在世代のニーズを満たすために未来世代のニーズを顧みないことは、たまり続ける核廃棄物をよそ眼に福島第一原子力発電所の事故まで原子力発電所を拡大し続けてきた日本の国家政策にもあてはまる。だれが見てもわかりきった問題について先送りし、放射能漏れなどの問題が起こるたびにもぐらたたき的に処理され、組織の改廃など目先を変えることによって乗り切ってきた。「軋轢を解決しようとするのではなく、一時的にそれを避けようとし、そのためにはいかなる方法でも用い、それによってかえって多くの混乱を来るべき将来に蓄積する結果になることをも辞さない」（オルテガ[4]）という当座しのぎの対応が繰り返されている。

政治に本来期待されるのは、政治の場でなければできない大局的な合意形成を行い、それに基づいた長期的なビジョンを示すことである。しかし逆に政治が目の前の短期的問題（明日の選挙はそれに左右される）にこだわり、票にはなりにくい長期的問題は先送りするか官僚機構に丸投げしてしまうことが中央政府でも地方政府でも常態化している。政治が決めるべきことを政治が決めていないのである。ここにも民主主義の目詰まりが起きている。

(6) 資本主義の古典的悪徳「貧困と汚染どちらを取るんだ?」

1960年代の日本は水俣の有機水銀汚染、四日市の大気汚染など多数の死者がでる重大な公害が相次いで起こった。近代化に伴うあらゆる公害が見られる「公害先進国」だったのである。当時の日本企業は高度経済成長に伴い、設備投資は年率20%増以上と拡張に拡張を重ねたが、公害防止投資はほとんど行わず、設備規模の拡大はそのまま公害被害の急増へとつながっていった。政府も自治体も大気や水の汚染を経済が発展することに伴うやむをえないコストとみなし、明らかな健康被害にすら、因果性がはっきりしないとしてその補償や汚染の規制に消極的な態度をとっていた。ようやく1967年に公害対策基本法が成立し、環境基準が設定されて対策に乗り出したが、経済界の圧力により、もっとも汚染がはげしい地区の現状に合わせた骨抜きの基準となり、公害を抑制することはできなかった(宮本憲一[43])。その流れを転換させたのは公害被害者自身の運動であり、それに共感する市民の力である。

80年代以降、「日本は公害を克服した」、「日本は環境先進国」という言説が流通し、国際的にも発信された。これを、政府や産業界が公害被害の惨状に顧みて積極的に公害対策に乗り出し、公害を克服していった美しい物語として考えるのはおそらく当を得ていない。四大公害のいずれにおいても、企業は利潤極大化のため公害防止コストを最小にすることに執着し、政府や自治体も被害者ではなく企業の利害の代弁者としてふるまっていた。その態度を変えさせたのは、公害被害の実態を告発する過程で研究者や法曹関係者、メディアの関与を獲得し、法的にも学問的にも巨大企業と真っ向から対決する力量を身につけた被害者と市民運動者の連帯である。それは水俣や四日市にとどまるものではない。静岡県三島では四日市の被害実態を知って市民運動が国、県、企業が一体となって推進していた石油化学コンビナート計画を白紙に戻させ、市民の理解を得ずに力ずくで開発を行うことの不可能性を政府や企業に知らしめた。

四大公害裁判ですべて被害者が勝訴したことは、公害を放置することがむしろ企業利益を損ない、場合によっては企業の存亡にかかわるものであるという認識を企業側に与えた。

革新自治体が全国に広がったのも、革新自治体が政府の規制より高い環境基準を企業に要求し、公害に対して厳しい態度をとり、これが市民の支持を得たことが一因であり、自民党に深刻な危機感を与えた。政府や企業はこのような被害者・市民の運動、市民の意識との綱引きの中で公害防止投資や規制を行うことが長期的に自らの利益であると気づいたために態度を変えていったのである。

しかし綱引きは終わっているわけではない。原子力、産業廃棄物処理、石炭火力発電所などにおいて新しい形で企業と社会の間でのコスト負担の綱引きが起きている。企業は環境コストや周辺住民の健康への悪影響といったコストをできるだけ引き受けず、社会の側に転嫁することによって生産物（製品やサービス）の価格を安くし、利益を最大化しようとする。そのために政治的影響力を行使し、政府からの規制を回避しようとする。

この構造、資本主義の古典的悪徳ともいうべきものは高度成長時代、というよりも明治以来変わっていないのである。それどころかむしろ悪質化している面すらある。ベックは「産業社会は、産業社会によって解き放たれた危険を経済的に利用する。それによって産業社会がさらに危険社会の危険状況と政治の潜在的可能性をも作りだす」[7]と述べているが、日本においてこの構造が典型的に現れているのは、原子力発電所であろう。原子力発電所の廃炉はビッグビジネスとして注目されている。どう廃炉すればいいのか見当もついていない福島第一原子力発電所はともかく、廃炉が決まっている、または近々に迫っている原子炉は多く、数兆円規模の市場が生まれると見込まれている。しかも廃炉は長期間にわたるので、一度受注してしまえば30年から40年は安定した収入が見込める。その市場を原子力メーカーやゼネコンが狙っているわけだが、このような巨大な市場が生まれるのは廃炉がきわめて危険で難しい作業であるからに他ならない。このような危険な代物を生み出したのはそもそも原子力メーカーであり、危険なものを生み出してもうけ、その処理でまたもうけているのである。廃炉そのものは社会にとってコスト以外の何物でもない。そのコストを利益の根源へと転化するのは、品のない言い方をすれば、火を放っておいて、消火に見返りを要求するといういわゆるマッチポンプの論理ではないのか。

国際的にみればこの論理がもっとも顕著なのは兵器産業である。ソビエト連邦のアフガニスタン侵略（1979年）に対抗するためのアメリカの軍事援助（イスラム戦士の訓練や武器供与）、その中から生まれてきたテロ組織による9・11同時多発テロ後のアフガン戦争、イラク戦争はひとつながりの因果で結ばれたプロセスであり、その過程で膨大な利益がアメリカ政府から兵器産業に流れ込み、その一部は政治資金として政治家に還流されている。その意図があったかどうかは推測の域を出ないが、結果としてアメリカの兵器産業はアフガニスタンや中東の不安定化によって商機をつかみ、戦争が次の戦争を呼び込むことによって利益を手にしたのである。

話を公害に戻そう。連綿と続く資本主義のこの古典的悪徳に由来する健康・環境への危害を抑制することは社会にとって有益であり、長い目で見れば企業や産業にとっても利益となることは四大公害裁判の経緯に照らしても明らかであろう。そのためにはどのような論理が公害を合理化してきたのか、その論理について理解することが、それに対する対抗論理を構築するためにも必要である、そのことについて以下見ていこう。

(a) あれかこれか

企業活動が引き起こす、または引き起こす可能性のある危害を政府の規制などにより抑制することは必要だが、それには費用がかかる。その費用と抑制により得られる便益を比較し、費用が便益を上回るようなら規制を緩める、あるいは遅らせることが必要であるという論理が主張されることがある。あれかこれかを迫るのである。

典型的な主張としては汚染物質等の規制が企業経営を厳しくし、それによって雇用が失われる、雇用を守るためには規制緩和が必要だという、雇用か汚染かの二者択一を迫る主張であろう。たとえばアメリカのレーガン政権下（1980年代）、自動車メーカーは排ガス規制により自動車価格が上昇し、車への需要が減退して工場を閉鎖せざるをえなくなると主張し、政権もそれに呼応して「大気汚染防止プログラムこそ、過剰規制が経済の活力を奪っている代表的な分野」だとして規制基準を緩和していった（小林健一[44]）。日本でも、多くの公害問題（ほとんどといってよいかもしれない）で経済か公害防止かという論理は語られ、公害被害者を孤立させたり、公害問題の解決を遅らせてきたが、現在進行中の喫緊の問題でいえば、アスベストであろう。1972年には世界保健機関がアスベストの発がん性を公式に認め、80年代からヨーロッパを中心に使用禁止の動きが広がったにもかかわらず、1992年に社会党が立案したアスベスト規制法案は、「日本石綿協会」の「今後は健康障害は起こり得ない」との主張に乗った自民党の反対のため廃案になった。その後も、社会党は法案の再提出を目指していたが、今度は労働者の健康を守るべき労働組合が、法制化に反対する「石綿業にたずさわる者の連絡協議会」を結成し、「石綿は管理して使用できる。規制法制定は、関連産業に働く者の生活基盤をも奪いかねない」などと主張して社会党は法案提出を見送った（朝日新聞[45]）。その後も規制は徐々に強められていったものの、アスベストそのものは使われ続けてきた。現在年間1500人程度がアスベスト被曝に由来する肺がんや中皮腫で死亡していると見られており、この数字はこれからさらに上昇するとされている。今後はアスベストを多量に使用した建物の解体が急増することから、それに伴う飛散による被害が懸念されるにもかかわらず、専門家が求める石綿の曝露・飛散防止対策の強化は、解体費用の高騰、解体の長期化を恐れる建設業界の反対で見送られている。地域住民や消費者、労働者の健康や環境を出発点とせず、業界と担当官庁の間でコストとの見合いで「実現可能性」が見積もられ、それをもとに規制政策が立案されている。既視感があるほど繰り返されてきたことが今またアスベストで起きているのである。

かつて四日市公害訴訟の際、津地裁四日市支部は「身体に危険のあることを知りうる汚染物質の排出については、企業は経済性を度外視して、世界最高の技術、知識を動員して防止措置を講ずべきであり、そのような措置を怠れば過失は免れないと解すべきである[46]」との判決を下した。1972年のことである。それから半世紀以上がたったが、採算性の枠内で「可能な措置」を講じていくという行政と産業の姿勢はほとんど変わっていないと言わざるをえない。あれかこれかの論理での言い逃れを許すべきではない。少なくとも生命・健康にかかわる問題についてはコストを度外視して取り組む責任があるし、それが技術的に不可能だとするなら、そのような技術には退場してもらうほかない。

(b) 科学的証拠はあるのか

汚染物質放出などの企業の行為の法的責任を問うためには、企業の行為とそれによる損害の間に因果関係がなければならないし、行為が人的・物的被害をもたらすことの予見可能性も要求される。しかしこのわかりやすい理屈は、公害病に典型的に見られるように、汚染等の放置、ひいては環境や人々の健康・生命への危害をもたらす論理としても機能してきた。

排出された物質がどこに移動するのか、反応してどんな物質に変化するのかといった、物質の生態系の中での挙動を精度よく追跡することは非常に難しい。何か被害が出たとしても、たとえば四日市のぜんそくのように、他の原因で起こりうる被害については、汚染が原因なのか、別のもの(たとえばタバコ)が原因なのかを個々の被害者について立証するのは困難である。複数の原因企業がある場合は、どの患者がどの工場からの汚染で病気となったのかということを特定することはほぼ不可能であろう。要するに汚染物質と病気との因果関係を立証するのが難しいのである。

社会経済的な条件で言えば、企業の行為により被害を受けた個人が因果関係を突き止めるような専門的調査を行うことは知識の面から言っても費用の面から言ってもきわめて難しい。イタイイタイ病訴訟の際に、三井金属鉱業はカドミウムが人間の骨中に蓄積するのか、カドミウムが人体にどのように作用するのかの定量的な解明を原告側に求めたが、疾患が起きるしくみの解明まで被害者側が行わなければならないとしたら、被害者の救済はほとんど不可能であろう。企業は資金の上でも専門的知見の上でも権力との関係の上でも被害者にたいして隔絶した優位に立っているのであり、力関係において明白な差が存在する。このような条件下で、厳密な因果関係が立証されるまで企業の責任を認めないこと（刑法になぞらえて言えば推定無罪）、また因果関係が判明したとしても予見可能性の低さゆえに責任の一部またはすべてを免罪するようなことは事実上、被害を放置し、救済を拒否することに他ならない。実際、多くの公害病ではこのことが起こり、甚大な被害が起きている。

このことに日本の国家機構は全く無策であったわけではない。特に司法は、上記のような明白な不正義に直面し、それまで支配的であった法理である相隣関係法理（隣接する土地所有者同士の相互的な権利行使の調整原理）では被害－加害において因果関係の厳密な解明を求めたり、一定の予見可能性を求めるために公害に対して適切に対応できないことを認め、それを修正していった。たとえばイタイイタイ病公害訴訟や四日市公害訴訟では疫学に基づく因果関係の立証を立証手段として認めた。

疫学は、集団を対象として疾病の原因を特定していく学問であり、個人の疾病の原因まで特定することは要求されない。また必ずしも疾病の起こるしくみが詳細に解明されない段階でも、原因の特定が可能である。したがって、立証手段として疫学を認めることは、企業の排出する汚染物質による加害が統計的に明らかになればそれで十分であり、各個人の汚染物質への曝露の量や経路、種類といった因果の鎖を一つひとつたどらなくても、企業の責任を認定できることになる。汚染地域への一定年数の居住や汚染に関係すると考えられる疾患の罹患など一定の要件を満たせば被害者の救済が可能になるのである。

四日市公害の場合、大気汚染公害であるため、汚染物質の到達経路がつかみにくく、総体としての大気汚染は明らかであっても、個々の企業の汚染への寄与は明白ではなかった。実際、被告企業は理論計算などを提示して、自社の排煙がぜんそく等の大気汚染による疾患とは無関係であるあるいは関連性が薄いことを主張した。しかし、津地裁四日市支部判決（第一審判決で確定）では企業の主張を退け、共同不法行為による損害賠償責任を認定した。「工場に訴えに行ったら、『うちじゃない』また次の会社に行ったら『うちじゃない』次の会社に行っても『うちじゃない』そういったら、いったいどこやと、ねえ、私そのときに非常に残念に思ったことはねえ、『うちじゃない』ということはねえ『俺じゃない、おまえだ』ということといっしょや。罪を人になすり合いするその根性にねえ、本当に私は頭にかちんときた。『よしそうかおまえらそんな気持ちか』と。そいで、今度は、行政に行った。『こんな、俺しらん、工場のいうとることは俺はしらん。』。『国の規制をちゃんとまもっとる工場が操業しとんのやから俺はしらん』と、ほんとにいったいどこへ行ったらええのや。」（四日市再生「公害市民塾」で語られた四日市公害被害者の談話[47]）といったことは通用しなくなった。

予見可能性についても、たとえば水俣病訴訟熊本地裁判決（1973年）では「被告は、予見の対象を特定の原因物質の生成のみに限定し、その不可予見性の観点に立って被告には何ら注意義務がなかった、と主張するもののようであるが、このような考え方をおしすすめると、環境が汚染破壊され、住民の生命・健康に危害が及んだ段階で初めてその危険性が実証されるわけであり、それまでは危険性のある廃水の放流も許容されざるを得ず、その必然的結果として、住民の生命・健康を侵害することもやむを得ないこととされ、住民をいわば人体実験に供することにもなるから、明らかに不当といわなければならない」とした。特定の原因物質が一定のメカニズムによってある特定の病気を引き起こすということを予見できたかという意味での予見可能性を求めることは「住民をいわば人体実験に供することになる」とし、人体に対するなんらかの危険性が予見されることをもって予見可能性の要件を満たすとしたのである[48]。

このように激甚な公害とそれによる大きな被害の発生を受けて、それに対応する法理が創造され、それらの法理は西淀川公害訴訟などその後の裁判でもおおむね引き継がれ、確立していく。

しかし、公害訴訟を通して確立されてきたこれらの法理は被害を受けた、あるいは受ける可能性のある当事者が裁判に訴えてはじめて適用されるものである。民事裁判は個別の紛争を解決するためのものであり、判例としての影響力を持つとはいえ、効力そのものは各事案に限定される。また個別の事案ごとに当事者適格が吟味される。たとえば高速増殖炉もんじゅの原子炉設置許可の無効確認訴訟判決で最高裁はもんじゅから59キロメートル圏内の住民に対して当事者適格を認めたが、逆に言えば、その外に居住している住民が原子力発電所の危険性を訴えて運転差し止めを求めても、そもそも当事者ではないという理由で門前払いされる可能性がある。

裁判官は法律の専門家ではあっても環境や健康の専門家ではないため、判断に高度な専門性が要求される原子力発電所のような案件では、事故の起きる可能性や程度といったことについては、特に行政訴訟の場合、行政の専門的裁量の範囲内として判断を避け、各事案についての法的手続きに瑕疵があったのかなかったのかといった形式的要件のみで判断する傾向も見られる（小林傳司[37]）。

しかしこれらをもって司法が責任を果たしていないと考えるのは誤りであろう。上にも述べたように、司法（民事）はそもそも普遍的正義の追求ではなく個別の紛争の解決を求めるものであり、そこでは裁判に訴えることができるのは紛争の当事者に限定されるという原則（当事者適格）がある。また司法の判断は法に基づいて行われるものであって、解釈できる範囲には限界がある。そして何よりも行政庁が関与する場合、行政庁が下した専門的判断の妥当性を科学の素人である裁判官が二次的に判断を加えることについては議論があり、多くの行政法学者はこのような方式（実体的判断代置方式）は妥当でないとしていることがある（小林傳司[37]）。司法には多数の制約があるのだ。

むろん上記の公害訴訟にあるように司法が新たな法理を創造して問題に対処する場合もある。しかし公害病の場合は、公害が住民の健康・生命にとうてい看過できない侵害を直接的に与え、直ちに被害者の救済が必要であることが誰の目にもあきらかであったという時代的背景があったことも忘れるべきではない。現代では、放射能、ダイオキシン、アスベストといった直ちに被害が見えにくい汚染や温暖化による自然災害の激化といったあまりにも因果関係が錯綜しているような問題の場合、ボールは司法よりも立法や行政、広く言えば社会の側にあると考えるべきだろう。つまり科学と社会の関係を現代に見合った形で整理する法（行政規則も含む）の創出やそれを支える世論や人々の意識の変化が求められていると考えるのが妥当である。たとえば企業等の行為や製品が地域住民、消費者、労働者の利益への脅威をもたらす、とりわけ生命健康を脅かしている可能性がある場合は、厳密な因果関係の検証や被害の起こるしくみの解明がなされる前でもそれを公表し、操業や製造の差し止めを行う責任と権限を行政が持つべきであろう。そのことによって、仮に行政が何も手を打たない場合、不作為の責任を追及することができるようにもなる。一見中立的に見える「待って様子を見よう」という行政の姿勢が大きな悲劇をもたらしてきた歴史的教訓を忘れるべきではない。何もしないことは中立的行動ではない。何もしないということを決定したということなのだ。確実に決定できないことを長く論争し、その間、有効な措置がとられないまま、被害を拡大してきた「分析による麻痺」(欧州環境庁[25])という轍を踏まないことである。それには、行政が行った規制措置が間違っていた場合でも関係者の責任を問わず、間違っていた場合の補償を支援するしくみを整える必要がある。

ここまで原子力産業、化学産業、商社といった様々な業界に触れてきたが、それぞれの業界は強力な利益集団であり、様々な経路を通じて政治を動かす力を持っている。官僚に対しても政治家や幹部官僚を通じた人事操作、再就職先の確保などを通じて陰に陽に影響力を及ぼしている。福島第一原子力発電所の事故後に、規制当局が電力業者に対して弱い立場になっていることが指摘されたが、それはこのような事情が背景となっている。したがって業界に負担を強いるような政策は、たとえそれが長い目で見て社会の利益に結びつくものであっても、その実施には大きな困難が伴う。政治家にとっても行政官にとってもリスクを伴う行為であり、それを乗り越える決断が必要となるのである。リスクを乗り越えて動くためには、たとえば公正取引委員会や食品安全委員会のように、

①法により与えられた明確な使命
②規制される側の情報に依存せず(規制される側は水俣病におけるチッソ、PCB汚染におけるモンサントのようにしばしばデータの隠蔽を行う)、調査を自ら行い、自律的判断をすることができる専門性
③判断過程における政治の影響からの独立

といった特性を持つ環境政策組織が、国レベルでも自治体レベルでも必要となると考える。

社会の側、消費者の側も単純な市場原理で動くのではなく、環境や生命・健康、労働者の生活を守るのに必要な費用を価格に上乗せすることを当然だと考え、それらの費用による価格の上昇について寛容であるべきだろう。そのことによって市場原理を適正に働かせ、環境ダンピングや労働ダンピングを市場の力によって抑制することができるのである。

第2部　科学リテラシーの再構築——科学を統治する市民を育てる

第3章　専門家と市民の界面——欠如モデルから関与モデルへ

欠如モデル

前章で現代の科学の抱える様々な問題を見てきた。共通して言えることは、科学は社会に深く組み込まれており、同時に社会を根底から支える存在であるということだ。別の言い方をすれば科学は社会を一変させるポテンシャルを持つ存在であり、同時にその方向性を社会によって強く規定されている存在であるということである。したがって科学のステークホルダー（利害関係者）は社会構成員全員、つまりすべての市民である。ここまでは多くの人が合意できるであろう。しかし、では科学の方向性を決め、資源を配分し、発生した問題を解決する、つまり科学の統治を誰がどのように担うのかというと意見は分かれる。

序章でも少し書いたが、これまでの支配的な考え方は、科学は高度な知識とスキルを必要とするものであり、その開発や運用は専門家しか行いえない。したがって研究開発や現場での運用は専門家が行い、政治家と官僚、産業界が資源配分や制度の運用によってこれを支援し、統制するというものであろう。この考え方においては、素人である市民が、専門家による専門的判断とそれに依拠する政府や企業の判断に口をさしはさむことに対しては警戒的である。

この種の考え方の中にも様々なニュアンスの違いがあるので、一概に言えない部分もあるが、概括的に言うならば、「科学に対して素人である一般の市民に適切な判断を期待することはできない。しかし市民は世論や選挙を通じた一定の影響力を持っており、市民の理解なくして科学にかかわる政策や新技術を使用した製品の普及を進めていくことは難しい。したがって政府や産業、専門家は政策の正しさや技術の安全性を市民に理解してもらうように努めるべきである」ということになるだろう。この言い方は穏やかに過ぎるかもしれない。私は原子力発電所立地促進のための広報物を作成しているという広告会社の方と話したことがあるが、彼は「主婦をはじめ科学を知らない無知な人たちが原子力発電所反対派のデマに乗せられて反対運動をしているために原子力発電所の立地が進んでいない。もし中東で戦争が起こって石油が入ってこなくなったら日本は大変なことになるのだから一刻も早く立地を進めなければならない。原子力発電所立地を進めるために私たちがこれをつくりました」と一種の使命感を持ってその構想を語ってくれた。言葉使いは露骨ではあるものの、原子力発電所推進側の人々の認識を正直に表現したものであろう。本音としては専門家・産業・政府といった、知識が十分にある身内の中で進めていきたいが、民主主義社会において市民の力は無視できないので、「よく言って聞かせて納得してもらう」、「知らしむべし、由《よ》らしむべし」の考え方である。このような「市民には正確な科学的知識がないために科学技術を受容しないのだから、専門家が正確な知識を与えることによって、科学技術を受容するようになる」という考え方は欠如モデルと呼ばれている。

しかし欠如モデルはあちこちでほころびを見せていることも事実である。欠如モデルの前提は2つある。一つは「専門家の知識は正しい」であり、もう一つは「知れば知るほど受容する」ことである。まず「専門家の知識は正しい」から考えてみよう。これは、はっきりとした問題設定ができ、予測や主張の正誤とその根拠が明確な場合、たとえばニュートン物理学による天体の運動の予測や建築物の耐震性の分析のような場合にはおおむねあてはまる。しかし科学技術の受容が問題となるのは、たとえば原子力発電所であり、遺伝子組み換え作物であり、有害化学物質の問題である。これらは理学・工学の文脈に加え、社会的・経済的文脈が複雑に入り組んでくる問題であり、様々な分野の専門家が関与してくる。それぞれの学問分野の価値観によっても「何が正しいのか」が異なってくる。近々で言えば新型コロナについて感染症の専門家と経済の専門家で言うことが違っていることがその例だろう。理学・工学に限定したとしても、そもそもその系のふるまいが専門家にも容易に予測しにくく、何が正しいのかよくわからないことも多い。一言で言えば一筋縄ではいかない問題であり、「専門家の知識は正しい」とは簡単に言えないのである。まして福島第一原子力発電所の事故や公害病、変異型クロイツフェルト・ヤコブ病等への対応であらわになった企業と国、研究者の場当たり性、無責任性等を思い浮かべれば、専門家や政府が持っている「正しい」知識を「無知な」市民が受容するというモデルがこれらの事例において全く不適切であることは明らかであろう。

もう一つの「知れば知るほど受容する」はどうであろうか。上述の欠如モデルの妥当性については近年研究が蓄積されてきている。たとえばカーンらのアメリカにおける調査[1]によれば、地球温暖化を深刻なリスクとして認知する程度は科学への理解の程度が進むほど低下することがわかった。それを仔細に分析し、平等や共同体を重んじる価値観を持つ場合、科学への理解が進むほどリスク認知は増大するが、平等に対して懐疑的で階級的・個人主義的価値観を持つ人々では科学への理解が進むほどリスク認知はむしろ減少することを見出した。科学への理解が深まるとリスク認知は二極化する、科学への理解の効果が価値観によって逆向きに働くのである。カーンはこのことから科学への理解ではなく個人の価値観の違いがリスク認知の違いをもたらしていると結論づけている。

エヴァンスとデュラントはイギリスにおける調査で科学についての知識が豊富な人々は一般的には科学への支持が高いが、ヒト胚の利用など倫理的検討が必要な研究に対してはむしろ知識が豊富になるほど支持しなくなることを示している[2]。

2000年にイギリス政府とウェルカム財団が行った科学技術に対する知識や態度の調査[3]では、クラスター分析によって市民をいくつかのグループに分類している。それによると、科学技術に関心をもち、メディアから科学技術に関する情報を積極的に取り入れている人々の場合でも、科学や科学者・技術者、政府の科学技術に関する政策を強く信頼するグループ、科学や科学者・技術者を信頼していても、政府の政策には懐疑的なグループ、科学や科学者・技術者、政府の政策のいずれに対しても懐疑的なグループといくつかのグループに分かれる結果となっており、市民の科学技術への考え方の違いは関心や情報の程度と比例しているわけではない。

日本でも、たとえば西條の調査[4]では、科学知識得点と科学重視因子には相関はない、つまり科学の知識があるからといって科学の価値を高く評価するわけではないことが示されている。西條はこの結果を、欠如モデルは誤りであることを示唆する結果であると解釈している。

岸川ら[5]は17項目のリスク要因に対する危険度認知を調査している。その結果によれば、学歴の高い層が低い層に比べて、自分や自分の家族に対してより危険度が高いと認識しているのは、原子力発電所、SARS、核廃棄物、大気中の発がん物質、喫煙、環境ホルモン、ダイオキシンであった。学歴の高い層が低い層に比べて全般的にリスクを高めに見積もる傾向があったことは割り引いて考える必要があるが、一般的には学歴の高い層が、低い層より科学的リテラシーが高いと思われるので、これも欠如モデルが成り立っていないことを示す研究と思われる。

土屋ら[6]は市民、原子力の専門家、バイオ技術の専門家の科学技術観やリスク認知を調査しているが、遺伝子組み換え食物と原子力では市民のリスク認知が異なっており、遺伝子組み換え食物についてはよく知っている市民ほど安全と答える割合が高く、原子力発電はよく知っているほど危険と答える割合が高いという結果が得られている。これは、原子力発電の場合、市民は知れば知るほど危険と考えるようになることを意味し、欠如モデルとは逆の結果となる。

中谷内ら[7]の調査では、科学技術に関する知識が乏しい方が科学技術にかかわる危険への不安が高くなる傾向が存在することが示されており、欠如モデルを支持する結果が得られている調査も存在するわけだが、この研究においても知識不足は不安の大きさの要因としてはごく小さなものであり、「科学的リテラシーは不安のごく一部を説明するに過ぎない」とされている。

以上みてきたように、市民の科学技術への理解が進むほど科学技術を受容するようになるとは言えず、分野によってはむしろ理解が進むほど危険と考えるようにすらなることがわかる。欠如モデルは成り立っていないのである。もちろん、だからと言って、専門家がその知識を市民と共有する努力を怠ってはならないのは当然である。民主主義社会では、科学技術の進展のためには市民にそのリスクを知らせないほうがよいという「由《よ》らしむべし、知らしむべからず」という立場は成り立たないからである。

欠如モデルがうまくいかないとなれば、別のモデルに置き換える必要が出てくる。それは科学技術の方向性、たどるべき道の決定を専門家や政府、企業が独占せず、市民との対話の下に決めていくという「科学技術への公衆の関与」モデルであろう。「科学者や技術者が行っていることを公衆に理解させるトップダウンの一方向の過程から公衆との真の対話へと移行することが必要」[8]（イギリス上院「科学と社会」委員会レポート）なのである。次節からは欠如モデルが現代社会でうまくいかなくなってきており、「科学技術への公衆の関与」モデルが求められていることをいくつかの側面から明らかにし、「科学技術への公衆の関与」モデルの構築に必要な諸条件を見ていこう。

対話と関与のモデルへ――トランスサイエンスと社会的判断

核物理学者のアルヴィン・ワインバーグは「Science and Trans-Science」[9]という論文の中で「科学に問うことはできるが科学によって答えることができない問題」を「Trans-Scientific Questions」（トランスサイエンス的問題）と呼び、次のような例をあげた（5つあげているが、この節の問題意識に適合する2例を述べる)。

- 低レベル放射線の生物への影響：放射線が生物に起こす突然変異率が放射線の量に比例するとした場合、150ミリレムの放射線被曝は0・5%の突然変異率の上昇を起こすはずだが、それを実験的に確かめようとすれば80億匹のマウスを必要とすることになり、実験は不可能となる。同様なことが微量物質の環境への影響についても言える。
- きわめて稀な事象：破滅的な原子炉事故や巨大地震によるダムの崩壊のような場合、モデルに基づく計算はなされているが、どのような不具合が起こるかすべての場合をつくしているかの保証がなく、また稀な事象であるがゆえに、不具合の起こる確率を直接決定することができないといった事情があるため、計算がなされていてもきわめて疑わしい。

これらは科学の俎上に上げることはできるが、科学によって決定的な解答を得ることができない問題であり、科学を参考としながらも社会がその方向性を決めなければならない問題である。科学の確固たる基礎の上に技術を確立し、社会実装していくというのが多くの人が思う科学と社会の関係であるが、ここではそれが成り立っていない。リスク等に関する論争があったとしても「どこまでが科学的論争で、どこからが社会的な論争であるというような明確な境界線を引くことはできない」(中島貴子[10])問題である。したがってこれらの問題に関する意思決定を行う場合、社会は、科学を考慮に入れながらも科学を超えた判断(社会的判断)をせざるをえないのである。

社会的判断が必要な場合は上述のような科学に不確実性がある場合だけではない。私の知る範囲に限っても少なくとも3つが考えられる。

(a) 無知

リスク論でいう「無知」(どのような状態が生じ、どのような結果が出現するかその可能性すらもわからない状況)(竹村和久[11])、つまり科学者も含め誰もが予想しなかったリスクが出現してくる状況(たとえばフロンによるオゾン層破壊はフロンの開発・実用化の際に誰も予想していなかった)の場合がありうる。もちろん「無知」の状況においても、何らかのリスクの指摘がなされるまでは、判断自体が行われない。しかしリスクの指摘があり次第、その指摘があいまいだったり、一般的な指摘にとどまっていたとしても、社会の側で何らかの対応を検討し実行していく必要がある。科学による詳しい解明を待っているわけにはいかないのである。これについては次項でも触れる。

(b) 確率的影響をもたらすリスクの容認基準の決定

福島第一原子力発電所の事故以降、放射線とその健康影響に関心が集まっているが、中でも、「いったい年間どのくらいの量の放射線を受けると危険なのか」、つまり安全と危険の境界線はどこかということに人々の関心は集中している。しかし、放射線の場合、「一定量の放射線を受けると、皮膚障害などの影響が必ず現れる」確定的影響ならばこのような境界線を引くことができるが、がん(白血病などを含む)の発病確率を上げる確率的影響には境界線を引くことはできないとされている。メディアでしばしば取り上げられる年間20ミリシーベルト（避難指示解除の基準）とか年間1ミリシーベルト（公衆、つまり一般人の線量限度）は安全と危険の境界線ではなく、交通事故など他のリスクとのバランスも考慮した上での受忍限度（容認できる限度）である。具体的に言えば、たとえば年間1ミリシーベルトというのは年2万人に1人のがん死亡リスク、20ミリシーベルトは年1000人に1人のがん死亡リスクに当たる。年間1ミリシーベルト程度のリスクならば社会的に受容可能というのがICRP（国際放射線防護委員会）の判断であり、日本政府もこの基準を採用している（ただし福島の原子力発電所事故被災地域では、避難指示解除基準が20ミリシーベルトであるため、公衆の線量限度も事実上20ミリシーベルトとなっている）。

この問題は科学の不確実性とも関連はしているが、基本的に別問題と考えた方がよい。リスクの算出は科学に依存しているが、そのリスクを容認できるかどうかは科学ではなく社会が決めている。原子力発電所の安全性にかけるコストや原子力発電所の利得や石油危機など他のリスクとの見合いで容認しているのであって社会的判断の問題である。丸川珠代元環境相が1ミリシーベルトの基準について「何の科学的根拠もなく」と発言したのはおそらくこの辺の事情を官僚に説明され、誤解した結果だと思われるが、リスクを容認する基準を決めるのが科学ではなく社会だという意味では、半分正しいとも言える。

このような問題は原子力発電所に限られたことではない。国土交通省は都市水害を防ぐために高規格堤防（スーパー堤防）の建設を淀川河口、荒川下流などで進めている。これらの堤防がどの程度の洪水に耐えられるのか、それは何年に一度の洪水なのか、生態系にどのような影響を与えるのかということはある程度科学的に答えることができる。しかし何年に一度の洪水なら耐えられるということは、逆に言えばそれを超える洪水ならば被害がありうるということを容認することである。またコストや生態系の変化といったことと堤防建設によるベネフィットとを比較した上での決断となり、いずれも科学的判断の問題ではなく社会的判断の問題である。

(c) 異なるフレーミングの調整

上の項で述べたことは、フレーミングとも関連している。社会的判断は多くの場合、フレーミングの調整の問題でもある。「ある問題をどんな視点から何に注目して何と関連付けながらとらえるかという、問題の立て方、切り取り方、枠づけ方」をフレーミングと呼ぶ(平川秀幸[12])。フレーミング次第で見える風景は異なってくる。例を見てみよう。

平川は遺伝子組み換え作物についての議論を取り上げている。遺伝子組み換えは、それがもたらす健康へのリスクという視点で切り取ると、食品リスクの問題とフレームできるが、栽培時に他の作物に与える影響という視点で切り取ると、それは環境リスクの問題としてフレームできる。さらに作物の種子を開発企業が独占し、農家、特に零細農家が収奪を受けるという視点から切り取ると、経済的・社会的平等の問題としてフレームできる。

これらはそれぞれが独立のフレームである。それぞれにおいて、たとえば食品リスクのフレームにおいて実質的同等性(遺伝子組み換え作物が既存の非遺伝子組換え農作物と比べ、栄養成分等に差異がなく、導入された遺伝子により新たに作られるタンパク質の安全性が確認されれば、その作物は安全と判断できるとする考え方)の概念を使って科学的判断ができたとしても、どのフレームを重視するのか、すべてのフレームをクリアしなければ科学技術の実装ができないのかどうかといったことは科学的に判断できない。社会的判断の問題である。

以上、科学的判断だけでは決定できず、社会的判断が必要となる例を述べたが、これらのことが示すのは、社会的判断は、判断を決定的に根拠づけるような情報がない状況の中で下す判断であり、価値観選択を含む判断だということである。このような判断は官庁が専門家の意見を聴取し、利害関係者の調整を行いながら落としどころを決めていくという方法がもっともふつうに行われている。しかし前章の「社会－科学複合体の問題点(5)民主主義の目詰まり」で指摘したようにこの方法は「官僚は黒子であり、その存在が見えない。政策選択を実質的に左右する存在であるにもかかわらず、責任はとらない。責任をとらずに自在に政策を動かす見えない権力が作動し、官僚と業界の利益を脅かすような政策変更を阻んでいる」という問題点がある。科学技術社会論の研究者はこのような閉じた場での判断を社会に開かれた場(公共圏)へと開いていくことによって社会的判断をより妥当なものにしていくことを論じているが、その議論は後ほど行うことにし、ここでは科学を考慮しなければならないが科学によって決められない問題には、上述のようにいくつかのカテゴリーがあることを確認するにとどめておく。

耳を澄ませてそっと行う

前節と重複する部分が多いが、この節では社会的判断を行う際の有力な判断基準・行動基準となる予防原則と順応的管理について述べておこう。

リスク論においては「望ましくない事象」を一般にリスクと呼び、リスクの大きさを（望ましくない事象の生起確率）×（その事象の重大さ）と定義する（益永茂樹[13]）。リスク管理においては、リスクをどの程度に抑えるかというリスク管理目標を設定し、「望ましくない事象の生起確率」と「その事象の重大さ」を正確に見積もって、その積であるリスクの大きさを管理目標以下に抑えることが要求される。たとえばイギリスでは鉄道輸送について、許容できる最大限の死亡確率を従業員については年間1000人に1人、一般市民については1万人に1人と設定し、ケガについても200人の軽傷＝10人の重傷者＝1人の死亡者を等価と考え、対策を進めている（三宅淳巳[14]）。科学技術を社会に実装する場合、ベネフィット（利益）を勘案しながら、リスク管理目標に示されるリスクを十分に小さくする手段を講じることによって、実装に伴うリスクは社会にとって受容可能になると考えられている。

しかし、リスク（広義のリスク）には、

- 「どのような事象がどのような確率で起きるがわかる」（狭義のリスク）

・「どのような状態や結果が出現するかはわかっているが、状態や結果の出現確率がわからない」
・「どのような状態が生じ、どのような結果が出現するかその可能性すらもわからない状況」

の3種類が考えられ[11]、後者2つについては、リスクの定量化はできない。特に前節でも触れた「どのような状態が生じ、どのような結果が出現するかその可能性すらもわからない状況」は無知とよばれ、時に深刻な事態をもたらす。

例をあげてみよう。1938年に開発されたジエチルスチルベストロール（DES）はエストロゲン類似作用を持ち、流産や早産の予防薬としてアメリカ等で広く処方された。DESには期待される効果が全く認められないということが後に判明したが、それよりも大きな悲劇が誰にも知られることなく進行していた。1966年から69年にかけてマサチューセッツ総合病院に若い女性にはきわめて稀な膣がんの患者が7人も訪れた。患者を調査したハーバード大学のハワード・ウルフェルダーは患者の病歴を詳しく検討し、患者の母親が妊娠初期にDESを服用していたことが共通の要因であることを1971年に明らかにした。その後、動物実験で母親へのDES投与が子どもの膣がんを引き起こすことが確認された。妊娠中の母親が服用した合成ホルモン剤が実に20年以上もたってから子どもにがんを引き起こすという思いもよらないことが起こっていたのである。マサチューセッツ総合病院での膣がん患者の集中的な来院がなく、膣がん患者が別々の病院で診断されていたならば、DESの危険性は認識されないままであったと言われている（ドロレス・イバレッタ、シャンナ・スワン[15]）。当該の科学技術が実用化された時点で、専門家も予想できていなかった恐るべき影響の例である。まさに「どのような状態が生じ、どのような結果が出現するかその可能性すらもわからない状況」（無知）である。これはDES

という一つの物質の例であるが、複数の物質が相互作用して生体に影響を与える複合影響についてはほとんど検討が進んでおらず、単独で大きな影響がなくても他の物質の存在下で危険になりうる物質が野放しになっている可能性もある。

「無知」の例は合成化学物質の導入・普及において見られることが多いが、未知のパラメーターが多い漁業資源管理、開発による生態系の変化、発電所からの温排水の挙動、核燃料再処理工場から排出された放射性物質の挙動（再処理工場では通常運転で多量の放射性物質が放出される）などあげていけばきりがない。これらはいずれも予想されなかった影響が事後的に判明してきたものだが、判明したときにはすでに深刻で、時には人の生命・健康への影響、種の絶滅といった取り返しのつかない不可逆的影響を与えることがある。

このようなことが起きうる以上、新たな科学技術の実装が、その時点では不可知のリスクをもたらす可能性がある（無知）ことを、実装を推進する立場の人たちも含め、社会全体で認識することが必要となる。もちろん、そもそも何が起きるかわからない以上、事前にそれを想定して備えることは不可能ともいえる。しかし、たとえばある物質の人への毒性が許容できる水準以下と判断されたとしても、その物質が非常に安定で環境に長く残留するものならば、影響が長期にわたることになり、導入は慎重に検討する必要がある。環境中の濃度のモニタリングも必要になるだろう。そして肝要なのは、予期しなかった重大な悪影響が人や生態系に生じうる可能性がわかった場合は、厳密な因果関係を立証できていなくても、利用を中止する必要があることだ。このような先制的な予防措置を正当化する原理が予防原則（事前警戒原則）と呼ばれている。

高津融男[16]によれば、予防原則は具体的には次の諸原則の集合体である。

（1）規制排除の禁止：重大な害悪のリスクを有する行為に関する科学的不確実性を理由にして規制を妨げてはならない。

（2）情報の開示：人々を潜在的なリスクにさらす者は、不確実性を考慮し、関連する情報をその影響下にある人々に開示しなければならない。

（3）安全性の限界点の設定：有害な影響が見出されず、また予測もされない水準以下に行為を制限する安全性の限界点が、規制に含まれなければならない。

（4）最善の技術の利用：重大な害悪をもたらす不確実な可能性のある行為の支持者が、その行為による測定可能なリスクがないことを証明できなければ、その行為に対して最善の利用可能な技術が要求されなければならない。

（5）行為の禁止：重大な害悪をもたらす不確実な可能性を有する行為の支持者が、その行為による測定可能なリスクがないことを証明しなければ、その行為は禁止されなければならない。

予防原則は行為（たとえば新規技術の導入や大規模開発）について事前規制（予防）をするだけではなく、モニタリングや事後の規制・禁止も含むものであり、事前事後のプロセス全体に適用されるものである。わかりやすい表現でいうならば、予防原則の要諦は、何かを行おうとする際、その行為が世の中にどのように影響を及ぼしていくのか目を凝らし、耳を澄ませることであると言えよう。

一方、予防原則はリスクのあるものを何でも禁止しようというものではない。新型コロナのワクチンのように、副反応が出ることはあっても世の中全体への利得がリスクを大きく上回る新技術に対してその利用を阻害することは適当ではない。またリスクを口実にした貿易障壁など予防原則が恣意的に運用される可能性も存在する、そこで予防原則の運用にあたっては、利得も考慮し、次の原則が提案されている（欧州共同体委員会[17]）。

①均衡性
②無差別
③一貫性
④行動すること及び行動しないことの便益と費用の検討
⑤新しい科学的知見の検討

①の「均衡性」とは、「想定される措置は、適切な保護の水準を達成することを可能とするものでなければならない。予防原則に基づく措置は、望まれる保護の水準と均衡性を欠くものであってはならず、まずは存在しない、ゼロ・リスクをめざすものであってはならない。」というものである。ただし、「全面的な禁止が、潜在的リスクへの唯一の可能な対応となりうる場合もある。」とされている。②「無差別」というのは、「客観的根拠がない限り、同様な状況は、異なるように取り扱われるべきではなく、異なる状況は、同様に取り扱われるべきではない」である。③「一貫性」というのは「措置は、同様な状況においてすでにとられている措置、又は、同様のアプローチを用いている措置と一貫しているべきである。」である。④、⑤は字義どおりである。

ここで注目したいのは「⑤新しい科学的知見の検討」である。ここでは「措置は、新しい科学的データを考慮するよう定期的に再検討されなければならない。科学研究の結果により、リスク評価を完全に行い、必要な場合、その結論に基づいて措置を再検討することができるべきである」とされている。つまり何らかの措置をとるという判断をした場合、それは最終的な判断ではなく、事後においても情報を収集し、新しい情報に応じて措置を見直していくことが必要だということだ。これはより一般的に言えば、引き返して新しいやり方ができる余地を残し、措置の結果を見極めながら進んでいくこと、つまり「そっと行う」ということである。この「そっと行う」措置、状況の変化に応じて措置を変化させることは順応的管理と呼ばれている。予防措置と順応的管理は相反するもののように言われることがあるが、順応的管理は既成事実を作っていくことではない。取り返しがつかないところまで行かずに随時微調整し、ダメそうなら引き返すこと、あきらめることもある。

近世の水田開発の際には「年によって変わる利用可能な河川の流量の実際の状況を見ながら、開発する水田の規模や建設する水利施設の規模や形態などを、その制御管理の体制も含めて期間を予め定めて試行錯誤的に決めるもので、水田開発の規模や取水する量や配分の方法などを取り決めていくやり方」（渡邉紹裕[18]）という「見試し」の手法が使われたというが、順応的管理はまさにこの「見試し」である。

予防原則は「耳を澄ます」こと、順応的管理を「そっと行う」ことと考えれば、これら2つは相反するものではなく、むしろ対として考えることができる。これまでの経験になかったことを行う場合、人は何か変なことが起こらないかよく耳を澄まし、変なことが起こったらすぐ引き返して別な方法で行えるようそっと行うであろう。新しい科学技術の導入とか新たな開発行為を行う場合もそれと同様である。

では予防原則と順応的管理を原理とした社会と科学技術の関係を作り上げていくためにどのようなことが必要なのだろうか。以下ではそれを考えていくことにしよう。

（1）耳を澄ませるために――現場の知に耳を傾ける

野生のシカやウマは群れを作る。その理由の一つは群れを作ることにより、たくさんの目や耳を持つことができ、警戒監視機能が向上することである。そして大きな群れでは小さな群れよりも捕食者検出率は高いとされている。いわゆる「多くの目」効果である。

かなり荒っぽい比喩だが、何かリスクが存在する場合、それを検出するには多数の目や耳、つまり多くの人々の知見が集められ、活用されることが望ましい。

もちろんシカやウマの集団とは異なり、人間がリスクに対峙する場合、様々なリスクに対して、多くの場合、それに対応する専門家、たとえば化学物質に対しては化学物質の専門家が、原子力に対しては原子力の専門家が存在し、それぞれのリスクに対応する組織も存在する場合が多い。高度な能力を持つ見張り役がいるのである。

それにもかかわらず、できるだけ多くの人の知見を取り入れる必要があると主張するのには、いくつかの理由がある。たとえば、それが市民の権利として考えられるからであり、民主主義社会の能力を高めるからである。しかし、それらは後の節の宿題として残すことにし、ここでは前節で触れた「無知」との関係に絞って述べてみよう。

巨大開発や遺伝子組み換え生物の導入といったことに対して、「何が起こるかわからないではないか」という「無知」への憂慮はしばしば反科学と解釈され、「ゼロリスクという誤った期待を持っている」とか「根拠のない心配をしている」、「感情的な判断をしている」とみなされ、憂慮を表明する人たちに科学的根拠を示せという要求がなされる。しかしこれまで述べてきた前例がある以上、「無知」を憂慮することは反科学ではないし、科学をよく知らないから過剰な心配をしているわけでもない。小林傳司は科学技術にかかわる問題についての市民の意見を分析し、「市民の意見というのは、決して感情的判断ではなく、ある種の歴史的経験主義といったものに基づいているように思えるのである。食品添加物が引き合いに出されているように、『かつて専門家や行政が安全と言っていたものが、後になって危険性を持つことが判明した事例がある』と市民は考えるのである。そして、『遺伝子治療に関しても、専門家は安全性を確認していると述べている』が、これも食品添加物と同じようになる可能性があるのではないか、と推論するのである。そして『遺伝子治療は命に関わるものである以上、後で予期せぬ問題が生じたという事態は困る』ので、『安全性のチェックを強化してほしい』と考えるわけである。[19]」と述べている。

科学の進展の様子を見ていても、未知が既知になることばかりではない。放射線の影響とか、有機塩素化合物の毒性だとか、ひとまず確定（既知）だと思われていたことが、後でデータが蓄積されるにつれて不確かになっていく、つまり既知が未知に変わっていくことはむしろよくあることである。したがって「無知」が存在するかもしれないことを憂慮することは、愚かなことではなく、そこに何か根源的な不確実性が存在していることへの直感的な理解があると考えた方がよい。過去に政府や専門家が安全性を強調しながら結果的に失敗してきたことを経験している以上、次も失敗するのではないかという懸念を抱くことはむしろ合理的ですらある。このような理解や懸念を素人の誤解や過剰な心配とみなして政府や産業や専門家が躍起になって啓発しても不安はなくならない。「無知」の領域が存在していること、「無知」への憂慮は正当なものであることをいったんは認めなければ話は始まらないのである。

「無知」の領域が存在していることを認めるならば、科学技術にかかわる問題について、専門家や政府の外側に広く知見や意見を求め、関与者を拡大することは当然のことになる。「多くの目」効果が期待できるからである。しかしそもそも専門家が予見しえないリスクを非専門家が指摘できるのだろうか。科学技術の方法論に踏み込んで考えてみよう。

小惑星探査衛星のはやぶさ2号は地球から約3億キロメートル離れた小惑星リュウグウからサンプルを採取し、地球に帰還した。これはJAXAはやぶさ2プロジェクトの偉業である。3億キロメートル離れた探査機を直径わずか900メートルのリュウグウに着陸させ、サンプルリターンを行うというのは驚くべき精密さである。このような偉業を見たとき、科学技術の素晴らしい成果に驚嘆するとともに、科学技術により何もかもが分明になり、コントロールできるという感覚が生まれることが理解できる。何も宇宙科学に限らず、気象学や分子生物学、あるいは飛行機とか原子炉の設計のような工学であっても、専門家のなしとげる成果には驚嘆すべきものがあり、とうてい素人が容喙《ようかい》できるようなものではないと思える。しかし、このような成果は、実は科学技術が扱いやすいもの、つまり計算が可能で、応答が予測しやすい事物を対象としているという面によるところが大きいことを見逃してはいけない。小惑星探査機の例で言うならば、宇宙において圧倒的に大きな力は太陽や惑星の引力であり、それに加えて太陽風や光の圧力である。引力は計算でき、太陽風や光の圧力は探査機のエンジン推力により補正できる。非常に巨大なスケールではあるが何が起こるか、それに対してどうしなければならないかは計算可能である。

ところが自然現象の多くはそうではない。わずか634メートルの東京スカイツリーから紙を落としたとしよう。紙がどこに落ちるか正確な位置を求めることはできない。紙の行方を決めるのは重力だけではなく紙の周りを流れる空気の流れであり、後者が無視できない効果をもたらす。乱流の中の物体がどうふるまうかは、たとえ計算しようとしても、計算量がたちまち莫大なものになり発散してしまうのである。あえてわかりやすい例をあげたが、同じように正確な予測ができない例は生態系や生体中における物質間の相互作用、地震による地盤の破壊（どこでいつ壊れるのか）など枚挙にいとまがない。要するに「よくわからない」のである。

しかし「よくわからない」から諦めるかというと、そういうわけにもいかない。薬や食品添加物として有望な物質が見つかったり、地域の経済的発展に役立ちそうな開発計画が持ちあがれば、その可能性を追究したくなるのは当然である。

ではどうすればよいのだろうか。一つには安全率を取りながら実用化するという手があるだろう。たとえば食品添加物の場合、有望な物質が見つかれば、動物実験を行い、無毒性量（各種毒性試験において有害な影響が認められない一日あたり最大投与量）を確定し、ヒトと動物の種の違い、ヒトの個体差を考慮し、安全係数（通常100）で無毒性量を割ってヒトの一日許容摂取量とする（食品安全委員会[20]）。安全係数、つまり余裕の大きさを使って安全を確保しようとするのである。同様の考え方は化学物質や土木構造物、薬（薬の場合は治療に有効な量と有害な量との割り算で算出する）等、様々な場面で使われている。

シミュレーションという手もある。システムが多数の要素で構成され、要素間に複雑な相互作用が働いている場合は、それらを模擬したモデルをコンピューター上に設定し、モデルがどうふるまうかを経時的にシミュレーションするのである。気候変動、核融合、自動車や飛行機の設計など様々な場面で使われている。

ＡＩという手もあるのかもしれないが、筆者はよくわからないので、ここでは略しておく。

さて、では安全率やシミュレーションでリスクを防ぎきることができるかというと、そうは言えない。安全率の設定というのは、実はかなりあいまいである。食品等で通常使われている１００という安全係数も確たる根拠があるわけではない。人の食べるものなので、かなり厳しい１００という数字を選択しているわけで、言ってみれば専門家の相場感覚である。相場感覚を超えるような事象は想定されていないし、また摂取する物質間の相互作用も考慮されていない。ちなみに飛行機のような安全性と軽量化のせめぎあいの激しい分野では安全率は１・５程度（予想される最大荷重に対して機体が分解しない限界荷重の比）と低く抑えられている。飛行機の場合は安全率を低くとるぶん、メンテナンスの徹底と部品管理で安全を担保しようとしているのである。対象が違えば、それぞれの専門家の相場感覚は異なってくることがわかる。

シミュレーションにしても研究者は予想のためのモデルを立て、それに従ってシミュレーションを行うが、そのモデルが正しい（おおむね正しいと言ったほうがよいだろう）かどうかは結局は現実とすり合わせてみないとわからない。気象モデルなどは過去の気象の変化の経緯をモデルがうまく模擬しているかシミュレーションで確かめている。現実とすり合わせてみてうまくいかないようだったら、モデルを再考するのである。気象モデルのように先生役になってくれる現実がたくさんあれば、モデルを修正する機会はあるが、大規模プラントの事故のようなそうそう起こるものではない事象においては先生役は数少ない。「起こってみなければわからないことがたくさんある」というのが実態であろう。

安全率やシミュレーションが信頼できないということを言おうとしているのではない。安全率もシミュレーションもそれぞれに有用ではある。しかし、それをやみくもに信頼して絶対視してはいけないというごく当たりまえのことを言いたいのである。

前置きが長くなったが、要は、「よくわからない」ことについてのリスクが現実化することを防ぐためには、特定の方法に頼りきるのではなく、多様な方法を併用する必要があるということである。その一つの方法として専門家以外の人、とりわけリスクに直面する現場の人からの情報（現場の知）を丁寧に聞き取る方法がある。例をあげてみよう。

宮崎県高千穂町土呂久《とろく》鉱山では硫砒《りゅうひ》鉄鉱を焼いて亜砒酸の製造を始め、周辺地域で砒素中毒になる人が相次いだ。1962年に鉱山は操業を止めたが、地域の砒素被害を知っていた地元の岩戸小学校の教師が児童の健康への影響を心配し、健康調査をしたところ、1913年から1971年までの間に亡くなった人の平均年齢が39歳ときわめて低年齢であることがわかった。教師集団の中心となって調査を行っていた斎藤正健は世帯ごとの死亡者と病名を克明に調査し、「土呂久鉱山周辺被害（死亡）地図」をまとめあげた。[21] 教師たちのこの調査は「素人の調査で専門性がない」と否定され、県による健康診断でも病気の広がりが著しく過小評価され、一時、もみ消されかけたが、この調査がきっかけとなって、土呂久の住民が裁判闘争に乗り出し、公害被害が社会問題化して最高裁での和解に至ったのである。土呂久の住民は操業当初から鉱山の亜非砒酸製造の煙が有毒であり、それが集落に病をもたらしていることを認識し、行政にもそれを訴えていたが、全く取り合ってもらえず、社会に知られることもなかった。その問題を丁寧に調べ、住民の話に耳を傾ける教師の存在がなかったなら、寒村の業病というような形で葬りさられていたのではないだろうか。

一般に汚染や災害について住民は何かしらを知っていることが多い。水俣では水俣病確認以前からチッソの排水口に船を持っていくと、船底に付着した貝類が落ちて（死んで）船底がきれいになることが知られていた。何か毒が出ていることは経験的に知られていたのである。新潟水俣病の場合も阿賀野川の流域漁民は、患者の確認される20年以上前から「昭電の毒水」の存在を認識していた。富山県の神通川流域でも1955年に婦中町の医師萩野昇が住民調査の結果、鉱毒説を発表し、報道されて、イタイイタイ病が社会から認識される30年も前から、住民は、原因はわからないながらも、この病気の存在を認識していた。しかし萩野医師の鉱毒説は当時の富山県医学界から一蹴されてしまった（政野淳子[22]）。

2018年の岡山県真備町で起こった洪水では50人以上が死亡する被害を出したが、洪水に襲われた地域は古くから住んでいる住民にとっては水害が起こることが必至と思われている地域だった。氾濫を起こした小田川は勾配がきわめて小さく、増水時には高梁川からの逆流が頻繁に起こることが多く、治水上の問題点として指摘されていた（内田和子[23]）。付け替え工事の要望もなされていた。それにもかかわらず小田川周辺の低地は住宅地として開発され、結果として大きな災害に至ってしまったのである。

土石流の起こる谷には、蛇、竜などの字が使われていることがある。土石流がのたうちまわる蛇や竜にたとえられるためで、地名の中に過去の災害の記憶を残しているのである。

たとえば長野県の南木曽町には、蛇抜沢や押出沢という地名で土石流の起こる谷が記され、土石流災害で亡くなった人の霊を慰めるため、「蛇ぬけの水は黒い　蛇ぬけの前にはきな臭い匂いがする」等の土石流の予兆の言い伝えを記した碑が立てられている。[24] ところが、宅地開発などが進められている地域では、地名が忌まわしいとして改名されたり、良い意味の漢字に読み替えられるなど、過去の災害を隠そうとすることが多い。その場合、何も知らずに移り住んできた人々は土石流についての脅威に対して無防備になってしまうだろう。

このように、現場の知はその地域の人々の間で共有されるにとどまり、政策に必ずしも反映されない場合が多い。とりわけ行政が進めようとしている政策と反する知見の場合は専門家ぐるみで知見が否定され、無視されることがしばしば見られる。しかし上述の例でもわかるように、現場の知が政策に生かされていれば犠牲者がないかあるいは少なくて済み、実は行政や企業のコストもはるかに少なかったはずである。これは、専門家や政策担当者だけでなく、関連があるとみなすことができるあらゆる関係者、とりわけ地域住民や住民の声を集約することができる立場の人々（教師や医師、市民団体等）の声に早い段階から耳を傾け、対話することが必要となることを示している。

(2) 耳を澄ませるために——対話により枠組みを柔軟に組み替える

対話を行う際、大事なのは、対話の当事者が、対話によって自らの枠組みを組み替えることができる柔軟性である。物事をとらえる枠組みは立場によって、人によって異なる。原子力発電所の問題一つとってみても、推進側の電力会社や経産省と受け入れる側の住民とでは見える風景が異なる。住民の中でも建設業と水産業では重要と思う事柄が異なる。立地自治体と周辺の自治体とではまた異なってくるだろう。さらには専門家であっても研究対象や背景となる学問によって枠組みは異なる。このような人による、立場による枠組みの違いは当然のことであるのに、開発を進めようとする、あるいは新規技術の導入を進めようとする側からはこれを厄介視し、推進側の枠組みに議論を絞って強行突破しようとすることが多い。島根原子力発電所2号機設置の際の公聴会で、1号機設置の際に住民に示されたシミュレーションよりはるかに広い範囲で温排水が広がり、漁業被害が出ていることを漁民が訴えた際に、温排水の問題は対象外として議論しないと門前払いの答弁を通産省が行い、公聴会が紛糾したことがあった(内橋克人[25])が、これなどは典型である。内容を絞って「ここは○○を議論する場だから、その他のことは議論させない」というスタンスは都合の悪いことを議論させない勝手な設定と受けとられ、混乱と紛糾を招き、不信感を増幅させてしまった。現実に漁業被害が出ていることは重要な情報であり、本来ならば、そのような情報(現場の知)は、既存の枠組みを、より豊かなものへと組み替える機会ととらえるべきであるのに、推進側の枠組みを一切変えないで押し通そうとしたのである。

公聴会は意見を聞く、つまり対話の場である。対話は、複数の枠組みの交流によって、より妥当な（より多くの人に認められる）枠組みを構築できるという認識（信念と言った方がよいかもしれない）と、対話によって自らの枠組みを相対化し、乗り越えていく（脱構築）ことを許容する柔軟性があるからこそ実り多いものとなりうる。対話の主体が変化しうるから対話になるのであって、変化する気がないのならそれは対話ではない。公聴会が「単なる形式」と揶揄されるのもやむをえないだろう。

このことは個別の開発計画や新技術の導入にとどまらない。「○○が不足している、○○がどれだけ必要だ。だから××を推進する必要がある」というような不動の大前提とそれに基づく長期計画を立て、状況が変化しても、計画自体には一切触らないで、そこからすべてを演繹する手法がエネルギー政策や産業政策には典型的にみられる。この前提を背後に持っているから、政策の基調は変えない（変わらない）。結局は対話ではなく、「日本全体のためにご理解下さい。ついては○○させていただきます」というような戦術的な駆け引きになってしまうことになる。上（前提）から下（前提を実現させるための現場での対話）への流れしかないのである。これでは現場の知などくみ取れる余地はない。経産省や国交省の官僚が公聴会などに出てきても木で鼻をくくったような答弁をして住民を憤激させるということはよくあるが、上から下への流れしかないから、彼らはそうせざるをえないのである。住民の意見をくみ取るようなことを本省は期待していないのだから。

本来は、たとえ局地的な話し合いであっても、そこからくみ取った知見を前提に反映させてゆく、下から上への流れもなければならない。前提自体も問いなおしていく熟議に発展させられることができれば、対話は実に実り多いものになる。それこそがあるべきサイエンス・コミュニケーションであり、協働はそこから始まるのである。

関連して言うならば、このような対話が成り立つためには、対話をマネジメントする主体は事業を推進する官庁ではないほうがよいだろう。当該官庁の利害を超越することは、当の官庁にはできないし、できたとしても信用されにくい。国で言えば環境省、地方で言えば環境部局のような別の官庁が行司役として入り、考えうるすべての関係者を組み入れた議論を行うことが望ましい。本来ならば環境アセスメントはそのような考え方の上に立っているはずである。そして省どうし、部局どうしの間のように対等者どうしで折り合えない場合は、アメリカの連邦政府の「環境の質に関する委員会」(Council on Environmental Quality)のようにより上位の権限を持つ官庁が調停する形にすればよいのである。

(3) 耳を澄ませるために——多様な観点から継続的に吟味していく

対話の内容の中には、発がん性とか事故の際の汚染とか、災害の危険性のような自然科学的・工学的内容だけでなく、社会的・経済的・倫理的な内容も組み入れるべきである。平川秀幸は、ヨーロッパで行われた遺伝子組み換え作物(GMO)に対する大規模な社会調査から抽出された「一般市民がGMOに抱く主要な疑問」を紹介しているが、それによれば「GMOの使用で利益を得るのは誰なのか」、「規制当局はGMO開発を進める大企業を効果的に規制するのに十分な権力と能力を持っているのか」、「予期されなかった被害が生じたときには、誰が責任を負うのか、どうやって責任を取るのか」といった自然科学・工学だけでは答えようがない疑問が多くを占めているという[26]。このような疑問に科学で決定的な答えは出せない。まさにトランスサイエンス問題である。

この種の疑問には自然科学内部での論争のように決定的な結論は出しにくい（たぶん出せない）。遺伝子工学によって多収量のコメの品種が開発され、それが発展途上国の食糧不安の解消につながったとしても、農家の種子企業への依存による自律性の喪失や在来品種の消滅につながるとしたら、それを承服できないとする人々は多いだろう。むろん食糧不足というような差し迫った危機を克服することのほうが重要だと思う人も貧しい都市生活者の中には多いだろう。しかしいずれにしろこれが正しいという絶対的な結論がない以上、ひとまずの結論が出たとしてもそれはあくまでも暫定的な結論であることを関与するすべての人が意識し、継続的に吟味していく必要がある。「もう決まったことだ」という結論の固定化（つまり事象を見る枠組みの固定化）は継続的吟味を拒否することであり、むしろ有害である。

そしてそれぞれの立場の人からの主張をそれぞれに根拠があることを認め、結論を出すというのは「リンゴとミカンを比較する」というようなある種強引なことを行っているのだという自覚を持つ必要がある。リンゴをミカン何個分というように換算することはできるが、それはあくまでも換算であってリンゴはミカンにはなりえない。このしごく当たり前なことをしっかり皆が意識していないと、費用便益分析というような「客観的」手法に惑わされる。手法が悪いわけではないが、手法の根底には「リンゴとミカンを比較する」という前提が含まれていることを意識する必要があるのだ。

上述の考え方は、新技術の導入やある地域の開発を進めたいと思っている側にとっては、実にイライラする、先の見えないと思われる考え方だろう。議論の進展次第で、最初の結論がひっくり返ってしまったり、大きな遅延が起こる可能性もある。しかし誠実な対話の中でそういう結論になれば、それはそれで受け入れるしかないのではないか。それを恐れて強引な権力的行政を行ったり、金で地域の切り崩しを行ったりすることは、結局は問題をこじれさせ、関係者間の不信と猜疑を引き起こす。誠実な対話の中からしか信頼は生まれないのである。

(4) 耳を澄ませるために——見せかけの知との対峙

経済学者のフリードリヒ・ハイエクは、賢明なエリートが社会を俯瞰的に把握し、設計し、指導することができるという前提に立つ設計主義・計画主義を「進歩を続ける理論的知識が、今後あらゆる分野において複雑な相互関係を確証可能な事実へと還元してくれる妄想」として批判した。また彼は「見せかけの知」と題するノーベル賞受賞記念講演で「経済学者が政策をもっと成功裏に導くことに失敗したのは、輝かしい成功を収める自然科学の歩みをできるかぎり厳密に模倣しようとするその性向と密接に結びついているように思われます。しかしそれはわれわれの専門領域においては完全な失敗へと導きかねない企てです」と述べ、厳密な条件統制を行うことができる物理化学を模して経済をコントロールしようとする経済学を厳しく批判した。「物理化学の偉大かつ急速な進展が起こったのは、相対的に少ない変数を持つ関数として観察される現象を解明する法則にもとづいて説明と予測を行うことができた分野」であること、一方経済学のような社会科学は「本質的に複雑な構造、すなわちその特性が相対的に多数の変数を含むモデルによってのみ明らかにできる」ことを前提としなければならず、またそのような変数を観測・測定しつくすことはできないために「現実世界で生じるさまざまな現象の可能的原因として許容される事実を、きわめて恣意的に制限してしまう」ことを指摘し、「科学が到達すると私たちが予測できることには厳然たる限界が存在する」、「科学的方法が到達できる以上のものを科学に――つまり、科学的原理にしたがった意図的統制に――ゆだねることは嘆かわしい結果をもたらす恐れがある」と結論している。[27] 経済学がいかに華麗な数学的体系と経済政策への影響力を持っていたとしても、複雑な経済システムの各要素間の関係と相互作用をすべて観測することなどできない以上、物理化学を模倣して社会をあたかも一つの実験系のように扱ってコントロール可能であるかのように理論化し、社会にもそう見せかけようとしている多くの経済学（学派）は、ハイエクにとって似非自然科学であり、「見せかけの知」なのである。

ハイエクは経済学を批判しているが、複雑な系を扱う工学もまた「科学的方法が到達できる以上のものを科学に――つまり、科学的原理にしたがった意図的統制に――ゆだねる」という意味で「見せかけの知」と化している場合がある。原子力工学はその典型であろう。

福島第一原子力発電所の事故を経験してわかったことは、原子炉という複雑で巨大なシステムが外部から攪乱を受けた際の、システム内部要素の複雑で緊密な（タイト・カップリング、ある要素またはサブシステムの変動が他の要素やサブシステムに波及していき、その波及を遮断することが困難なこと）相互作用は、少なくとも事故の進展の途上では、原子力工学の専門家にもほとんど理解できないということである。事故後の後付けの調査で大筋のストーリーはわかってきたが、細部のこと（たとえば水蒸気爆発が起こる危険性はなかったのか、地震動で配管はどうふるまったのか）は事故後10年以上たっている現在でもいまだにほとんどわかっていない。原子力工学には膨大な研究資源（研究者、研究費）が投じられ、巨大な研究分野に成長したが、結局、事故の進展をコントロールするどころか、どのように事故が進展していくのか、いくのかという理解すらできないことが明らかになった。精緻で巨大な理論はある条件の範囲内ではそれなりに有効なものではあるが、そのよって立つ条件を超えた現実に直面したとき、無力だった、つまり原子力発電所をコントロールできると対社会的に喧伝しておきながら、実はコントロールできない「見せかけの知」だったのである。

では原子力安全の研究が不十分だったから、裏を返せばもっと研究をすすめれば、原子力工学は「見せかけの知」ではなくなり、原子炉が安全なもの、もう福島のような大きな事故を起こさないものになるのだろうか。おそらくならないだろう。

これまでにも触れてきたように人間の認識には限界が存在する。「無知」という領域がある。「無知」を要因とする事故、発生を予測できない事故はそもそも起こってみないとわからない。巨大で危険なシステムのリスク管理に使われる確率論的リスク評価の中心的な技術体系であるフォールトツリー分析やイベントツリー分析は、システムに悪影響を与える事象を想定し、それがいかなる経路を通って事故に至るかを分析する手法である。したがって「いかなる事故イベントを想定するかが分析の限界となる」[28]。つまり想定されていない事象が発端となる事故は防止できないという認識論的限界が存在するのである。またたとえ既知の領域であってもコストを無限にかけることができない以上、あまりに低確率（だと認識された場合）の事象は切り捨てざるをえない。その場合、当該の事象が事故にまで発展することは防ぎえない。

おそらくどんな極端な原子力発電所推進論者でも、チェルノブイリや福島のようなレベル7の事故を、許容できる範囲内の事故と考える者はいないはずである。しかし上記のような人間の知の限界がある以上、たとえ低頻度であってもレベル7の事故は今後も起こりうる。現に原子力規制委員会は「私ども原子力規制委員会としては、福島第一原子力発電所の事故や、あるいは国際的な規制の考え方を踏まえて作成いたしました新規制基準というものがございまして、こちらに適合する原子力施設については、福島第一と同様の規模の重大事故が発生する可能性は極めて低く抑えられているというふうに判断しております。」「こうした従来に比べて厳しい安全対策が講じられても、なお予期されない事態によって重大事故に至る可能性があることを意図的に仮定して、様々な事態に対処できるような緊急時対応をあらかじめ定めておくことが必要という考え方に基づいて、災害対策を強化してまいりました。」[29]と述べている。回りくどい言い方のため、長く引用せざるをえなかったが、要は福島クラスの事故は起こりうることを認めているのである。

改めて確認しよう。研究とそれに基づく安全確保策によって残存リスクは低減できるだろうが、リスクそのものが消滅することはない。これは人間の知に限界がある、認識論的限界が存在することに起因している。原子力事故を行政と業界の癒着とか、産官学の利権共同体とか人間社会のもろもろの事情に帰する議論はよく見られる。それはそれで重大な問題だが「認識論的事故」という原理的問題とは関係がない。清潔で有能で誠実な官僚や経営者や研究者がそろっていたとしても起こりうることは起こりうるのである。過度にこのような人的要因を強調することは適切ではない。要は原子力を破滅的な事故が起こらぬようコントロールすることはおそらく「科学的方法が到達できる以上のものを科学に――つまり、科学的原理に従った意図的統制に――ゆだねる」ことになり、これは「見せかけの知」であるということだ。原子力発電所推進側はまずはこのことを率直に認め、それにもかかわらず推進するのだということを主張する必要がある。

もう一つ付言しておこう。ベックは「住民の大半や原子力発電所反対者が問題にするのは、大災害をもたらすかもしれない核エネルギーの潜在能力そのものである。目下事故の確率が極めて低いと考えられていても、一つの事故がすなわち破滅を意味すると考えられる場合には、その危険性は高すぎる。」[30]と述べている。ベックのこの立場、「住民の大半や原子力発電所反対者」の立場は原子力発電所のリスク低減とは別次元の立場であることを明確に認識しておく必要がある。これは大半のリスク論者とは異なる立場であり、破滅的リスクと他のリスクとの比較考量そのものを拒否する立場である。リスクの低減ではなくリスクの消滅を求めている。コントロールできないリスクへの門を閉じることを要求しているのであり、無知ゆえにゼロリスクを求めているわけではない。行政や事業者、メディア、研究者はそのニュアンスの違いに耳を澄ませ、リスクの低減をどこまで行うかという裾切りの議論には乗ってこないこのような立場もまた道理の通ったものであることを認める必要がある。

(5) そっと行う――科学技術へのバランサー

ここからは、そっと行う（順応的管理）ことについて考えてみよう。そっと行う（順応的管理）ということは、耳を澄ませることと一対である。事態の進行に対して耳を澄ませること（モニタリング）により、成果や副作用を評価して、計画にフィードバックさせていく過程の全体である。計画を大きく変更する場合があるし、場合によっては代替案に乗り換え、当該科学技術から撤退することもありうる。このことが可能であるためには、当該科学技術が修正・撤退の必要性を無視して暴走する自動機械に化してしまわないよう平衡をとる錘（バランサー）を社会に組み込んでおくことが必要となる。

科学技術研究も他の社会活動と同じく、分野が立ち上がり、拡大していくにしたがって関係者のコミュニティが形成されていく。このコミュニティを維持していくためには、絶えず研究のフロントが前進し、博士論文のタネが生まれて、新規参入してくる若手研究者のポスト（そのためには中堅の研究者が昇進していくポストも必要となる）が継続的に供給されなければならない。

しかし、財政危機による全体のパイの伸び悩みと研究に必要な装置類（第一線の研究を進めていくためには、高額な装置とその絶えざる更新が必要であり、多くの科学研究は装置産業化してきている）の価格高騰、大学（とりわけ国立大学）や国立研究所のポスト削減と非正規化、つまり研究資源がひっ迫してきたことが科学技術分野間の生き残り競争を激化させている。

競争のアリーナは学術界内部にとどまるものではない。研究に必要な資金は学術界の外部（政府や産業界）から供給されるものである以上、メディアを含め、資金供給に影響力がある人々の支持を取り付けていく必要がある。政府や産業界にも科学技術を活用して経済的利得や政治的成果を得たいという思惑が存在するので、その思惑に沿う形で研究成果をアピールし、他の科学技術分野との競争に勝ち抜いていこうとするアピール競争が行われやすい。

このような科学技術内外の構造的要因が存在するため、ある程度の規模に発展した科学技術に対して、その成果を活用して利得を得る方向でのモチベーションは働いても成果の持つリスクに配慮するというモチベーションは働きにくい。何回も例を出すため、食傷ぎみではあろうが、やはり原子力発電に例を取ると高木仁三郎や小出裕章といった原子力工学内部から警告を発してきた人々は主流派から疎外され、無視され、嘲弄されてきた。地震学の分野から警告を発した石橋克彦は分野外の人間であるとして、これも無視された。当該科学技術の内部の人間からすればこれらの人々は裏切り者であったり、素人であったりと、要するに当該科学技術の発展を妨害する雑音とみなされたのである。事故や高レベル放射性廃棄物の蓄積などのリスクは意識されてはいるものの、将来の科学技術が克服できるものと楽観視されたり、無視されたりしてきた。そして当該科学技術の正の側面が一方的に強調されてきた。「『人類の福祉』への貢献と同時に『人類に及ぼす害悪の可能性』を可能な限り明らかにする必要があることに対するあらわな無関心」(柴谷篤弘[31])が支配的だったのである。

ちなみに個人的体験になるが、私が高校教員だったときに理科教員の団体で原子力の研究者の方を講師に呼んだことがある。事故時の放射性廃棄物の漏洩のシミュレーションをされている方だったので、興味を抱いた私が、格納容器が破壊されるような事故の場合、周辺地域がどうなるのか質問したところ、「そのような事故は起こりえない。起こりえないことを研究しても無意味だ」と一刀両断されてしまったことがある。小うるさい素人と思われたのかもしれないが、おそらくこの研究者自身がそう信じこんで、自分を納得させていたのだろう。

話をもどそう。内部からの批判が抑圧され、外部からの批判もはねつけられることが懸念され、また実際に起こっている以上、その科学技術は暴走する危険性を抱えていることになり、それを抑制し、バランスをとるバランサーが必要である。考えられるものは何だろうか。もっとも大事なのは暴走を抑えることのできる市民の育成、つまり市民の教育であるが、教育については別途述べるので、以下ではそれ以外の要素について触れることとする。

一つの試みとしては「安全政策を総合的に支えるための『安全の科学（リスク管理科学：レギュラトリーサイエンス）』」（日本学術会議[32]）のようなリスク・コントロールを研究成果とする科学が考えられる。このような科学が進展し、科学技術政策決定の際の指標を提供できるならば、「『先進技術の社会的影響評価』の制度化[32]」が可能になり、公正取引委員会が資本主義の健全な発展を支える規制装置であるのと同じように、科学技術の内部に規制機能を組み込むことができるかもしれない。規制の対象となる科学技術分野（たとえば原子力工学や化学工学）やそれを所管する行政から相対的に独立し、それらの分野の内部のヒエラルキーに組み込まれない、独自性を持つ実証科学としての地位を確立し、それに基づく政策提言ができるようになれば、レギュラトリーサイエンスが、いわば恒常的な第三者委員会のような機能を果たすことが期待できるからである。

しかしレギュラトリーサイエンスに過剰な期待をかけるわけにはいかない。レギュラトリーサイエンスは規制科学とも呼ばれるように、規制の対象となるものが必要となる。規制の対象となる有害事象の存在することがレギュラトリーサイエンスの存立の根拠である。したがって、有害事象を引き起こす可能性のある科学技術から撤退するという、いわばちゃぶ台返しのような根源的批判を提示することはレギュラトリーサイエンス自体を脅かしかねない。結果、技術的改良や意思決定システムの改善によって安全を確保するという問題解決志向の研究（微温的な研究）が生産的な研究として歓迎されることになる可能性が大きい。寿楽幸太は原子力発電所事故や化学工場事故等の複雑で高度なシステムを分析した社会科学や人間科学の知見が「工学者や政策担当者、経営者などに親和的な言説へと、いわば『翻訳』された」ことを分析し、そこに「社会科学的批判性の揺らぎ」[33]を指摘しているが、これと同じことがレギュラトリーサイエンスにおいても起こりうる。「ミイラ取りがミイラになる」危険が存在するのである。こうならないためには、レギュラトリーサイエンスの方向性を検討するメタの視点を持つ社会科学の研究（メタ・レギュラトリーサイエンス）も必要になるだろう。

もう一つのバランサーとしては、科学技術が社会に実装される以前に、そのリスクとベネフィットを自然科学・人文科学・社会科学のバランスのとれた観点から議論し、リスク抑制策を組み込んだり、場合によっては実装を差し止めることを、政府をはじめ広く社会に提言する学術組織が考えられる。この役割は、政府の経済政策に事実上従属している総合科学技術・イノベーション会議のような政府内の組織が担うことはできない。政府から独立し、分野横断的に研究者を組織できる日本学術会議の機能を拡張し、この役割を担ってもらうことが望ましい。原子力発電のように個別科学技術と産業と政府が緊密に結合し、それ自身の利害によって自律的に動く巨大な産官学複合体に対してこのような組織はほとんど蟷螂の斧のように見えるかもしれないが、当該科学技術のコントロールの必要性とその方策について社会科学、人文科学を含めた広い見地からの学術的根拠を提供することの意義は大きい。むろんこれは一方的に当該科学技術の外側で議論するという意味ではない。当該科学技術分野を含め様々な学問の間の対話の中から方向性を見出すという意味である。専門知を包含しながらもそれを超えた総合知を作り上げていくのである。

よりラディカルに考えれば「責任」という概念の再考が必要なのかもしれない。ここでいう責任とは、いわゆる「責任」の語意とは少し異なることを指して使っている。「責任」とは通常ある行為が他者に被害を与えた際の民事・刑事上の責任というように、事後的なものであるが、ここで言う責任とは事前的な責任、たとえば新規の科学技術の社会実装や化学プラントの立地等の巨大開発が何かしらの被害を起こす可能性がある場合、その行為を「やめる」責任、当該科学技術等から「引き返す」責任、いわば事前責任と「やめる」、「引き返す」ことをしないまま何らかの加害が発生した場合の事後責任をセットとした責任を考えている。製造物責任については限定された形ではあるが事前責任が認められている。それを個別の製造物ではなく、科学技術や地域開発にも拡張し、強化された事後責任と組み合わせるのである。アセスメント（事業の実施を前提としない、撤退も選択肢に入れたアセスメント）と事前の説明責任、仮に被害が予想されているにもかかわらずその行為を行った場合、無過失でも故意でもなくても被害発生前の状況に復帰させる、あるいは被害を賠償する責任、被害が当該科学技術や地域開発に由来するものではない場合、それを証明する責任（挙証責任）の3点セットとでも言えばいいのかもしれない。なんだかボヤっとしていることは論じている私自身も十分承知している。しかし、現在の社会には従来の通念や法では対応しにくい穴がたくさん空いている。海洋のプラスチック汚染のように生態系や種などが主たる被害者となっていて被害者が責任の追及主体にはなれない場合、10万年先の未来まで管理が必要な核廃棄物のように権利を侵害される主体（未来世代）がまだ存在していない場合、地球温暖化による島しょ国の居住地喪失のように被害と加害が時間的・空間的に離れていて統一的に権利・義務関係を調整する主体が存在していない場合等である。これらはどれもこれも、これまで論じた『無知』の領域に入るものではない。この行為（プラスチックの製造・廃棄、原子力発電、化石燃料の大量消費）を長年続けていればいずれは困ったことになるだろうと予想されながらも、責任を取る主体も不明のままで漫然と行われ、引き返せないままずるずると今に至っている。その間に発生した利益は生産者と消費者に回収され、外部不経済（取引当事者以外に及ぶコストや危害、市場の外で発生するため、価格に転嫁されない）は、地方、貧困者・地域、開発途上国、自然といった発言力の低い他者に片寄せられてきた。

このようなことが将来繰り返して起こることを防ぐためには、いつその責任が発生するのかわからない事後責任単独よりも、困った事態が起こる前の事前責任、入り口の段階での責任をもっと明確化し、それと対応させた形で事後責任を設定することが必要と考える。つまり「やめる」責任、「引き返す」責任の主体は誰かをはっきりさせ、責任（自然や未来世代への責任を含む）を定義し、どの時点でその責任が発生したかを監視し（そのためには立ち入りなど情報収集の権利が保障される必要がある）、責任が果たされていない場合の責任追及を遅滞なく行う、そのためにも責任追及を行う人々に不当な圧力が加えられないよう保護する、そのような明示的なしくみを社会実装するのである。それは外部不経済を内部化して公正を実現することであり、また潜在的な加害者の事前規制へのインセンティブを高めて予防効果をもたらすことも期待できる。

以上、欠如モデルから対話と関与のモデルへ転換しなければならない理由を述べてきた。ここからは上述の「現場の知に耳を傾ける」などと一部重複する部分もあるが、科学技術・科学技術政策への市民参画の根拠を考えてみることにしよう。

第4章　科学への市民参画の根拠
――科学の政治化

社会像の選択

科学は、他の様々な社会経済的要素と組み合わされたシステムとして、さらには何が社会にとってよいことなのかという価値観の選択や社会変革へのビジョンとともに、技術として社会に実装される。例を見てみよう。

第1章の「リスク社会とその特性」という節で、以下のように述べた。

スチュワート・リチャーズは『科学・哲学・社会』の中で、高速核増殖炉が実現した未来を想定し、「巨大増殖炉計画はプルトニウムの頻繁な輸送を必要とするが、それは偶発的事故とテロリストの攻撃という当然の危険を伴うのである。そのために列車と原子炉用地の警戒のために大部隊の憲兵が必要になるであろう。これは原子力と個人的自由との非両立性という恐れをやがて起こすであろう」と述べている。[1] ……プルトニウムは核爆弾の製造が容易であり、核爆弾に準ずる厳格な管理・警備と情報統制が必要となる。それは警察や軍を含む官僚機構とそれをコントロールする政治に権力を集中させることになるだろう。……集権化に慎重な官僚や政治家であっても、「テロへの対抗」という論理に誘引され、やがて人権侵害に対してためらわなくなっていく。「怪物と戦うものは、自分もそのため怪物とならないように用心するがよい。そして君が長く深淵をのぞきこむならば、深淵もまた君をのぞき込む」(ニーチエ[2])のである。

経済産業省が構想するように軽水炉(原子力発電所)、核燃料再処理工場、高速(増殖)炉の原子力エネルギー体系が確立されれば、一定量さえ集めれば簡単に核爆弾を作れるプルトニウムが日本中を走り回ることになる。必然的に治安機構とその上に立つ政府の力を強大化することになり、国民自身が安全のためにそれを強く要求するだろう。そして一度このような技術と社会の相互強化が確立してしまうと、別の形の社会を想像することすら困難になるだろう。プルトニウムを発電に使うことは単なる発電手法の変更ではない。社会の権力関係を変え、人々の想像力さえ変えるのである。

似たようなことは遺伝子組み換えについても言える。遺伝子組み換え作物にかかわる問題は消費者にとっての安全性、農法や収穫量、農家の手間といった目に見えやすい問題に限定されない広がりを持っている。遺伝子組み換えへの懸念は、たとえば環境団体のグリーンピースが指摘するように、多国籍企業による農業支配懸念、優良な種子を種とりで選抜してきた農家の権利への侵害、家族農業という生活様式の崩壊というように、農業をめぐる様々な主体とその関係性からなるアクターネットワークとでもいうべきものを根こぎにしかねないという社会経済的側面にも向けられている。[3]食という人間生活の基盤にかかわる各地域の伝統や文化を衰滅させかねない、つまり社会のあり方が変わること、そして種子支配が進めば流通や消費を含む農業システム全体がそれに適応してしまい、後戻りできなくなることに危機感が抱かれているのである。

このように、科学を考える（より厳密に言えばトランスサイエンス問題にかかわる科学）ことは、我々がどんな社会を望むのかということと切り離しえない。したがって科学について何か困ったことが起こったり、その必要性について論争がある際には、自明の前提となっていることが多い「どんな社会がよりよい社会なのか」を考え直す必要がある。「ありもしない『価値中立的な科学技術』ではなく、『善い科学技術』（あるいは少なくとも「より悪くない科学技術」）とは何か、『誰にとって善いのか』を探ること」（平川秀幸[4]）、つまりその科学技術を通してどんな社会を実現しようとしているのか、あるいはどんな社会への可能性を閉ざしているのかを議論しなければならないのである。

民主主義社会においてはすべての市民が、その社会が将来どうあってほしいか、どうあるべきかという社会像の選択に関与する権利と義務を持っている。そして上述のように科学技術は「何が社会にとってよいことなのかという価値観の選択」、社会像の選択に深くかかわっている。この2つを前提とするならば、すべての市民は科学技術に関与する権利・義務を持っていることになるのは必然である。

おそらく、この論理は理屈としては多くの人が認めるところであろう。一方で、現実に科学技術の方向性に市民が影響力を持っているかと言えば、そうは言えないということも、これまた多くの人が認めることであろう。その制度的な原因については第2章の「社会－科学複合体の問題点（5）民主主義の目詰まり」の項で一部を述べたが、ここでは、より構造的というか現代文明の深部に根差す要因から述べていくことにしよう。

サブ政治化する科学

まずは科学技術の進歩の不可避性及びその進歩が善をもたらすという信念について考えてみよう。これまで何回か触れているウルリッヒ・ベックは、経済や科学が民主的統制の範囲外となり、政治が科学やグローバル経済にかかわる諸セクターが生み出すリスクをコントロールできなくなってきている状況、諸セクターが政治のコントロールを離れて半ば自律的に作動することをさす概念としてサブ政治という概念を提示した。その動因は「一つには技術的進歩イコール社会的進歩そのものであると見なされるからである。もう一つには、技術的変化の発展方向とその成果というのは、技術＝経済上の必然性が具体化された避けられないものと見なされるからである[5]」としている。現代文明は科学技術の進歩を与件として組み込んでおり、新しい発見・発明は善とみなしており、それが世の中に広まっていくのは必然ということである。善なのだから民主的統制は不要であり、自律的に成長し、拡張していくがゆえに民主的統制が難しいということになる。こうして科学は民主主義の外側にはみ出していく。

しかしこれは科学技術を担う人々（科学技術の専門家）が外部から何のコントロールも受けないアジー

ル（結界）のような場所に隔離されて自由に研究したりふるまったりするという意味ではない。事実はむしろその逆である。「社会－科学複合体の問題点（1）国家と資本（産業）の論理による科学の公益性の独占――知は奴隷なり」の項で述べたように、脱政治化され、価値観をめぐる問いから切り離された科学技術は、むしろそれゆえにむき出しの資本主義と国家主義の論理の浸透に無防備になり、資金提供者である産業界や官僚、そして官僚の背後に控える政治家の意向を前提として、いわばこれらのセクターの掌の上で動く存在になってしまう。

これらのセクターは科学技術の専門性を名目に民主的統制、もっと具体的に言えば議会や市民からの「厄介な」批判や意見から科学技術とそれを担う専門家を守る防火帯を敷いてくれるかもしれない。しかしその防火帯の外側で続いている不信の連鎖はいつか荒れ狂う炎となって防火帯を飛び越えて専門家を襲うかもしれない。

また、本来、科学技術への批判や意見、たとえば汚染に苦しむ地域の第一次産業の人々、巨大開発に巻き込まれて、住民同士が激しく対立し、関係性が壊れてしまった地域の人々といった多様な人々の声、時に科学技術を指弾することもある多様な声は、「何のために科学技術を研究し、社会に実装していくのか」という深い問いを専門家に喚起する。そして四日市公害訴訟の判決、レイチェル・カーソンの『沈黙の春』、宇沢弘文の『自動車の社会的費用』に見られる社会への問題提起のように、提起された問いへの応答を通して、それまで自明だと思われていた概念の再構築を促し、科学技術をむしろ豊かにしてくれる。それらの問いを防火帯により遮断して届かなくすることにより、専門家は産業や国家の提示する価値観に疑問を抱かずに、天（産業・国家）から降ってくる仕事に専心するようになり、それが社会に何をもたらすかは経営者や政治家が考えることと思うようになる。

第二次大戦時の原爆開発計画に携わり、後に素粒子物理学の業績でノーベル賞を受賞したリチャード・ファインマンの『「ご冗談でしょう、ファインマンさん」』という著書の中には、原爆開発に成功した研究者たちの一部が手放しで喜んだ情景が描かれている。[6] この研究者たちは目前に現出した巨大な破壊力が自分たちの知性の結晶であるという喜びを感じることはできても、その破壊力により殺され、恐るべき傷害を負わされていく人々を想像することはできなかったのであろう。その背景には戦争に勝つという至上目的というか錦の御旗がある。上（国家）から与えられた使命が想像力を遮断してしまうのである。このような状態に置かれた科学技術においては、価値をめぐる問いに心を煩わされずにすむ。与えられた目的に向かって目的合理的に前進すればよい。そこに研究費が無制約に投入されるなら、そこはある意味科学の楽園となる。しかし価値をめぐる問いから遮断され、科学の楽園の中で目的合理性のみで突っ走った科学者集団の恐るべき極端な実例をナチスや石井部隊の中国における人体実験という形で我々は知っている。ここまで極端に走らなくても、たとえば新規の化学物質の創出、遺伝子組み替えなど日々行われている科学技術の実践は本来、それが社会や自然に何を呼び起こすかの判断、価値観を問う判断を絶えず科学者・技術者に迫っているはずである。しかし、世の中の多様な声からの遮断、声への応答を政治家・官僚や経営者に投げてしまう心性はこのような判断を行うことを放棄させ、権力や企業の私的利益への奉仕を唯一の価値判断の基準へと斉一化させる。ここから石井部隊やナチスの所業との距離は意外に近いのである。

多様な声を遮断し、資本や国家の要求に従うことは、短期的には科学技術への投資を呼び込むことになるかもしれないが、科学技術の発展を制約する可能性もある。経済産業省が牛耳る原子力に偏したエネルギー研究投資や、高速増殖炉とか熱核融合炉のような一向に進展が見られてこなかった分野を国策事業として優先し、ニュートリノ観測のような世界的業績をあげてきた研究を冷遇してきた総合科学技術会議（現総合科学技術・イノベーション会議）（平田光司は「科学技術会議の見解と学者の意見がかみ合っていない。完全に直交しているようだ」[7]と評している）の判断は、社会との対話を国家や産業指導者にゆだねてしまい、科学技術が自らの領域に閉じこもってしまったために研究が国家や産業の支配に服してしまい、その発展が大きくゆがめられ、進歩が制約されてしまう実例であろう。

選択のダイナミクス

前節で科学技術が民主的統制の外側にはみ出していく、つまり脱政治化していくことを取り上げたが、では政治とは何だろうか。様々な定義があろうが、ここでは「学術会議政治学委員会政治学分野の参照基準検討分科会」の大学教育に関する報告中の「政治現象とは、人間集団がその存続・運営のために、集団全体に関わることについて決定し、決定事項を実施する活動を指す」[8]とひとまず考えておこう。つまり政治とは人間集団が何らかの意思決定を行い、その決定を実施していく過程と解される。そして同報告に「現代の政治学は、このように多様化し複雑化する状況を踏まえつつ、それにもかかわらず、人間集団が自らに関わる意思決定を人為的に行いうるという側面に注目し、意思決定の背後にある対立構造や、決定をもたらす権力などの分析を通じて、社会的な秩序を解明する総合的な学問である。」とも記されているように、政治とは何か必然的な論理に動かされて「これしかない」と決定するのではなく、様々な可能性の中から人間集団がある道を選び取っていく過程である。

政治をこの意味で考えると、科学技術が選択の可能性を拓くのではなく、「これしかない」という唯一の選択に収束する場合、科学技術は政治の対極に立つものになると考えられる。こういう側面が科学技術にあることは否定できない。線形計画法でコスト最小の輸送計画を決定する場合のように、一定の条件の枠内で解が一意的に決まることはありうることであり、科学技術の力をまざまざと実感するのはまさにこういう場面であろう。

しかし科学技術が社会に実装されてきた歴史を振り返ると、このような科学技術固有の論理のみによって実装が行われてきたわけではないことに気づく。科学技術が社会に技術システムとして実装される場面では、その時々の政治的経済的権力や産業構造、つまり社会が、いくつかある選択肢の中から特定の技術システムを選択し、選択された技術システムが逆に社会を規定し、あるいは社会からの技術システムへの要求がその上流の科学技術への資源配分を決めていくというように、科学技術と社会の複雑な相互作用が見られるのが普通である。そして、選択された技術システムはそれが根付いていく過程で、社会のあり様を決め、ありえたはずの別の選択肢への可能性を閉ざしていく。まるで必然的な発展のように見える現代社会とそれを支える技術システムの歴史は、実はこのような、あるものが選択され、べつのものがその可能性を閉ざされていくというダイナミックな過程（このような過程を吉沢剛らは「選択のダイナミクス」と呼んでいる)[9]である。

この過程の下流部、つまり技術システムが社会に根付いた段階(技術システムが社会にロックインされた段階)では選択肢は限定されざるをえない。過程の上流部、社会による科学技術の選択の段階、いくつもの異なった方向へ進む可能性が残されている段階こそ「人間集団が自らに関わる意思決定を人為的に行いうる」政治の領域であり、市民参加、市民による科学技術統治が戦略的に要請されるのは、まさにこの段階である。

少し細かい話になるが、次にロックインの例を見てみよう。

悪しきロックイン

前節で触れたロックインとは「一定の技術を社会が選択した場合、その技術がその後の社会の技術選択を一定期間選択する」[10]現象である。ロックインの例としてよくあげられるわかりやすい例はタイプライターのキーボードの文字配列であろう。安岡孝一によれば、文字配列が現在の配列(Qwerty配列)に固定されたのは、第一にQwerty配列をとっていたレミントンと別の配列をとっていたカリグラフのそれぞれの製造会社が一つの持ち株会社の傘下に入り、その際にレミントンの配列に統一したこと、第二にレミントンとの互換性を重視してQwerty配列を採用した同業他社のアンダーウッドが開発したタイプライターが、打った文字をその場で見ることができる画期的なタイプライターであったため、ベストセラーになったことによるという[11]。

コンピューターのキーボードにQwerty配列が採用されたのも、初期コンピューターにおいて入力の主流であったテレタイプの開発者であるドナルド・マレーが文字配列にQwerty配列を流用したためであるという[11]。コンピューターのキーボードの文字配列という地味ではあるが社会の基盤となっているスタンダードが確立されたのは、実は技術の優位性があったというよりも、多分に歴史的経緯によるのである。

ロックイン自体は、技術システム（ここでは、単一の技術ではなく、多数の技術が組み合わされた技術体系及びそれを支えるインフラ、社会制度も含めて技術システムと呼んでいる）と社会の関係を安定させ、技術システムへの投資を確実化し、技術システムから得られる利得を社会成員が確実に享受するために必要な過程ではある。しかしロックインは社会が一定期間、当該技術システムの虜となることであり、その技術システムの悪影響が明白であっても、別のシステムへ切り替えるコスト（スイッチングコスト）が膨大になりすぎるため、当該の技術システムが社会の中に強固に居座ってしまうことがある。いわば悪しきロックインである。もちろん、何が悪しきロックインなのかは人によって判断が異なる。ここでは私が悪しきロックインと考えている例をあげてみよう。

たとえば塩化ビニールである。塩化ビニールは樹脂製造時のモノマー（塩化ビニール樹脂の原料、発がん性を持つ）への曝露やモノマーによる土壌汚染、柔軟性を調整するための可塑剤の溶出による食品等の汚染、焼却時のダイオキシンの発生、焼却灰中の有害重金属（安定剤として鉛、カドミウムなどが使用される）など数々の問題を抱えているが、安価であり、柔軟性を調整することによって食品包装、農業用フィルム、電線被覆、建設資材などきわめて広範な用途に利用できるため、日本国内だけでも170万トン（2019年）が製造され、主要なプラスチックの一つとなっている（ゴム科学新聞[12]）。もちろん生分解はされない。プラスチックの中でもとりわけ多くの問題を含んでいるものではあるが、化学工業には塩化ビニールの生産をやめるわけにはいかない事情がある。

水酸化ナトリウムは紙類、アルミニウムの製造、中和剤など工業用に広範な用途を持つ重要な物質であるが、その主要な製造法は塩化ナトリウムを原料としたイオン交換膜法であり、副産物として塩素が発生する。塩素には塩酸製造、漂白、殺菌などといった用途はあるものの、水酸化ナトリウムの副産物である塩素の生産量はこれらの需要で必要な量よりはるかに多い。もちろん塩素は有毒ガスであり、そのまま捨てるわけにはいかない。化学工業としては塩素の処理が大きな問題となる。そこで救世主として登場したのが塩化ビニールである。塩化ビニールの原料はエチレンと塩素であり、塩化ビニールは「余剰塩素の格好の消費先」（村田徳治[13]）になっているのである。重金属を使わない製法の模索や焼却処分の方法の工夫など一定の対応はされてきているが、プラスチックの中でも環境負荷が大きな物質であることには変わりがない。ポリカーボネートなど、より環境負荷が少ない代替物質も存在するが、安価であることや水酸化ナトリウム製造との対応関係があるため、容易には切り替えることができない。塩化ビニールは化学工業の中にロックインしてしまっているのである。

もう一つもっと大規模な例をあげてみよう。アメリカではすでに1940年代には自動車の排ガスによる光化学スモッグが発生し、健康被害が報告されるようになっていた。第二次大戦後の人口の増大と郊外を含む都市域の爆発的な拡大で自動車公害の激化と自動車のコスト（自動車保有に伴う個人的なコストだけでなく、駐車場や道路用地の確保、公害や事故に伴う公的医療費支出など公的コストも含む）の上昇が起こったが、モータリゼーションはむしろ進展し、鉄道は衰退していった。たとえばロサンゼルスでは1920年代には、パシフィック電気鉄道とロサンゼルス電気鉄道の2社が合計で約2400キロメートルの路線を保有・運行していたが、1961年には全路線が廃止となっている（中野彩香[14]）。同じことが全米で同時に進行し、アメリカの都市の多くは自動車での移動を前提とした都市となっていった。

これには、自動車会社やタイヤ会社が出資したナショナル・シティ・ラインズ社が全米の鉄道会社を買収し、鉄道を廃止してバスに置き換えていくという自動車産業の戦略的行動も関係していることが指摘されている（中野彩香[14]）が、自動車の普及に伴って自動車専用道路、駐車場、ガススタンド、車での利用を前提とした商業施設など社会の基盤（インフラストラクチャー）が社会生活を営む上で不可欠のものとして人々の生活の中に組み込まれたこと（アメリカ的生活様式）、自動車産業、石油産業が巨大な雇用を生みだすようになったことが大きいだろう。

一度技術システムが社会に緊密に組み込まれ、産業となってそこに多くの人々が利害関係者（被雇用者、消費者等）としてかかわるようになれば、そのシステムに欠点があったとしても、欠点とスイッチングコストとの見合いで、別の技術システムへの乗り換えが困難になる。この段階までくると社会と技術システムの関係がいわば逆転する。技術システムが社会にとっての所与となり、技術システムを前提として社会が動くようになる。たとえば渋滞とそれに伴う道路周辺の大気汚染が問題となったとしたら、自動車を代替するような交通体系を創出するのではなく、フリーウェイ（自動車専用道路）を建設するなど、欠点の是正のために技術システムをさらに巨大化・複雑化させて、より社会の中に深く組み込もうとするのである。

さらには技術システムを基盤とする巨大な利権複合体が形成されるため、技術システムの維持・強化・普及のための制度的仕掛けが用意される場合も多い。たとえば原子力発電所の場合、立地を促進するための電源立地地域対策交付金、原子力発電所の費用がかさめばかさむほど利益が大きくなる総括原価方式（電気供給のためにかかるすべての費用を「総括原価」とし、そこに事業資産の3％を上乗せして電気料金を決める制度：現在は廃止）といった制度的仕掛けと電力の地域独占がセットとなって原子力発電所立地に電気料収入が計画的に注ぎ込まれてきた。これがもうけを多くしたい電力会社、初期コストの高い原子力発電所に電力会社が尻込みしないよう、収入保障をしたい通産省（現経産省）、原子力発電ニーズを生みだしたい日立などの巨大重電企業の三方良しの関係、強力なトライアングルの基盤を生み、日本が世界有数の原子力発電所大国となってきたのである。

もっともこれは、やや逆説的なもの言いになるが、制度の力を示すものであるともいえる。逆回しの制度、たとえば、自民党政権ではありそうにないが、年金積立金管理運用独立行政法人（GPIF）がESG投資（環境・社会・企業統治に配慮している企業を重視・選別して行う投資）の基準の中に原子力発電所リスクを取り入れ、また廃炉を特別損失ではなく、むしろ原子力発電所リスクを削減するポジティブな要素とみなすように決算の体系を変更すれば、一気に潮目を変えることになり、その瞬間から電力会社は競って廃炉に走り出すだろう。

話をもどそう。ここに述べたような悪しきロックインを回避するには、上にも述べたように技術システムが社会に実装される上流部、社会による科学技術の選択の段階こそが重要である。この段階で実装について、それが何を社会にもたらすのかについて慎重に検討することが必要とされる。しかしこの段階での予想が実装の結果をすべて見通すなどということはありそうにない。だからこそ悪しきロックイン（むろん立場によって「悪しき」なのかどうかは異なる）を回避するために前に述べた「耳を澄ませ、そっと行う」（予防原則と順応的管理）こと、直接の利害関係者とはみなせない立場の人も含め、すべての市民に開かれた議論の場を設定し、最初の方向づけ自体から公開の場で議論していくことが重要である。

早い段階での対抗技術（オルタナティブ・テクノロジー：代替技術と呼ぶのが一般的であるが、代替という日本語には、すでにあるものを置き換えるというニュアンスがあり、複数の技術システムの初期段階からの検討という意味をこめてこの言葉を使う）の検討も重要である。選択肢が一つしか提示されなければその道を行くしかない。

そして実装が進んでしまい、悪しきロックインが社会をとらえてしまった場合は、思い切った方向転換、築いた技術システムからの撤退も必要になる。技術システムの前提でもあり結果でもある社会システム自体の見直しも求められるだろう。原子力発電所を見直そうとすれば電力の大量消費とそれに応じてできてきた電力の中央集権システムを見直すことが必要になる。農薬と化学肥料に頼る栽培技術体系を見直そうとすれば、均一な品質・外見の農作物を大量に必要とする食糧市場システムを見直すことが必要になる。部分的な手直しではなく、価値観にかかわる部分も含めた社会の再編成が求められるのである。

科学技術の政治化——技術システム選択への市民参加

改めて先に述べた「民主主義社会においてはすべての市民が、その社会が将来どうあってほしいか、どうあるべきかという社会像の選択に関与する権利と義務を持っている。そして上述のように科学技術は『何が社会にとってよいことなのかという価値観の選択』、社会像の選択に深くかかわっている。この2つを前提とするならば、すべての市民は科学技術に関与する権利・義務を持っていることになるのは必然である。」に立ち戻ってみよう。

社会像の選択、別の言葉で言えば社会のあり様を決めていくということは、政治と深いかかわりがある、というよりも政治そのものと言ってよいかもしれない。つまり「すべての市民は科学技術に関与する権利・義務を持っている」ということは政治という価値観の相互作用（対話、協調、衝突等）の場、価値観のアリーナの場に科学技術に出てきてもらうことを意味している。私はこれを「科学技術の政治化」と呼んでみたい。

「科学技術の政治化」は政治的利益のために科学を利用するという意味の politicization of science と紛らわしく、スターリンによる生物学への介入がもたらしたルイセンコ事件[注]、政治の強力な支持のもとに行われたナチスの人体実験、原爆製造への科学技術者の動員といった忌まわしく、胡散臭いイメージが喚起されるかもしれない。もちろんそのような含意でこの言葉を使っているわけではない。一言で私の言いたいことを表現する他の言葉が思いつかないのでこの言葉を使うが、全く逆の意図で使っていることは最初に断っておきたい。

私の意図しているのは、政治が（正確に言えば権力を握る政治家や官僚が）科学技術とそれを担う人々を権力的に支配する体制とは真逆の形の政治と科学技術の関係である。具体的には、

①科学技術の研究や実装を科学技術の進歩に伴う必然的な帰結ととらえるのではなく、その背後にはやはり価値観（より豊かに、国際競争により強く等）とそれに基づく選択が控えていることを、科学技術の専門家も、資源を配分する政治家や官僚も、そしてなにより市民自身が明確に意識し、その価値観と選択の問題を議論の俎上にのせる。

②価値観である以上、誰が主体であるかによって異なってくることが当然であり、多様性が存在する。多様性を反映した議論の場を設定する。

③その議論の場では、専門家の立ち位置は専門的知見を提供するという抑制的なものであることが望ましい。

④議論の場を実質的なものとするためには、価値観の多様性に対応した選択肢の多様性が保証されることが必要であり、そのために、科学技術の研究、その果実としての技術システムの形成・実装の初期段階から論点を可視化し議論を始める。

⑤官庁（官僚）は合意を形成する黒子ではなく、合意形成を支えるプラットフォームとしての役割を果たすべきである。

科学技術の政治化の前提は、市民を含め科学技術にかかわる人々が、科学技術を人間の意図から独立して自律的に前進する自動機械とみなすのではなく、その進展は人間の価値観、つまり人々が何を科学技術に期待しているのか、何を恐れているのかに依存していることを認識することである。そして科学技術の進展が人々の価値観に依存している以上、科学技術がもたらす「好ましい結果」、「悪しき結果」は価値観によってその見え方が変わりうることを意識することである。

これは自明のことのようにも思えるが、必ずしもそうではない。科学技術が近代以降の人々の生活にもたらした大きな変化は、科学技術が新しい便利さ、新しい豊かさあるいは軍事的強さをもたらすことを当然と考える意識をもたらした。これは国家間、企業間の文脈で言えば、科学技術を先んじて研究・開発・実装する者、企業、国家が先んじて豊かになれる、強くなれるということであり、特許などの先行者利得を考慮すれば、科学技術がもたらす新しい豊かさ・強さの供給に伴う経済的・軍事的利得を独占的・寡占的に享受できるということである。この論理に過度に依存すると、科学技術競争に勝利し、先行者利得を享受する、つまり科学技術で先んじていかに儲けるか、いかに強くなれるかということが最重要となり、それ以外の価値は二次的なものになる。場合によっては、採算という一定の合理的制約の存在する経済価値すら無視され。政府・軍・企業の注目する科学技術の研究・開発・実装における競争に勝つことが自己目的化する。「好ましい結果」はGDPを増やすこと、軍が強くなること、国際競

〔注〕ルイセンコ事件：ソ連の農学者であるルイセンコが、獲得された形質は遺伝するという学説を唱え、それを信じたスターリンの指示によって、ルイセンコ学説に疑義を呈した生物学者が投獄されたり処刑されたりした事件。政治の介入によってソ連における生物学の研究は著しく立ち遅れた。

争に勝つことであり、「悪しき結果」とはその逆ということである。経済価値や軍事的価値に回収されない価値、競争への雑音になるような価値観は顧みられなくなり、自然や文化の破壊、不公正の発生、一部の人たちの生活や健康への脅威といった不具合が発生しても、社会全体のためにやむをえないこととして無視されるか、被害の弁済という形で後始末的に処理されるようになる。科学技術を価値づける観点が単純化するのである。こうなると社会が科学技術にかかわる決定を行う選択肢も単純化し、科学技術はあたかも自動機械のようにその選択肢の方向に動いていく、あるいは暴走していく。

当たり前のことではあるが、経済的価値とか軍事的価値は重要ではあるが、価値の一部でしかない。社会が多様な価値観と利害を持つ多様な人々で成り立っている以上、社会が行う選択は、その選択が何をもたらすのか、どのような価値に貢献し、どのような価値を危険にさらすのか様々な立場の人々が吟味し、その結果、打ち立てられる合意という形で選択がなされていかなければならない。理想的すぎると言われることは承知しているが、熟議による民主的決定であり、つまりは熟議を経て政治が決めていくのである。

もちろん科学技術の場合、民主的に決定するとは言っても自然科学的事実を無視して決定するわけにはいかない。マスクがウイルス感染を防ぐために効果的かどうかは話し合いでは決まらない。しかし科学技術にかかわって起きてきた諸問題（たとえば原子力発電所、変異型クロイツフェルト・ヤコブ病）を見れば、政策が実際には産業に与える影響（変異型クロイツフェルト・ヤコブ病が牛肉から感染する可能性を認めれば食肉産業は大変なことになるぞ！）とか官庁への信頼（ここまで進めてきた核燃料サイクル政策をいまさら止められるか！　どぶに何兆円も捨てたと言われるぞ！）といった価値観をベースにして動いているのに事実基盤が過度に強調され、決定の背後には価値観が控えていることが隠され、科学技術の専門性が盾となってそのごまかしを正当化してきたことは否めない。人々も薄々それを知っているから政策を信頼しない。信頼が欠如していることを承知しているので、ますます権力的な政策決定が行われるという悪循環となり、科学技術に対する不信が蓄積されてきた。

必要なことは、科学技術の場合であっても、何か客観的真理で自動的に社会の選択が決まるわけではなく、社会の選択は熟議によって決めていくべきこと、熟議の参加者が自らの価値観（何を重要だと思い、何を優先すべきと考えるか、裏を返せば何が重要でなく、何を後回しにすべきか）とそれが自分の利害とどのように関連しているか（利害を隠すことによって不信が生まれるので利害を明確にすることは重要である）を明確にし、他者の価値観を理解しつつも、自らの価値観と公益の関連性、社会の取るべき道を主張し、議論することである。その際、競争と先行者利得は過度に主張されるべきではない。競争は人の目を曇らせ、冷静な利害得失の考慮ができなくなるからである。

もちろん熟議によって科学技術の進むべき道を決めることは容易なことではない。至難といってもよいだろう。熟議（というか議論一般）に神のような公平な裁定者は存在しない。熟議に参加する人々がそれぞれの立場において合理的な判断をしているとしても、それを寄せ集めて組み合わせても全体として合理的な判断になる（全体最適）とは限らない（部分最適）。というよりも、そもそも合理的な判断というのはある価値観の枠組みを前提としてその枠内で、当該価値観をいかにコスト最小で実現していくかということでしかないのかもしれない。そうだとした場合、価値観を共有しない人同士の話し合いでの合意というのは、「合理的に判断した結果こうする」という合意ではなく「あなたの言うことには同意しないがよくわかった。私の主張がすべて通らなくても十分な話し合いの上の結論だから同意しよう」というプロセスへの満足感の表明でしかないのかもしれない。しかしそうであっても熟議が無意味だとは言えないと私は考える。熟議（意見の表明と十分な話し合い）というのは、話し合いの結果、良い結論が出るから必要というわけではない（もちろん、その方がいいに決まっているし、その可能性は高まるだろうが）。熟議は権利だから必要なのである。つまり熟議の正当性は結論の有効性ではなく権利に由来すると考えるからである。

では熟議をより多くの人々が幸せだと感じる方向でかつプロセスの正当性が感じられる方向で実践するための条件は何だろうか、

一つには、繰り返しになるが初期段階からの関与である。ある技術システムが市民の目の届かないところで他の技術システムよりも優位なものとして選択され、科学技術の発展の必然的結果であって選択の余地のないものだとして提示されるのでは熟議の余地はほとんどない。当該技術システムの開発の初期段階、あるいは基礎研究から技術開発への進展への見通しがある場合には、基礎研究への着手の段階から情報公開が行われ、関係者の意見が総覧され、市民の目にさらされ、関係者相互、関係者と市民の相互交流が行われ、その結果如何で方向性を修正していく必要がある。研究の初期段階から社会とのコミュケーションを不可欠の要素として組み込んでおくのである。その際には、対抗技術の可能性やそれに応じた資源配分についても吟味されるべきであろう。大事なことは未来への分かれ道を見極め、タイミングを逃さず、意思決定していくことである。現状ではこの部分が専門家と官僚（実質的には官僚）の裁量（さらに言うならば恣意）に任されすぎている。初期の重要な決定が閉じられた小集団の中でなされ、その決定が当該科学技術の方向性を決めてしまっているのである。近年、医学研究においてＰＰＩ（患者・市民参画）が研究倫理の観点からだけでなく「研究の民主化」、「研究計画そのものの社会的妥当性の判断に患者、市民の視点を導入する」（日本医療研究開発機構[15]）の観点からも進められようとしている。この考え方は科学技術の他の分野にも援用されるべきであろう。市民参加を周辺的な要素ではなく、科学技術の研究開発・実装のすべての段階、特に初期段階の必須の要素として考えなければならない。

もう一つは民意を可視化する議論の場の設定及びそこでの議論の政策への反映である。もちろん議会という政策についての議論の場がある。議会は法という形で、政策に根拠と強制力を与えるという意味で、きわめて重要な議論の場である。しかし個別の問題において議会の結論が民意と乖離することは決して珍しくない。前にも述べたように選挙は政策パッケージへの投票であり、個別の政策課題への民意を問うものではないからである。

これは間接民主主義の宿命であり、政策間の整合性を取らなければならないという意味では、個別の問題について民意との乖離が直ちに悪いというわけではない。ただ問題は審議会や与党内政策会合といった議会外の場が実質的な議論の場になっていて、議会では「法案が通るのか通らないのか、いつまでに通すのか」といったパワーゲームが優先され、政策の本質や、当該問題に対する民意は何かということが議論される場になっていないことである。議会に法案が上程されたときには調整が終わっており、審議を経ても本質的な修正は行いえない。議会が議論の場とならず、単なる多数決の場となっている。与党の意見＝民意という単純な方程式しかないのである。学校で教わるような民主主義の基本理念である少数意見の尊重などは一顧だにされていない。

特に科学技術の問題については、たとえば総合資源エネルギー調査会がエネルギー基本計画を決めると、それがそのまま与党の政策になっていくように、審議会の比重が高い。そして審議会は、官僚が業界や与党（有力政治家、族議員）と舞台裏で調整しておおよその方向性を事前に決めてしまうことが多いのである。これは議会の実質的無力化である。

このような利害調整型の政治の弊害は国民の目にもよく見えており、不満はたまっている。だが変えようと思ってもどう変えたらよいのか、そのビジョンが見えないのである。ときにその不満が噴出し、しがらみを断ち切って改革断行を主張する政治家が支持を集めることがある。しかし、そのような政治は期限付き独裁といった様相を呈しやすく、必ずしも事態を好転させない。トランプ政権末期のように国民の間に分断をもたらす結果に終わりやすい。利害調整型でも独裁型でもない政策決定が求められるのである。

討論型世論調査――DPという手法

右記のような政策決定のしくみを変えていくことが必要である。私になにか良い案があるというわけではないが、福島第一原子力発電所の事故後に行われた原子力発電への依存度に関するDP（deliberative poll 討論型世論調査：専門家から何回か情報提供を受け、一定の知識基盤を形成した上で討論を行い、投票を行うというタイプの世論調査）は参考となるのではないか。この調査では専門家やステークホルダーが討議して作成した3つのシナリオ（原子力発電所依存度0％、15％、20－25％）について全国から無作為抽出で選ばれた300名の参加者が東京都内に集まり、専門家の情報提供も受けつつ2日間にわたって議論し、最終的に原子力ゼロとする意見が過半数を占めた。そして同時に行われたパブリックコメントも踏まえて政府のエネルギー戦略が決定された。「それまで閉鎖的な意思がなされてきたエネルギー政策の分野において、市民参加のプロセスが導入され、政府の公式の政策決定に一定の影響を及ぼしたという意味で、日本における科学技術への市民参加にとって、このDPは一つの画期であった」（三上直之[16]）と評価されている（ただしその後の政権交代によって上記の決定は覆された）。

熟議を経た民意を知る手法であるDPは、間接的であるとはいえ民意を反映しているという意味で一定の正当性を持っている。議会に代わりうるものではないが、政策をめぐる議論の一つの定点、参照点となりうるのであり、関係者に一種の共通の足場を与えることができる。判決の持つ影響力を考えてもらえばよいかもしれない。判決は個別の事案に対するものであり、違憲立法審査のような特殊な例を除けば、議会や政府は当該事案以外の事案に対してまで拘束はされない。しかし実際には判決は、類似事例を扱う際の参照枠組みとして機能し、政策を変えていく力を持っている。判決が政策を巡る議論に収束点を与えるため、政策担当者もそれを足場にして次の議論をはじめることができるのである。

DPにこのような影響力を持たせるためには、間接的とはいえ、公的なプロセスを経て形成された民意ということに一定の正当性を与え、拘束はされないが尊重しなければならない責務を議会と行政府に課す必要があるだろう。DPと異なる政策決定を行った場合の説明責任を求めるのである。

その際の専門家の立ち位置についても議論をしておく必要がある。DPにかかわる専門家の選任は専門家間に存在する意見の多様性を反映して行われる必要がある。科学技術にかかわる多くの問題は社会像の選択にかかわる学際的なものなので、自然科学・工学だけでなく社会科学や人文学が関与する必要もある。これらのことを考えると、業界の利害にからめとられやすい官庁や特定の学会ではなく、俯瞰的な視野と公正への志向性を持つ学術団体が望ましく、具体的には学術会議が選任することが望ましいと考える。

DPの運営についても工夫をする必要がある。専門家間でほぼ合意がなりたつようなことについてはあえて市民が意思決定する必要性はあまりない。専門家間で合意されていないこと、たとえば高レベル放射性廃棄物を地層処分するのか人間がアクセスできる場所で暫定的に管理するのかといったことについてこそ市民が判断することが求められる。そのためには何が専門家間で合意されていないのか（争点）に論点を絞り、それぞれの専門家の主張の根拠は何かを聞きとり、争点とその根拠をめぐる専門家間の対話を傾聴して判断する形が望ましい。オーストラリアの裁判所では、高度な専門性が要求される事案では原告、被告間の権力・知識格差によって裁判の行方が左右されやすいという反省の上に立ち、従来の対審構造（双方が相手側証人の証言の信頼性を反証する方式、証言においては、証人は質問に答えることしか許されない）に替えてコンカレント・エヴィデンス方式（双方の専門家証人が同意できる点、できない点を明記した共同報告書を作成し、それをもとに裁判官、代理人、専門家承認が討議する）が採用されているが（ピーター・マクレラン）[17]、この構造と類似した手法である。

DPを運営するスタッフについては所管官庁が派遣するのではなく、学術会議の機能を強化し、官庁からの派遣職員でなく学術会議の専任スタッフが行い、官僚ではなく研究者として遇し、研究者の職歴として評価するのが望ましい。

なお専門家とDPに参加する市民の関係は、最終的な選択の主体は市民であるという意味で、市民が主であり、専門家は専門的助言を提供するにとどまるという意味で従である。これは優劣の関係ではない。政治家と科学顧問のような関係、対等ではあるが、意思決定は市民が行うという意味である。

むろんDPの代表性には限界があり、議会の持つ「選挙で選ばれた人たち」という正当性と匹敵するような正当性は持ちえないことは確かである。また討議する問題に対して関心の低い市民は参加を忌避しやすく、結果的に関心の高い市民が集まりやすいという面がある。それが議論の質を保つことに働く一方で、代表制を損なう面もある。病気の人々、高齢者、障害者といった意見を言いにくい人々への配慮も必要となる。オンライン会議が普及してきたとはいえ、地方や情報弱者への配慮という問題もあるだろう。しかし形骸化した審議会よりも実質的で民主主義の理念により適った方法となりえると考える。

ここではDPについて取り上げてきたが、何らかの形で民意が反映されるのなら、もちろん他の方法でもかまわない。イタリアやスイスが国民投票で原子力発電所政策を決定したように非常に重要な問題については直接民主主義を適用することも考えられる。いずれにしろ、科学技術にかかわる個別の問題について議会や行政府の意思決定に影響を与えるだけの重みをもった民意の表明が行われることが重要である。そしてそれを可能にするためには政府のしくみの変更も必要になるだろう。政府の意思決定のしくみの中に、選挙だけではない民意の表明のための回路を制度的に組み込み、民意を練り上げていく場の提供も行うのである。その回路の設定とサポートを政府の公式の使命とすることが求められる。具体的な姿を想像することは難しいので、雑駁な言い方になるが、政府には政治家と官僚からなる法執行の機能だけでなく、様々な人々が集っては民意の熟成と出力を行う広場（プラットフォーム）としての機能も求めたいのである。

民主主義社会の能力構築――民主制の専門化あるいは啓発された民主主義

前々節では市民参画の根拠としての「科学技術の政治化」を扱った。筆者はこれを平川秀幸の言う「専門性の民主化」[18]に対応するものとして考えている。平川は「専門性の民主化」を有効に進めるためには「『民主制の専門化』が不可欠である」として「政策決定過程やそこでの科学的プロセスが広く社会に開かれても、社会の側に有意味な科学的・政策的貢献ができるだけの能力がなければ、『民主制の民主化』も『専門性の民主化』も有名無実になってしまうからだ。」と述べている。この章ではこの「民主制の専門化」について考えてみる。

平川の言にあるように「民主制の専門化」は民主主義社会の能力構築である。これは究極的には社会を構成する個人の能力構築（科学技術リテラシーの涵養）をどう行うのかという問い、つまり啓発に帰着する問題であろう。しかしこのこと（科学技術リテラシーの涵養）の具体的内容は本書の第5章・第6章で述べることとし、以下では「民主制の専門化」が可能かどうかという理念的な問題について疑問に応える形で述べたい。

（1）市民による意思決定の質――専門的事項について市民が判断できるのか？

第1章の「社会の科学化」で教育の課題として「科学が社会に遍在し、科学と社会が分かちがたく結びついて、いうなれば社会－科学複合体となっている現代という時代を俯瞰的に眺め、科学と社会のあり様とあるべき方向性を考えることのできる観点（切り口）の獲得であろう。少し大げさに言うならば、文明論的視点で現代の科学文明をとらえることといってもよい」があることを述べた。

科学技術にかかわる問題について民主的な統制を行うためには、市民自身がその問題について何らかの判断を行う必要があり、そのための教育というか市民の学びが必要となる。しかしそれは市民が科学技術について科学者や技術者と同じレベルの知識を持ち、それによって科学技術がかかわる問題を判断することではない。それは端的に不可能であるのだがそれだけの理由ではない。

市民が行うべき判断とは、専門家の行う判断とは異なる。上述のように「社会－科学複合体となっている現代という時代を俯瞰的に眺め、科学と社会のあり様とあるべき方向性を考えることのできる観点（切り口）の獲得」に基づく判断である。やや突飛なたとえであるが、政治指導者による軍事的意思決定と同種の判断と言えるかもしれない。

たとえばアメリカ大統領は世界最強の軍の最高司令官ではあるが、大統領になるにあたって軍事の専門家であることは求められない。国防総省等の官僚や参謀本部の軍人、補佐官が意思決定すべき問題についてブリーフィングを行い、可能な選択肢を示し、大統領は同盟国との関係とか世論とか軍事以外のことも考慮に入れながら、示された選択肢の中から、あるいは示された選択肢を超えて日々判断を行うのである。アメリカでなくどこかの小さな国の指導者であっても軍事政権でないかぎり意思決定の本質は同じである。指導者に求められるのは、専門知識ではない。専門家の補佐を受ける必要はあるが、総合的な判断力であり、一般的な常識や良識に基づいて意思決定していくのである。

シビリアンコントロール（文民統制）の最大の眼目は軍の暴走を防ぐことであり、また重要事項の意思決定が政治指導者に独占され、他のステークホルダーが関与できないという点で科学技術政策とは大いに異なる。その意味で同一視はできないが、きわめて重大で専門的な事項であっても専門家の補佐を受けながら一般的な常識によって判断していくという意思決定の構造、専門家が選択肢を示し選択は政治家に委ねるという専門家の立ち位置は参考になるだろう。

このような例を示したのは、高度に専門的な事項にかかわる判断を専門家ではない人間ができるのだろうかという当然の疑問に答えたいためである、現に政治指導者は軍事という高度に専門的な事項についての判断を行っているのであり、これは適切な専門家の補佐があれば、専門的な知識が必要な分野でもレイマンコントロール（素人による統制）は可能であることを示している。社会が科学技術についての意思決定を行うことは同様の構造の下に可能ではないだろうか。

このような論じ方には非現実的という懸念もあるだろう。選挙と政党内の競争を勝ち抜いてきた政治家はそれなりの資質を備えた選良であり、市民と政治家を同列に論じることは適当ではないのではないか、たとえばイギリスのEU離脱の賛否の際の議論やトランプ政権時のあからさまな嘘を国民の多くが信じてしまう（もっともトランプも「選良」ではあったが……）ということに見られたように、質の高くないポピュリズムに訴える議論に市民は流されやすい、衆愚政治になってしまうのではないかという懸念である。この懸念には一定の説得力があることは否定できない。

しかし市民の間で自主的で質の高い議論が行われ、それが当該地域の政治的意思決定を主導した事例、民主制の専門化が成功し、衆愚とはならなかった事例も過去には見られる。著名なものを2つあげてみよう。

① 東駿河湾地域石油コンビナート建設反対運動

まず静岡県三島・沼津・清水地域における石油化学コンビナート建設反対運動である。なお以下の記述は「『三島・清水・沼津コンビナート反対闘争』における直接民主主義と公共政策」（小林由紀男）[19]、「石油コンビナート反対闘争」（三島市役所HP）[20]、「清水・三島・沼津石油コンビナート反対運動――住民組織の発展と学習会」（西岡昭夫・吉沢徹）[21]による。

1963年、東駿河湾地域（三島・沼津・清水）石油コンビナート建設が計画された。三島市では先に誘致した東洋レーヨン工場による地下水くみ上げによる水不足に悩んでいたことがあり、企業誘致への市民の疑念が芽生えていた。折から四日市公害が大きな問題になっていたこともあり、住民は行政関係者とともに公害被害が問題になっていた地域へ見学者を送りだし、公害被害の惨状をつぶさに見学した。特に四日市見学は住民に大きな衝撃を与えた。「行政関係者や漁民、住民の代表などは住宅地域と石油コンビナートが隣接する中で大気汚染被害が激甚化している様を目のあたりにした。この経験がその後の反対運動の方向性を決定づけた」（小林[19]）。四日市と同様のことが東駿河湾で起こることへの懸念が住民の間で広がったのである。

見学会後、少人数の学習会が数百回行われ、学習会ではメディア報道、学術資料などが使われたが、とりわけ効果的だったのは住民自身の作成した資料であった。「この時期、住民グループの代表たちはバスを連ね、四日市や千葉市などの視察に出かけているが、その体験を自分たちの言葉でまとめ、学習会などで視聴覚資料として使用していた」（小林[19]）。そしてその結果、「われわれ三島市の農民は、近隣の市、町の工業化による地価の値上りを羨望の目で見ていたところであり、内心喜んだが、四日市の石油コンビナートにおける公害の噂を耳にし、不安でもあった。そこで先進地見学ということになり、四日市・倉敷・千葉等へ出向き、特に四日市ゼンソクを目にして、公害に対する認識が芽生えてきた。特に幼児を持った婦人層は真剣になってきた。その結果、われわれ予定地農民は、種々手をつくして資料を集めて研究し、百回を越す学習会を開き、終り頃には地区の老人までが公害を話題にし、ppm等の聞きなれぬ学術用語を口にするまでになった。」（三島市[20]）という証言に見られるように住民の学習が進んでいく。学習会の内容は「公害という『言葉』の考え方に始まり、石油化学、火力発電所、亜硫酸ガス、逆転層、地下構造と地下水、四日市ゼンソク、気道抵抗、肺性心、石油業界の資本構成、財閥、公共投資、社会開発、地方自治など工学、自然科学、医学、政治経済学」（西岡・吉沢[21]）にも及んだ。「市民は博学になることが自己の防衛にとって絶対必要であることを感じていた」のである。住民は学習会で知見を得ただけではない。学習会は「意識伝授の場でなくて、知識を生み出して力に変える場」（西岡・吉沢[21]）になっていった。自治会、婦人会、青年団などの地域集団からなる協議会が結成され、この協議会には、のちに教職員組合や商工会議所などの職域グループが次々に加わっていき、全戸アンケート（三島市婦人連盟が実施）で9割を超える市民が反対運動を支持することになっていったのである。三島市長はこの状況を見て民意は決したと判断し、市としてコンビナート建設に反対するという声明を出した。沼津、清水では三島ほど住民の意見が統一されていたわけではないが、民意は明らかに反対に傾き、清水町長（反対声明の発出は清水町がもっとも早い）、沼津市長も相次いで反対を表明した。当時、富士石油などの企業、国（通産省）、静岡県はコンビナート推進の立場にあり、とりわけ静岡県は広報において「公害は全く考えられない」「亜硫酸ガスはごく微量」「コンビナートは漁業を妨げない」などのあからさまな誘致推進の言説を行い、市長選への介入まで行っていたが、地元自治体の反対を無視してまで強行することはできず、コンビナート建設計画は撤回された。

以上の経緯の中で注目すべきはやはり学習会である。学習会の積み重ねが市民の知見を高め、学習会によって市民が横につながっていく、そしてその中で市民の意見がまとまっていく、学習会は市民の自己教育の場であり、同時に「公害反対の声を一本の糸によりあげてゆく糸車の軸芯」（西岡・吉沢[21]）として機能したのである。専門家の存在も忘れることはできない。三島市が委嘱した松村調査団（国立遺伝学研究所の研究者や沼津工業高校の教諭から構成される調査団）は学習会に丁寧に足を運び、市民に調査結果やその意味を報告している。このことが市民の公害への理解を促進したことは疑いない。現代の言葉で言えば「市民科学」と呼べる研究実践も行われている。沼津工業高校の生徒たちは「西岡教諭の指導で鯉のぼりによる気流調査をおこなった。5月上旬の連休を中心に10日間、朝6時から夜8時まで、鯉のぼりの向きを調べた結果をもちより、地図のうえに精細な気流図を書きあらわした。別の生徒たちは、牛乳ビン100本を狩野川に放流して、汚染された排水が駿河湾に流れこむ方向をたしかめる海流調査をおこなった」(三島市)[20]。この研究は国の調査団の報告を覆す結果となり、専門家の指導による市民による研究の初期の成功例となった。専門家の補佐の下、市民が知見を深め、時には自ら調査を行い、民主的に意思決定していくという民主制の専門化の一つのモデルケースであったと言えるだろう。

② 吉野川第十堰をめぐる住民投票

次に『吉野川住民投票』(武田真一郎[22])を主な資料として徳島県の吉野川第十堰について見てみよう。第十堰は吉野川を分流するために設けられ、1752年から1878年という長い年月をかけて築造された石造りの堰である。建設省(当時)はこの第十堰を撤去し、可動堰化する計画を1991年に決定し、計画内容について審議する吉野川第十堰建設事業審議委員会を設置した。可動堰化による環境や財政への悪影響を懸念した市民有志は吉野川シンポジウム実行委員会を立ち上げ、1993年に「吉野川の自然と第十堰改築を考える」というシンポジウムを行った。シンポジウムへの反響は大きく、当初、1回限りのシンポジウムの予定だったが、以後、シンポジウム実行委員会は、シンポジウムの開催の他に、建設省への情報公開要請、自然観察会、カヌーによる川下りなど様々なイベントも行い、市民に吉野川と第十堰への関心を喚起することに努めていった。「吉野川シンポジウム実行委員会」は可動堰化に反対というよりも市民の意見を聞いて決めてほしいというスタンスをとるものであった。1995年にはさらに「ダム・堰にみんなの意見を反映させる県民の会」が発足したが、この会のスタンスも可動堰への賛否は問題にせず、市民の意見を反映させる手続きのあり方のみを検討の対象とした。「本当にみんなが可動堰が必要だと考えるなら造ればよいと割り切っていた」のである。しかし建設省、県、市町は建設推進で一致しており、世論調査で可動堰に反対する意見が多数を占めても変わることはなく、審議委員会は１９９８年に可動堰化が妥当とする答申を建設省に提出した。

政治が動かないことに危機感を覚えた市民は１９９８年に「第十堰住民投票の会」を立ち上げ、住民投票条例制定請求のための署名集めを徳島市で開始した。１か月で徳島市民の49％の署名が集まり、市に提出された。しかし市議会は条例案を否決し、いったんは住民投票は白紙に戻った。だが「第十堰住民投票の会」は市議会議員の構成を変えることによって住民投票を実現させようと戦略を転換し、１９９９年の市議会議員選挙では条例賛成派が躍進し、議会の過半数を占めることになった。その後、選挙時には条例賛成だった議員の一部が反対に転じるなどの混乱があったが、結果的に条例は成立し、同年投票が行われ、投票率55％、可動堰建設反対が92％で民意は可動堰建設に反対であることを明白に示した。翌２０００年には建設省は第十堰改築を撤回することとなった。

この吉野川第十堰をめぐる市民の動きにも清水・三島・沼津石油コンビナート同様の学びの構造を見て取ることができる。吉野川第十堰の場合、市民の学びの仕掛けを作り上げていったのは吉野川シンポジウム実行委員会であった。上述のように実行委員会はシンポジウム、親水イベント、市民アンケート、ダム事業審議委員会の傍聴呼びかけ等を通じて市民に第十堰への関心を喚起し続け、そこからさらに新しい市民グループが生まれるというように市民の学びの母体であり続けた。それらの市民グループが日常的に学習会を繰り返し、徐々に第十堰への関心が広がるとともに改築の問題点も広く理解されるようになったことが、徳島県全体でも、第十堰周辺の自治体でも改築反対という意見が過半数を占める

（1998年、四国放送による世論調査）結果につながっている。

実行委員会やそこから派生した市民グループは治水工学や法学、生態学などの専門家の助言を受けながら建設省の治水計画の検証も行っている。特筆すべきは建設省の治水計算の誤りを発見・指摘したことであろう。建設省は第十堰の水のせき止めが第十堰上流の水位をかさ上げし、150年に一度の大雨が降ると危険水位を42センチメートル超えてしまうという計算結果を第十堰撤去・河口堰建設の根拠としていた。計算手法としては、斜め堰である第十堰を、計算上河岸に直角に設置された堰と仮定して計算する堰投影計算方式を採用したが、その際、堰の高さを過大に、堰の長さを過少に見積もってしまい、水位計算も過大になってしまったのである。清水・三島・沼津石油コンビナートと同じように、市民科学の有効性を示す格好の事例となっている。

この2つの事例のいずれにおいても住民投票やアンケートの結果によって政治的意思決定を行うことは間接民主主義の否定であり、専門的知識のない市民の感情的な判断は危険であるという批判がなされたが、市民の意思決定（住民投票は首長や議員を拘束するものではないので、厳密に言えば意思表示）は個別の政治的利益に足をとられる首長や議員よりもむしろ明確な根拠に立脚した理性的なものであった。国や県、大企業といった大きな権力を持ったアクターが繰り出す利益誘導、専門家を動員した推進言説の流布に対して、市民は説得力ある対抗言説を構築できたのである。なぜこれらの事例はこのような成果を収めることができたのだろうか、いいかえれば衆愚とならなかったのだろうか。そこには次のような理由が考えられる。

(a) 対抗的公共善の提示

清水・三島・沼津コンビナートの場合は地域の経済的発展、吉野川第十堰の場合は治水という公共善(公共の福祉)の達成のために必要というのが国や県の論理である。それに対して地域の市民は各自の個別の利害を主張したわけではない。個別の利害ならば、たとえば補償金というような形で個の利益を積み増すこと、条件闘争に引き込むことによって説得することができる。実際、原子力発電所のような巨大開発では漁協や立ち退き住民の説得にこの手法が多用され、成功している。しかし市民が依拠したのは環境や健康、美しい景観の保全、地域の文化の伝承(吉野川第十堰の場合、第十堰自体が文化財の性格を持っている)といったもう一つの公共善、あるいは対抗的公共善というべきものであり、国や県の主張する公共善に対抗しうる固有の論理を持っていた。対抗的公共善が持つこの固有の論理の説得力が市民に納得と自信を与え、国や県が仕掛けてくる条件闘争に取り込まれないしっかりした足場を与えたのである。

(b) 補完性原理

市民が求めたのは対抗的公共善だけではない。それ以上の大義となったのは「地域のことは地域で決める」という考え方、県とか国といった上位の権力に決定を委ねず、自らの頭で考え、自らの意思で地域の未来を決めたいという意識である。これを政治学の言葉で言えば補完性原理(政策決定はコミュニティにより近いレベルで行われるべきという原則)にあたるだろう。

三島・沼津・清水においても吉野川第十堰にしても、基礎的自治体(市町)の政治(議会、首長)はおおむね少なくとも当初は県や国の意を受け、コンビナート、河口堰推進の立場であった。しかし最終的には全戸アンケートや住民投票の結果、さらには選挙結果を受け、地域の民意を受容した意思決定を行った。しかし議員も首長も様々な形で巻き返しを行って主導権を取り返そうとしていたことから考えると、必ずしも納得したというわけではなかったと思われる。地域の民意を受容しなかった場合の政治的リスクと受容した場合の国や県との関係悪化などのリスクを比較し、渋々ではありながらも民意を受け入れる決断をしたのであろう。しかし結果として地域の民意に沿った決定が行われたことは確かなことである。これは意外に重要なことである。基礎的自治体の政治家にとって上級権力よりも地域の民意を優先することが政治的利益につながることを示した、つまり（政治家自身は意識はしなかったかもしれないが）補完性原理の先例になったからである。同様なことは新潟県巻町や高知県窪川町（原子力発電所建設）にもみられる。ただし補完性原理が全く通用していない場合もあることを忘れてはいけない。安全保障である。沖縄の辺野古基地建設に見られるように、どのような民意が示されても上級権力がそれを無視して政治的意思決定を行うことはありうる。

なお言うまでもないことであるが、補完性原理は自らの意思で決める以上その結果は自ら引き受けるという責任と表裏一体であることは銘記しておかなければならない。

(c) ボトムアップの学びの場とそれを補佐する専門家の存在

選挙運動、デモなど街頭でのアピール等も行われたが、運動の中核は学ぶことであった。三島・沼津・清水においても吉野川第十堰にしても当該問題に対する市民の関心が高く、学びの場（学習会）が自発的に多数出現し、その中で市民が問題に対する学びを深めることができた。専門家は多くの学習会に直接足を運び、市民の不安や疑問に誠実に答えようとした。当時沼津工業高校に勤務し、松村調査団の一員として気象調査を担当した西岡昭夫は「学習会は対話形式であった。こうして、難解で初めて聞くような科学的な話が砂地に水の滲みこむように入っていった。博学になるという喜びの中で『科学する住民』ができあがり、ここに此の運動成功の鍵がある」（西岡・吉沢[21]）と述べている。「博学になるという喜び」という表現はやや大時代的に聞こえるが、これは市民が専門的知識を何か自己と無縁の難解なものではなく、自己にとって切実で具体的な問題の文脈の中に位置づくもの、その問題に対処する力量を向上させてくれるものとして受け取り、だからこそ「砂地に水の滲みこむように」受け入れることができたことを意味している。今の用語でいえばエンパワメントであり、キャパシティ・ビルディングである。そのため専門家は「人々が今どのような知識を要求しているかを的確に知るために関係諸分野の研究を徹底的に学習し」（西岡・吉沢[21]）という入念な事前準備を行い、市民と対話し、単なる知識提供者ではなく学びのファシリテーターとしての役割を果たしている。トップダウンではなくボトムアップの学びが成立しているのである。

この例は市民の側に学びのニーズ（モチベーション）が存在し、それに専門家が的確に応答しようとし、さらに両者を結ぶ場（学習会）があれば、市民は比較的短期間で適切な科学技術へのリテラシー（一般的な科学技術に関する知識という意味ではなく、当該問題を判断するのに必要なリテラシー。自然や社会についての地域固有の知識を含む一方で、当該問題を判断するのに直接的には必要ない知識は含まなくてよい）を身につけ、問題を判断することができる（専門家のように判断するという意味ではなく、主権者としての意思決定をするのに十分な情報を得た上で主体的に判断するという意味）ことを示していると考えられる。

(d) 民意を示す機会の存在

通常の市民生活の中では、地域の有力者でもない限り、市民が政治的意思決定に関与する機会は選挙ぐらいしかなく、選挙と選挙の間は政治家が政治を取り仕切る。それが間接民主主義といえばそれまでだが、民主主義の本旨である「市民とは統治者のことであって、すなわちそれは、自己の統治者、共同社会の統治者、自分の運命の支配者であることをさす。」（ベンジャミン・バーバー[23]）という感覚は希薄になりがちである。結果、多くのことはお上まかせになり、市民は権利の意識も責任の意識も政治への関心も薄くなり、政治の主体ではなく客体になってしまう。このような市民の姿を見慣れている政治家が、政治的意思決定を直接の民意に委ねることへの危惧を抱くのは当然ともいえる。政治家が住民投票などを間接民主主義の否定として拒否反応を示すのは、あながち自分たちの権限が制約されるという不快感からだけではないのである。しかし、先にあげた三島などの例の場合、結果として民意は情緒的・盲目的なものではなく、むしろ「啓発された民意」と言うべきものだった。その民意を形成したものは明らかに市民の学びであり、市民の学びは市民の意思を表明する機会の存在（住民投票、全戸アンケート、選挙（争点が絞られ、その争点に関する市民の意思がはっきり示される選挙））に触発されたものであった。市民の意思を表明する機会の存在が市民の学びを促進し、この2つが相互強化することによって「啓発された民意」、つまり「啓発された市民」をもたらしたのである。

ある問題について正しく判断する（ここでいう「正しい」とは善悪という意味ではなく、その判断が何を意味するのか理解された上での判断という意味で使っている）ためにはその問題について知ろうとする意欲と一定の知識が必要となる。その意味で「啓発された市民」の存在が「啓発された民意」の前提である。しかし、だからといって「啓発された市民」が少ないのだから「啓発された民意」などあろうはずがないというのも一面的な見方である。民主主義がまだ疑惑の目でみられていた18世紀後半にトーマス・ジェファーソンは「もし、人民が充分な思慮をもって支配権を行使するほど賢明ではないと思うなら、対応策は人民から権力を取り上げることではなく、人民に思慮を教えることなのだ。」と述べたという（ベンジャミン・バーバー[23]）。判断する機会の存在は「人民に思慮を教える」、つまり市民の啓発の絶好の機会であり、判断する機会の存在が意欲を育て、知識を育むこともまた事実なのだ。

ただしこれはある問題について民意を表明する機会が存在することが直ちに「啓発された民意」をもたらすことを意味するものではない。「啓発された民意」のためには市民が自らの価値観を他者の価値観（それは時に対立する場合もある）とすり合わせる熟議を行い、その中で各自の価値観を公共の規範（上記の公共善）へと再構築する学びのプロセスが必要である。それなしでは情緒論となり、まさに衆愚となる。その点は留保する必要があろう。

（e）市民科学

三島では市民自身が公害被害地へ出かけて聞き取りをしてきたり、気流の調査を行うなど市民科学の実践が行われ、その参加者の学びが他の市民に還元されるという市民科学による学びが行われた。市民科学は広域で多数の参加者を同時に得ることができるため、簡易で標準化された手法があれば、大きな成果が期待できる。実際、三島では高校生を含む市民による調査が、巨費を投じた国の調査団の結論を覆している。

(2) 公正のための介入――脆弱な人々を守る権利はあるのか? 余計なお世話ではないのか?

第1章の「リスク社会とその特性」の節でも触れたが、ある電力会社の課長と話した経験を再録するところからこの話をはじめよう。

彼は原子力発電所に反対する人々を大略次のように批判した。

大学病院のヘリが家の近くをよく通るが、それをうるさいといって批判する人がいる。そういう人は自分のことばかり考えていて社会全体のことを考えていない。原子力発電所も社会全体のために必要不可欠なものという意味で病院のヘリと同じだ。それなのに否定するのは、社会全体のことを考えていないのだ。

原子力発電所の立地したところは、それまで開発が遅れ、貧しくて困っている人たちが多かった。原子力発電所ができて道も学校も新しくなり、生活がとても便利になって皆喜んでいる。それなのによそものが入ってきて原子力発電所反対を叫んでいて住民は困っている。

この発言は原子力発電所を批判した私との議論の中でなされたものであり、お互いに少々けんか腰であったので、感情的になってしまった部分もあるとは思うが、リスクとその配分についての重要な論点を含んでいる。それを一般的な表現で述べてみれば次のようになるだろう。

①リスクはあっても社会全体の総効用を高める政策があるのならば、それを推進すべきであり、リスクの観点にもっぱら注目して批判をすることは、社会全体の総効用を低めることになる。
②政策により特定の人たちにリスクが偏る場合には、リスクを被ることに対する補償を行うことによって（迷惑料を払って）、リスクを引き受ける人々の効用を改善して対処すればよい。
③リスクを被る人々がそのリスクと補償について受容するのならば、第三者がそこに介入すべきではない。

いかがであろうか。3・11後の原子力発電所という文脈があるために課長の発言はきわどく聞こえるが、その文脈から離れれば、これらの主張には一定の説得力があるように感じられないだろうか。

このうち①と②については、「リスク社会とその特性」でリスク分配の不平等を不可視化しかねない等の問題点を指摘したが、以下では上記③について、リスクの受容と第三者の介入について述べてみたい。

まず受容について考えてみよう。人はどんなときにリスクを受容するのだろうか。たとえば自動車は公共交通機関に比べて事故のリスクは大きい。公共交通機関を利用できる場合でも自動車を使う人は多い。それは自動車がドアツードアの便利さ、プライバシーの守りやすさなどのベネフィットを持っているからだろう。人はリスクとベネフィットを見比べて自動車を選ぶ、そして選ぶのは個人（家族や友人で同乗する場合もあるが、それは個人の範疇に入れておこう）である。

一方、たとえば原子力発電所や放射性廃棄物処分場の受け入れといった事案の場合、自動車を使うことと何が異なるのだろうか。もちろん、このような施設を受け入れる地域の人々にとってベネフィットはほとんど存在しない。存在するのはもっぱらリスクである。しかし、通常リスクを受容してもらうため、何らかの補償措置が行われるのであるから、それをベネフィットととらえれば、リスクとベネフィットを比較考量して意思決定するという構造は同一と考えることもできる。しかしそこには大きな違いもある。

一つは意思決定の主体が個人ではなく、集団（たとえば自治体、漁協）であることである。集団である以上、意思決定のプロセスには集団構成員の合意の調達が必要となる。どのような手法で行うにせよ、そこにはリーダーと構成員、構成員相互、リーダー相互の権力構造が織り込まれている。

もう一つはリスクもベネフィットも外からやってくる、つまりリスクの生産もベネフィットの供与も外部の集団（たとえば国、企業）に由来するということである。そしてこれらの集団は特権的立場の強力なアクターであることが多い。

何かものごとを決める際に、指導層が意思決定を独占するのではなく、集団のあらゆる人々が意思決定に参与する熟議の形をとることが望ましいことはおおかた合意できることであろう。しかし上記の2つの要素が組み合わさると、リスクを持ち込んでくる外部集団と影響を受ける集団（被影響集団）の指導層との利害の取引となってしまうことが起きやすい。

熟議には時間がかかり、結果も予測しがたい。それよりも外部集団と指導層が直に交渉し、指導層の合意を取り付けることができれば、少々の異論があったとしても被影響集団の合意を取り付けたという形にすることができる。こう書くと外部集団と被影響集団の裏取引を描いていると取られるかもしれないが、そうではない。指導層が被影響集団の利益を誠実に考えていたとしても、指導層の内部に閉じられた議論でことを進めるならば、結果的に熟議は排除される。むしろ熟議は速やかな意思決定を阻害する要因とみなされ、厄介視されるだろう。熟議を経ないで行われる指導層の強引な意思決定は集団内に亀裂を生み、集団のまとまりを破壊する。被影響集団に打ち込まれる強力な楔となり、「つけこむ隙」が作られるのである。こうなると、被影響集団を構成する個々人の個別の利害が強く意識されるようになり、集団はバラバラな個人の塊に化する。指導層をはじめとする影響力の強い人々の利害が優先され、リスクにもっとも強くさらされる人々（集団の中で弱い立場にある、いわば周辺化された人々であることが多い）やその意見は排除されることになりやすい。やや抽象的な言い方になったが、過去の日本の巨大開発の多くはこのようにして受容されていったのであるし、現在でも特に発展途上国では地方政府（被影響集団の指導層）と企業の合意のみで開発が進められ、先住民など開発によりもっとも大きな影響を受ける人々を排除した意思決定がなされることは珍しくない。

実は問題はそれだけではない。熟議に参加できないのは周辺化された人々だけではないのである。熟議に参加するには幼すぎる子どもや、まだ生まれていない未来世代もまた熟議に参加できない。しかしこれらの人々は実は大人や現在世代よりもむしろ大きな影響を受ける人々かもしれない。ではこれらの人々の利害を大人や現在世代が熟考して物事を決めていると言えるのだろうか。ここで第2章の「社会－科学複合体の問題点」の節で述べた元敦賀市長の原子力発電所についての発言を思い出してほしい。彼は「五十年後に生まれた子どもが全部、片輪になるやら、それはわかりませんよ。わかりませんけど、いまの段階では（原子力発電所を）おやりになったほうがよいのではなかろうか……」と述べている。現在世代の目先の利益のために将来世代の利害への考慮などは実にあっさり投げ捨てられてしまうものであることがよくわかる。

さてこのように周辺化された人々や幼い子どもたち、未来世代といった人々の熟議から、つまり意思決定のプロセスからの排除があるとすれば、上述の「リスクを被る人々がそのリスクと補償について受容するのならば、第三者がそこに介入すべきではない。」は疑わしく思えてくる。価値観の相対性が重視される現代の風潮から言えばやや挑発的な物言いになってしまうが、むしろ外部（リスクを作り出す人々とそれを受け入れる人々という閉じた二元的構造の外部）からの適切な関与が必要であると思われるのである。もちろんだからといって正義感に燃えた第三者がその正義を振りかざして乗り込んできてもうまくいきそうにはない。それはかえって事態を紛糾させるだけだろう。ではどのような関与の論理がありうるのだろうか、この小論の手に余る巨大な課題ではあるが、この課題についての私なりの考え方を述べてみたい。

(a) 関与の論理その1：基本的人権の普遍的保障

中国政府のウイグル人への弾圧（強制収容、強制避妊手術等）に対してアメリカ、EU、英国、カナダは2021年3月に人権侵害を理由に、新疆ウイグル自治区責任者の資産凍結などの対中制裁に踏み切った。中国政府は内政干渉だとして反発しているが、弾圧が事実だとすれば、テロ対策等の理由をあげたとしても決して正当化できない。このような事案に対しては内政干渉という批判は通用しない。だからこそ中国政府は「世紀のウソ」と躍起になって否定しているのであろう。基本的人権は少なくとも民主主義国家においては国家主権を超えて普遍的に保障されなければならないものであり、その侵害の是正要求やそのための措置は内政干渉にはあたらない。むしろ要求することの方が正義に適った適正なことであり、義務ですらある。

この論理を貫徹するならば、たとえば高速道路や汚染物質を排出する軍事基地、工場、鉱山等の直近に住んでいて健康を害したり、害する可能性のある人々は、健康や生命というもっとも重要な基本的人権を脅かされるのであり、それを知った地域外の人々が「騒ぎ立てる」のは迷惑行為どころか基本的人権の保障に資する行為であり、むしろ責務であると考えられないだろうか。あるいはこう考えることもできるだろう。すべての人に基本的人権を保障することは地域とか国家とかの共同体の責務である。しかし共同体がそのことを果たせないあるいは果たす意思がない場合、共同体外の人々であっても、基本的人権の侵害に直面する人々を擁護するため声をあげる責任があり権利があるのだと。

もちろん現実的には声をあげても無視されることが多い。国家主権とか当事者適格（権利関係について判決を受けることができる訴訟手続上の地位、当事者を対象とする裁判をすることが紛争解決に適切であるかどうかが問われる。当事者であることを裁判所が認めないと不適法として訴えは却下される）を基本原理とする現在の法体系という高い壁を考えれば、少なくとも当面は蟷螂の斧たることを免れないだろう。しかしたとえばＬＧＢＴの人々とその権利を擁護する人々が弛むことなく権利を主張し続けてきたことが、おそらく２０１０年代に臨界点に達し、世論が劇的に変化し、いわゆるＬＧＢＴ理解増進法が２０２３年に成立したように、権利と義務の射程を拡張した論理を構築し、主張し続けることがいずれは現実を変えてゆくこともありうることである。

では、この関与の論理、基本的人権を普遍的に保障することは当事者だけでなく、すべての人々の責任であり権利であるとする論理を現実化するとしたら、具体的にはどのような方法というかアプローチがありうるのだろうか。次にこのことを考えてみたい。

(b) 関与の論理その2：知のエンパワメント――熟議の前提を構築する

民主主義は単に民意の代表者を選び、その代表者に社会や組織の意思決定を委任するだけのものではない。社会や組織を構成する各人が社会や組織で生起する様々な問題に対してその意思を表明し、話し合い、話し合いを集約し、全体としての意思決定を行っていくプロセスである。このプロセスを丁寧に行っていくことがいわゆる熟議民主主義であり、熟議が欠けていれば民主主義がいわば期限付き独裁に堕してしまう。

熟議には前提となる条件がある。ハーバマスが中心となって確立され、熟議民主主義のいわば標準理論となっている討議理論において理想的論議の要件とされているのは「論議に参加する能力を行使するすべての主体を例外なく含みこむ」こと、「すべての参加者に対して論議への寄与をなし自らの論証を妥当に導くための平等なチャンスを保障」すること、「誰もがディスクルスに参加する権利及び平等にディスクルスに寄与する権利を、たとえどんなにささやかで目に見えないような抑圧にもさらされることなく、（それ故）平等に行使しうるためのコミュニケーションの条件」である（ディスクルスは討議をさす）。（ハーバマス）[24]。つまり何かの問題、たとえば開発とかリスクを伴う科学技術の導入が持ち上がり、それに関連して共同体が何らかの意思決定を行う場合、共同体に属するすべての市民が討議のプロセスに包摂され、平等に主張を展開できること、討議が権力などによる抑圧や制限から自由に行われなければならないということである。このような要件が満たされる討議を経た合意が正当性を持ちうる。もちろんハーバマス自身も認めているようにこれは討議の理想的形態ではあり、現実の討議においては「近似的なところで満足せねばならない」のではあるが、少なくとも討議の参加者がこの理想に向けて接近する責任と権利を持っていることは明らかであろう。

当該の問題について特定の集団が情報を独占的に所持・運用し、集団外の人々にその情報が利用できない状況であれば、このような討議は実現しないことは自明である。しかし現実には原子力発電所や軍事基地に典型的に見られるように事故隠し、テロ対策や企業秘密・国家秘密を理由とした情報提供の拒否、不十分な情報提供は日常茶飯事のごとくなされている。そもそも国や軍、企業は住民等の関係者との話しあいが円満に進むことを望んではいるものの、条件闘争による多少の変更はあっても、討議の帰着点は動かさない。関係する市民にはひたすら受け入れを迫る「ご理解ください」式の一方的なコミュニケーションを行うことがほとんどである。これでは帰着点が思惑と違ってきそうな場合、コミュニケーションを歪曲する（大事なことを知らせないあるいは隠す、コミュニケーションの主題を一方的に限定してそれ以外のコミュニケーションに応じない、補償の問題にすりかえる）インセンティブが働くのが当然であり、歪曲しないと考えるのはむしろ素朴にすぎるとすら言える。しかし情報の不均衡が存在するとコミュニケーションが歪曲されているということ自体に気づきようがない。熟議という批判的コミュニケーション空間は成立しなくなる。熟議を行うためには情報の不均衡（情報は解釈され、問題解決に向けて再編成される必要があるので、むしろ知の不均衡といった方がよいかもしれない）という拘束を克服する状況を積極的に創出する必要がある。

知の不均衡を克服するということは、具体的には、まずはある問題に当事者として関与する（可能性のある）市民が当該の問題についての情報にアクセスできる権利を他の当事者と同じ程度に確保できることであるが、それだけでは十分ではない。同時にそれらの情報を当該問題についての意思決定に有効に活用し、他の当事者にその意思決定と根拠について説明し、場合によっては反対したり有効な抗弁を行うことができる知的力量を備える必要がある。しかしそのような力量を構築することは容易なことではない。私はそこに直接の当事者ではない外部の人々が問題に関与することの根拠を見出すことができると考える。ある特定の主張の実現のために介入するのではなく、当事者、それも専門的知識を持つ機会がなく、いってみれば知的にも権力の付置の上でも不利な立場にある人々が当該問題を理解し、その理解を活用して主張を行うことができる知的力量の構築を援助するのである。たとえばある巨大開発の話が持ち上がった際に外部の市民（専門家も含む）が開発反対の主張を持って乗り込むのではなく（もちろんそれも必要なこともあるだろうが）、地域がそれによってどう変わるのか、生態系や人々の暮らしがどのような影響を受けるのかの理解とそれを活用する力量を学習会や交流などを通して地域の人々が育てていくのを助けること、いわばエンパワメントを行うのである。少しややこしい議論をしてしまったかもしれないが、要はしっかり知った上で選ぶ、いわば政策上のインフォームドコンセントである。

なにも外部の人に頼らなくても、行政や企業の行う各種の説明会等はその試みの一つであって、この部分の充実や情報公開を進めることができればよいのではないかという意見もあるだろう。しかし受け入れを求める側と求められる側という二元構造に閉じたコミュニケーションでは、たとえば受け入れを求める側がゼロオプション（事業や新規技術の導入を行わない）や受け入れを求める側のコストが大きい選択肢を提示することは考えにくく、ゆがめられたコミュニケーションになりやすい。これではエンパワメントとはならない。

やはり外部の第三者が関与することにより知の非対称性を正し、市民の知のエンパワメントを助ける役割を果たしてもらうことがむしろ現実的ではないかと考える。繰り返しになるが、これはある問題、たとえば開発案件が持ち込まれる地域の人々とかある科学技術に影響を受ける人々（たとえば着床前診断の広範な導入に対するダウン症の患者や家族）に特定の主張の賛同者になるように説得するというものではない。ハーバマスの言う理想的議論の要件を充足するために、関係する市民が問題への理解とその理解を活用する力量を育てるのを支援するのである。このような前提に立つならば、外部の第三者が関与することは、「余計なおせっかい」ではなくむしろ公正や正義の実現に資するものであると考える。

（c）関与の論理その3：つながりのエンパワメント――社会的・政治的な力量構築を支援する

現代の正義論の基礎を据えた倫理学・政治哲学者のロールズは正義の原則として、すべての人々が自由に対する平等な権利を持つことを第一の原理とし、その権利を前提とした上で、社会的または経済的な不平等の存在は、それらの不平等がもっとも不遇な立場にある人の利益を最大にすること、その不平等がすべての人に達成の機会が与えられている職務や地位に伴うものであることといった条件下でのみ許容されるべきことを第二の原理としている（ロールズ[25]）。

ロールズの原理に従うならば、社会的・経済的な格差自体は容認できても、その格差が容認されるのは、たとえば感染症の特効薬を開発した研究者が病の治癒という大きな利益を社会にもたらし、そのことで大きな経済的報奨を与えられる例のように、不遇な立場にある人々に利益が及ぶ場合である。不遇な人々（発言力の大きくない人々）に汚染のようなあからさまな不利益が押し付けられ、一方で社会的または経済的な発言力の大きな人々がその汚染から利益を得るというようなことはあからさまに正義に反することとなる。

しかし現実に起きている事態はこの原則と真逆であることが多い。水俣でも四日市でも公害被害は漁民に集中した。産業廃棄物が運び込まれるのは山間の村や海辺の漁村であって、高級住宅地に産業廃棄物が山積みになることはない。ウランの微粒子を肺の中にため込んで肺がんになるのは、ウラン採掘から高額な収入を得ている鉱山会社の経営者ではなく、経営者に比べ圧倒的な低賃金で生活をしのいでいる鉱山労働者であり、鉱山周辺の住民である。問題は企業にだけあるわけではない。先に見たように水俣病の有機水銀説を批判し、チッソを擁護したのは通産省、つまり政府である。企業と権力が一体となって社会的・政治的発言力の弱い人々に公害被害を集中させたのである。ほとんどスキャンダルともいうべきこのような事態が日本やアメリカ、カナダのような民主主義を標榜する国家でも行われてきた。

正義と人権を踏みにじっているこのような事態は、当の企業や政府に所属する人々が鬼畜のような非人間的な輩であることにより引き起こされているわけではない。先に述べたように個人としては恐るべき事態が起こっていることを憂慮し、責任を感じている人も多かったのである。しかし彼らはそれを認めて指摘するなどの行動を起こすことが自分たちの所属する共同体（組織）の利益を損ね、ひいては自分の地位が脅かされることになるのを恐れて行動することができなかった。このことを非難するのはたやすいが、自己の不利益につながる行動をそれが正義だからという理由で起こすことができる人は限られている。内部告発者を保護する法制は形式的には整備されてきたが、報復的に解雇や降格などの不利益な処分を受けてしまった事例は枚挙に暇がない。既存の企業や行政組織の内部から、それらの組織が引き起こす（可能性のある）不正義をただす動きが起きることが難しければ、外部からの働きかけで是正する以外にない。

では歴史的にそのような働きかけは誰がどのようにして起こしてきたのであろうか。公害とか巨大開発に伴う地域の荒廃とか不正義が発生してきた歴史を顧みればそこには共通のパターンを見て取ることができる。多くの場合、最初、不正義を押し付けられた人々の対応は忍従である。被害を行政や加害企業等に訴えても相手にされない、あるいは多少の代価とひきかえに沈黙する。やがて被害者の間で状況を共有し、連帯して対処しようとする動きがあらわれてくる。しかし被害者は因果関連を究明する専門的スキルを持っていないのが普通である。そこには必ず専門家の支援と啓発が必要となる。それが前項で述べた知のエンパワメント（の一部）である。

しかしそれだけでは十分ではない。水俣では水俣病患者の公式確認の数か月後には熊本大学研究班がチッソの排水がもっとも疑われるという結論を出していた（1957年）。同年、熊本県は食品衛生法を適用することによる水俣湾の魚介類摂取禁止を計画したが、照会を受けた厚生省の回答が、水俣湾の魚介類すべてが有毒化している証拠はないので食品衛生法を適用できないというものであったため、県は適用を断念した。厚生省のこの見解は他の食中毒事例と比較して異例であり、その背景には「法的な禁止措置をとれば、水俣湾の魚介類を汚染している工場排水に当然目が向けられることになるからである」（水俣病研究会[26]）ことが指摘されている。またその当の厚生省も1958年には水俣病の原因はチッソの排水であるという公式見解を示していた。しかし通産省はチッソの操業が止まることを恐れ、有機水銀排出を規制対象とすることをみとめなかった。水俣市でも、市税はチッソに依存しており、チッソが操業を停止すれば5万人の市民に影響が出るとして市長がチッソの操業継続（つまり排水継続）を県に要請するなど権力側は一貫してチッソを擁護し、被害者に敵対し続けた。このように水俣はチッソの排水によって水俣病が起こることが早くからわかっていたにもかかわらず、有機水銀を含んだ排水は止まることなく、被害は拡大していった（以上の経緯は水俣病研究会編『水俣病事件資料集――1926－1968』による）。

そこには、四大公害裁判の他地域と比しても企業の影響力が強く、解決に向けた被害者の社会的・政治的な影響力がきわめて微弱であったという事情がある。もちろんこれは被害者の罪ではなく、企業とその企業の責任を糊塗し続けた行政の責任である。しかし水俣病の歴史の初期に被害者が社会的・政治的な力をつけ、市民としての権利を行使することができていたら、水俣の悲劇の規模はずっと小さかったであろうという思いは禁じえない。もし有機水銀汚染が東京湾で起こっていたらということを考えてみてほしい。工場排水との因果関連が確定していなくても、その疑いが起こっただけで国、自治体は規制に動いたであろう。権力基盤を脅かすような激烈な社会的・政治的運動が起こったであろうからである。このことは知的エンパワメントの次の段階または並行して、市民が社会と政治を動かす力を身につけること、つまり社会的・政治的エンパワメントが必要となることを示している。

社会的・政治的エンパワメントは市民自身の主体性においてなされるべきことは言うまでもない。しかし上にも見た水俣に典型的に見られるように公害とか巨大開発とかの被害者は多くの場合、社会的・政治的な力を持っていない。再び水俣の例でいえば、漁協や水俣病患者家庭互助会はチッソが有毒物質を排出していることは初期のころからよく知っており、交渉や抗議行動を繰り返し行ってきた。しかし、それらは知事や市長らによる調停につながりはしたが、生活苦もあり、わずかな補償、見舞い金で妥協せざるをえなかった。むしろ補償によって有毒物質を排出することを漁民や被害者にみとめさせたのだとすら言える。

事態が動き始めたきっかけは1967年の新潟水俣病被害者による提訴である。新潟では患者発生の報道の2か月後には支援組織が立ち上がり（新潟県民主団体水俣病対策会議）、その組織に所属する弁護士の支援の下、裁判が起こされたのだが、そのことが水俣の患者と市民を刺激した。「それが（水俣がそんなときに、）新潟から裁判を出した。熊本の人たちもびっくりしちゃって。自分たちはわずか30万円の見舞金で事件落着に同意したけど新潟が立ち上がったと。我々も考えようじゃないかということで、裁判を提起したのが熊本の第一次訴訟」（新潟水俣病訴訟第一次訴訟患者側弁護士坂東克彦の談話[27]）、患者と接触した千場弁護士が青年法律家協会の弁護士に呼びかけ、水俣病法律問題研究会を作り、研究会が患者から提訴の依頼を受けて、水俣病訴訟弁護団が結成された（水俣病第一次訴訟）。

弁護団は被害者と密接に連携し、周到な戦略と論理で法廷に臨んだ。たとえば汚悪水論である。弁護団は原因物質の特定とそれが水俣病を起こすことの詳細な因果関係の立証を迫るチッソに対して、「工場排水が被害を与えたこと自体が不法行為であり、詳細な因果関連の立証までは必要ない」とする汚悪水論を展開した。第一次訴訟弁護団長の馬奈木昭雄は、工場長を生け簀に魚を入れた船に乗せ、船を工場排水の流れてくる場所に乗り入れると、生け簀魚がたちまち死んでいく様子を見せて、工場排水は毒だ、と迫る漁民の論理を汚悪水論を典型的に示すエピソードとして紹介している（土肥勲嗣[28]）。

熊本地裁は厳密な因果関係が立証されない限り企業の責任は問えないというチッソの主張を退け、「被告は、予見の対象を特定の原因物質の生成のみに限定し、その不可予見性の観点に立って被告には何ら注意義務がなかった、と主張するもののようであるが、このような考え方をおしすすめると、環境が汚染破壊され、住民の生命・健康に危害が及んだ段階で初めてその危険性が実証されるわけであり、それまでは危険性のある廃水の放流も許容されざるを得ず、その必然的結果として、住民の生命・健康を侵害することもやむを得ないこととされ、住民をいわば人体実験に供することにもなるから、明らかに不当といわなければならない」と汚悪水論の論理を採用した（吉村良一[29]）。

また弁護団は被害者の生活の中に裁判を取り込む戦略を取った。被害者の協力を得て、裁判官を被害者の家一軒一軒に連れて行き、直接被害の実態を見せたのである。こんな例がある。熱湯を入れた湯呑を裁判官に持つことができるかどうか試してみるよう促す。裁判官は持つどころか持ち上げることすらできない、ところが患者は平気で持ってみせる。疑いようのない神経障害が起きているのである。またこんな例もある。患者が入浴しようとベッドから風呂場に歩こうとするが家族が介助してもどうしてもできない、二人でベッドサイドで泣き崩れるのを会社の代理人が「もうやめましょう、こんな残酷なことは」と止めた。しかし「こんな残酷なこと」が毎日繰り返されているのであり、裁判官は人間としてこの残酷な事実を受けとめざるをえない。映画『MINAMATA』のモデルとなった写真家ユージン・スミスの撮影した胎児性患者の写真も患者の家族と弁護団が相談した結果、スミスに撮影を依頼したものである（土肥[28]）。被害者は弁護団と一体となって勝訴を勝ち取ったのである。

企業との対決の場は法廷だけではない。世論も重要な対決の場となる。「水俣病患者と水俣病市民会議への無条件かつ徹底的な支援」を目的とした「水俣病を告発する会」が1969年に熊本で結成され、水俣病裁判支援ニュース「告発」という機関紙を通じて全国に水俣病の実態を伝えた。彼らは「金儲けのために人を殺した者は、それ相応のつぐないをせねばならぬ」という「復讐法の倫理」を掲げ、『苦界浄土』を著した石牟礼道子のアイデアにより、被害者の抗議行動に際して黒い「怨」旗や「死民」と書かれたゼッケンを提供した。それは前近代的な、しかしそれだけに強烈に感情に訴えるシンボルであり、社会に水俣で起こっている非道を訴える大きな力があった。熊本発の機関紙『告発』は最高発行部数1万9000部に達し、東京、京都など全国各地に「水俣病を告発する会」が設立され、「共闘した政治的なネットワークとして機能し」た。「告発する会」の戦略は被害者とともに「加害企業や行政との直接交渉によって社会にインパクトを与え、それによって運動への社会的支持を拡大し、その支持を後ろ盾に加害企業や行政を動かそうとするもの」（平井京之介[30]）であり、それは見事に功を奏し、政府もチッソもその非を認め、補償など一連の措置を取らざるをえなくなった。水俣病被害者は水俣においては無視され、抑圧される存在であったが、このように世論に注目されることによって、その被害の惨状が全国に憤激と共感を呼び、被害者にある種の文化資本を与え、それがチッソと国への交渉に際して大きな力となっていったのである。

以上、水俣を例に市民の社会的・政治的な力量構築について述べた。市民がその権利を行使するためには、法律等によって権利を与えられているだけでは十分ではない。社会的・政治的な影響力を持たない人々は権利を行使するための資源を持っていないし、権利があることすら知らない場合が多い。その状況を変えるのは、第一義的には市民自身が社会的・政治的な力量を自らの内に構築することではあるが、その力量を構築するためには法曹、医療、メディア等様々な外部の人々とつながり、支援を受けること、その前段として、つながる道をつける支援が提供されることが必要となる。それは「つながりのエンパワメント」とでも呼ぶべきものであり、それが外部者の関与の根拠の一つであると私は考える。

第5章　科学を統治する市民を育てる

これまで述べてきたように現在の科学技術と社会の関係は「社会の科学化」、「科学の社会化」というべき状況にある。社会の科学化と科学の社会化は密接な関係を持ちながら進行し、科学技術と社会が分かちがたく結びついて「社会－科学複合体」を形成している。トランスサイエンスの領域が拡大しているのである。その中で科学技術が民主的統制を離れ、政治が科学技術やグローバル経済にかかわる諸セクターが生み出すリスクをコントロールできなくなってきている状況、諸セクターが政治のコントロールを離れて半ば自律的に作動するサブ政治化が進行している。「民主主義の目詰まり」である。「民主主義の目詰まり」を解消するために、科学技術は市民との関係性を組みなおし、欠如モデルから対話と関与のモデルへの転換を迫られている。ではこのことが教育へどのような含意を持ち、教育はどのようにこの状況に対応していけばよいのだろうか。

筆者は科学教育（初等中等教育で言えば理科教育）でほとんど等閑視されてきたこの問題に向き合い、むしろこの問題の解決を科学教育の中心的な使命とすることが必要だと考えている。後で述べるように現在の科学教育は、普通教育と言われている義務教育、高校の普通科教育も含め、その中心的使命が科学技術の専門家養成となっており、普通教育は専門家教育のための予備教育となっている。むろん普通教育としての科学教育の理念が存在していないわけではないが、実態的には、普通教育は科学技術の専門家養成に向け、科学技術に適性を持つ候補者を絞り込むプロセス、もっと有り体に言えば理科・数学が得意な生徒を理系に囲い込み、それ以外の生徒を文系に分類して進路を切り分けていくプロセスとなっている。これでは教育が「民主主義の目詰まり」のいわば培養基となっていると言わざるをえない。

この状態を改革し、科学教育を本来の意味での市民教育、具体的に言えば、専門家とともに科学技術の発展の方向性を考え、科学技術政策に関する意思決定を行い、市民自身も政策執行のアクターとなるための教育を科学教育の中核にすえることが必要と筆者は考えている。科学技術の専門家となるための教育あるいは科学技術の専門家への教育（現職教育）はこの市民教育の基礎の上に構築されるべきである。比喩的に言えば現在の教育は科学技術の専門家養成が幹であり、市民教育はそこから分かれていく枝である。この関係を転換し、市民教育を幹とし、専門家教育を枝とするのである。このようなコンセプトの転換は専門家教育にも変容を要求することになる。市民と協働し、市民を支えることを専門家の重要な使命と考える志向性を専門家教育の目的として明示することが求められる。

以上の前提に立って以下では科学教育（主に初等中等教育）の現状と筆者の考える科学教育改革の方向性を考えてみる。なお科学教育は科学技術教育として工学を含める方が本書の趣旨には適当であるが、やや語が長く、技術教育も含めて科学教育と呼ばれることもあるので、ここでは科学教育と呼んでいる。

科学教育の歴史と現在

まず科学教育の明治以降の歴史を簡単に振り返ることから始めてみよう。よく知られているように第二次世界大戦までの政府の政策の眼目は富国強兵である。富国のためにも強兵のためにも欧米から科学技術を移入して近代軍隊と近代産業を立ち上げ、強化するとともに、軍隊と産業を担う科学技術人材を育成することが必要である。それを制度的に担ったのが帝国大学や士官学校であり、それにつながる旧制高等学校、旧制中学校（現在の高等学校）の学校理科である。これらのエリート教育の系統においては、科学教育は軍事と産業に奉仕するという明確な方向づけの下、科学技術の専門家を養成すること及び科学技術に適性のある生徒、学生を選抜し、選抜した学生を教育することが科学教育の主要な機能であったと言ってよい。

一方、小学校の理科は初期には自然科学を学ぶことをその目的とし、その意味で中学校以降のエリート教育との連続性が見られたが、明治中期以降、「理科ハ自然科学ノ各分野ノ初歩ヲ教エルノデワナク、人生ニ緊密ニ関係ガアリ、児童ガ日常目撃スル天然物及ビ現象ニ関スル知識ヲ得サセルコト」（小学校令に規定された理科教育の目的）とあるように日常生活との関連性が重視され、自然科学を教える中学校以上の科学教育と必ずしも整合的とは言えなくなる。これは発達段階への配慮の他、中学校（男子のみ）

への進学率が第二次世界大戦直前の昭和15年の段階でも7％であり、教育内容面での小学校教育との接続が大きな問題ではなかったこと、「『理科教育振興』と『皇国民錬成の徹底』という方針との間のジレンマ」（三石初雄[1]）、つまり理非を超えた超越的権威を認めない自然科学のまなざし（科学的態度）が自然科学の領域を超え出て天皇制国家秩序にも向けられることに対する支配層の危惧など様々な要因が働いていたと思われる。

しかし第二次世界大戦が始まると小学校は国民学校となり、「科学ノ進歩ガ国運ノ興隆ニ貢献スル所以ヲ理会セシメルト共ニ、皇国ノ使命ニ鑑ミ、文化創造ノ任務ヲ自覚セシムベシ」（国民学校令）と富国強兵がストレートに持ち込まれるようになる。

第二次大戦後、教育内容の国家基準が廃され（文部省は学習指導要領は作成したが試案とされ、その採用は自治体に任されていた）、国家の発展に有用な科学技術の専門家を育てるという科学教育の目的は後景に退いた。学習指導要領自体も児童生徒の日常生活への有用性という側面が強調されており、教育現場でも、地域産業や民主主義を支える市民を育成するという科学教育の目的が意識されるようになった。アメリカの進歩主義教育に影響を受け、日常生活や地域社会の改善を目的とした生活単元学習・問題解決学習と呼ばれる理念の下で作成されたカリキュラムが全国の自治体や学校で独自に作成され、実施された。

しかしこれは長くは続かない。市民に有用な理科という視点はよいとしても、それが日常生活や農工業など地域産業に役立つ科学的知識ということに限定的に解釈されてしまうと、理科が関連性の明確でない雑然とした知識の集積になってしまう危険性がある。日常生活や地域の中から問題を見出し、それを解決しようとする過程を通して理科や社会科を学んでいく問題解決学習は、優れた教育的力量を持っている教師が指導すればすばらしい成果を上げるが（戦後教育の金字塔と呼ばれる「やまびこ学校」は教科教育の実践とはみなされていないが、まさにこのような実践だったと私は考えている）、それをすべての教師に期待することは難しい。活動しているだけで満足してしまい、教育が成立していないのではないかという「這いまわる理科」批判が広がった。進歩主義教育が社会主義と近いのではないかと警戒されたという側面もある。教育現場にも保護者にも地域にも戦後教育改革への疑念が芽生えてきたのである。

教育界の外部からも戦後の教育改革への批判が噴出する。朝鮮戦争の特需で息を吹き返した日本の産業は、産業を支える科学者・技術者（工業高校卒業者のような初級技術者を含む）を大量に育成するための教育を求めるようになり、財界（主として日経連）は戦後教育を修正し、科学技術人材を育成する教育を充実することを求める提言を数次にわたり政府に提出した。政府もそれに応え、「戦後わが国の教育は、その改革が急激に行われたため、科学技術教育の面からみて、教員組織・施設・設備等においてはなはだ不備があり、その内容も各学校段階間に関連性を欠き、多くの問題を包蔵しており、進歩した科学技術の要請する科学者・技術者を養成することは、質においても量においても望み難い現状である。このことは諸外国において、膨大な経費を投じ画期的な科学者・技術者の養成計画を樹立し、真剣に科学技術教育の振興をはかっている今日、深く反省されなければならないところである」（1957年中央教育審議会答申[2]）との認識を示し、「数学（算数）・理科および技術に関する教科においては、内容を精選して基本的・原理的事項が系統的にじゅうぶん学習されるようにする」（同答申）と科学技術者養成に結びつく初等中等科学教育の内容の系統化に取り組むことを明示した。以後、指導要領はおおむね10年に一回の間隔で改訂されていくことになるが、科学技術立国に向け、科学技術のフロントを広げていくことができる科学技術の専門家養成のための基礎教育という科学教育の位置づけは変化していない。

過去、高等学校においては理科Ⅰ、理科総合などの市民教育を視野においた科目が行われたことがあり、また現行学習指導要領（2018年告示）の「科学と人間生活」では「これからの科学と人間生活との関わり方について科学的に考察し表現する[3]」ことになっているなど教師の解釈次第で科学と社会のかかわりについて深く追求できる可能性を備えている科目も存在する。中学校の理科にも「科学技術と人間」「自然と人間」という科学技術について扱う単元が存在する。その意味では市民が科学と社会のかかわりを考えるための科学教育という視点が存在していないわけではない。しかし中学校ではこれらの単元は入試に出題されることも少なく、「おまけ」的に扱われることが多い。高校においては物理、化学、生物、地学の名を冠した科目、親学問とでも言うべき学問体系が存在していてその初歩という位置づけになっている科目が本流とみなされており、そうでない科目は「学問的な質が低いと思われ」「それが学校の名声に影響すると思われている」ため履修率は低くなっている（科学技術振興機構[4]）。これらの科目は「理科系科目の苦手な中学生や高校生に理科を教える方策」、「やさしい理科」（松山圭子[5]）と考えられているのである。松山圭子はこの現状を「教える側が〈やさしい科学〉はしょせん〈やさしい科学〉だという程度の意識ならば、STS教育は二流の教育になる」と批判している[5]。（STS教育とは科学・技術・社会の関係を扱う教育をさす）。「市民のための科学教育はどうあるべきか」という問題意識の下に原子力発電所、遺伝子組み換えなどのトランスサイエンス問題に関する意思決定を扱う良質の実践も存在する（たとえば内田隆[6]は原子力発電所を素材とした参加型テクノロジーアセスメントを高校の教室で再現する実践を行っている）が、散発的なものにとどまっており、その影響力は乏しいと言わざるをえない。

このような基調の中にある科学教育においては、科学教育の中で市民教育は二義的なものにならざるをえない。市民の位置づけは科学技術人材をそこからくみ出すプールであり、山頂（優秀な科学技術の専門家）を支える裾野である。小学校から大学へと続く科学教育の経路の中で科学技術の専門家となることがメインゴールであり、非専門家となることはサブゴール、脇道となる。高校で理系、文系の区分けをする学校が多いが、文系は文系科目が得意な生徒の集団（もちろんそのような生徒もいるが）というよりも理科・数学が得意でない生徒の集団、いわば理系を積極的に選択しなかった残余の生徒と考える意識が生徒にも教師にも根強いのは教育のこの構造に由来している。近年の理科・数学エリート校（SSH：スーパーサイエンスハイスクール）への人的・財政的テコ入れ等の理科・数学教育強化政策は端的に言うと高校段階からの理数系英才教育であり、この構造をさらに強化している。

ただ公平を期して言うならば、このような構造に利点がないわけではない。高等教育が初等中等教育の基礎に立つ以上、初等中等教育が科学技術の専門家をリクルートする役割を持っていることは確かである。自然科学という知的営みの持つプロセスの厳密さ、論理の明晰さを追体験することが経済、政治など社会生活の他の領域にも転移可能である（たとえば寺田虎彦の随筆はそのことをよく示している）こと、つまり知的スキルの習熟という意味合いもあるだろう。またなによりも国民すべてが専門家になりうる可能性を与えるという点では教育の機会均等の理念の現実化であることも確かである。すくなくとも中学校以上ではエリートを育て、小学校では体制に従順な民衆を育てるというエリートと民衆を画然と区別した戦前の教育よりははるかに民主的である。科学教育協議会など日本の戦後の民間教育運動が「理科は自然科学を教える教科である」ことにこだわり（徳永好治[7]）、文部省（文科省）の教育政策を差別・選別の教育だとして批判してきたのは、この戦前の愚民化政策の再来を警戒しているからに他ならない。

だがこの章の始めにも述べた「民主主義の目詰まり」を洗い流し、科学技術の生み出すリスクをそのリスクを生み出すセクターの意図にのみ委ねないで（それはしばしば当該セクターの利益を守る方向にゆがめられる）、市民が主体的・民主的にコントロールする、つまり科学技術を統治する（正確に言えば科学技術の専門家と共同して統治するので共治とするべきだが、共治という用語は一般的ではないので統治とする）ためには、このことを主たる目的に据えた市民教育が科学教育の主流となる（mainstreaming）ことが不可欠と私は考える。市民教育の性質上、それはすべての市民にとって必要であり、そして科学技術の専門家もその専門以外の分野においては市民である以上、科学技術の専門化のための基礎教育は市民教育という幹から派出する枝であり、幹はあくまでも市民教育である。

ではこのような教育は具体的にはどんな内容となるのであろうか。次節でこのことを論じてみたいが、その前に上のような主張に読者の皆さんが感じるであろう疑問について筆者なりの回答を述べておきたい。

Q1　科学教育は科学の系統性に沿って基礎（ここでは初歩という意味で使っている）から積み上げる教育ではないのか？　科学の系統性を飛び越えて原子力発電所だとか遺伝子組み換えのような高度な科学技術の生み出すリスクを扱うことなどできるのか？

確かに科学には一定の系統性が存在する。原子・分子の存在を知らずして化学反応を正確に理解することはできないし、原子核を知らずして核反応を理解することはできない。しかし、基礎から積み上げていくことに科学技術の学びを限定するという考え方には大きな難点がある。科学技術と社会の界面において問題が持ち上がってくるのは、リスクの大きさや種類がはっきりしない先端的な科学技術の社会実装の場面であることが多い。科学技術の系統性に沿って、基礎から知識を積みあげていかなければならないとしたら、先端まで達するには膨大な時間を必要とする。ほとんどの市民にとってそんなことは不可能であって意思決定は専門家に丸投げするほかなくなる。それは民主主義社会にとって明らかに不適切な意思決定である。そうだとすればここでは発想の転換が必要となるだろう。市民にとって必要なのは個別的知識というよりも総合的判断力であり、自分たちが意思決定の主体であるという自覚と主体性であると考えるのである。基礎から積み上げる学習、科学知のはしごを上っていく学習は依然として重要ではあるが、その意義は変化する。既存の知識体系を内化すること自体を目的とするわけではなく、科学技術にかかわる意思決定に必要になるから基礎を学習するのである。

そこでは教育の意義も変容している。ある事柄について「どれほど知っているか」ではなく、その事柄について意思決定するためには「何を学ばなければならないかを知っている」、そして「学んだことを意思決定にどう活用するか考える」ことの方が重要となる。そしてこのような意味を持つ教育を行おうと思えば、それは初歩から高等へ、易から難へと続く知のはしごを昇る学習を補助輪としながらも、むしろ科学技術と社会の界面に生じる具体的な問題（トランスサイエンス問題）を対象とし、問題についての意思決定を行う行為の中に知識習得が埋め込まれるという形の教育になるであろう。知識は意思決定に先立って一般的な知識として学ばれるのではなく、ある具体的な問題についての意思決定に必要な資源として意思決定の文脈の中で選択され、学習されていく。使うことによって知識を学ぶのである。

これはスポーツの試合とそのスポーツに必要なスキルとの関係を考えればわかりやすいかもしれない。探究活動が盛んなある高校の教師が探究をバスケットにたとえていた。バスケットにはドリブルやパスが要素として含まれている。それらの要素的スキルをしっかり練習することによってバスケットが上達するというのが普通の考え方である。探究活動を始めた当初はこの考え方に立ち、探究に必要なスキル、アンケートの仕方とかインタビューの方法とかを探究活動に先立って学ばせていたが、いざ探究活動を行うとそれらのスキルが活用できていない、そこで考え方を変え、いきなり探究活動を行わせ、多数回の探究を回すこと、つまりバスケットでいえば試合をたくさん行うことによって探究活動の成果が上がるようになったというのである。スキルは探究の中で学んでいく。「探究から基礎に降りていく学び」が成立しているのである。同じことが、科学技術と社会の界面に生じる具体的な問題を学ぶ際にも言える。意思決定を行う経験の文脈の中でその決定の基礎となる知識が学ばれていくのである。このような学習の形態であっても基礎的知識を学ぶことができる、むしろいわゆる生きた知識（活用できる知識）となることは前章で取り上げた三島や吉野川第十堰、あるいは原子力発電所立地や福島第一原子力発電所の事故後の市民による放射線とその健康影響についての学習といった事例がよく示している。

むろん、上にも述べたように知のはしごを昇る学習を否定するわけではない。学習は基礎から昇っていく学習だけではなく、社会の現実に学び、その現実を理解するために基礎を学ぶという基礎に降りていく学びもまたありうるのであり、市民教育の意味から考えれば、今後は後者の学びを重視すべきであると言いたいのである。この「基礎に降りていく学び」については後ほどもっと詳しく取り上げることにする。

Q２　市民教育という側面が強調されすぎれば、科学者・技術者を育てることがおろそかになるのではないか。科学教育の重点を市民教育に振り向けることが科学者・技術者の養成に悪影響を与え、結果として科学技術の質の低下、ひいては国際競争力の低下と日本の貧困化を招いてしまうのではないか?

まず現実問題として、科学教育が科学技術の進歩を担う科学技術者の養成を重要な任務の一つとすることは確かである。市民教育を第一義とする科学教育改革であっても、この機能を損なうことは当の市民の賛同を得られないであろう。

結論から言うならば、科学技術と社会の界面に発生する問題（トランスサイエンス問題）を科学教育の主要な対象として取り込み、それについて市民が意思決定することを重要な科学リテラシーと考える科学教育、市民教育を第一義とし、将来の科学者・技術者のための基礎教育をそこから派生するオプションと位置づける科学教育が、将来の科学者・技術者の養成にとってむしろプラスの影響を与えるであろうと筆者は考える。その理由は２つある。

(1) 知識爆発の加速

現代社会の顕著な特徴は知識の爆発的な成長である。科学技術・学術政策研究所の推計によれば、自然科学に限定しても2018年の世界の論文数は160万件であり、その数は年々増えている[8]。知識は生産され、加工され、流通され、商品化されて社会を変容させていく。わかりやすい例はスマートフォン（スマホ）やSNSのテクノロジーであろう。ロシア・ウクライナ戦争では市民個人がスマホで撮影した動画がSNSを通じて世界中に配信され、ロシアによる無差別攻撃の実態を即時に明らかにし、ロシアの情報統制を食い破っている。チュニジア、リビア、エジプトなどの独裁政権が倒れる端緒（アラブの春）を作ったのもスマホとSNSである。

知識爆発に対応するためにはどのような教育が必要であり、どのような試みがなされているのだろうか。大学の専門教育の事例になり、市民教育の話題からは外れてしまうが、わかりやすい例なので、医学教育に見てみよう。医師は医学の急速な進歩に対応し、生涯にわたって絶え間なく知識を更新していかなければならず、その基盤となる中核的な知識と知識更新を支える人格特性である主体的な学びの姿勢を医学部の教育で培う必要がある。

しかし医学教育の具体的な場面を考えてみるとこの2つは簡単に両立できるものではない。講義形式の授業は多くの知識を短時間で系統的に教授することはできるが、学生の主体的な学びを呼び起こすのは難しい。一方、主体的な学びを促すようなグループワークやケーススタディでは知識を漏れなく網羅的に扱うことは難しい。

講義ではしっかりと基礎知識を教え、主体的な学びは臨床実習等の実習系授業でその知識を実地に応用することにより育成する、つまり役割分担するという形も考えられ、実際、伝統的な医学教育はこのような形で行われてきたが、このような方法では医療現場での問題解決能力を育てることは難しいと考えられるようになってきた。高校のもっとも優秀な層が医学部に進学してくるはずなのに、学生は教えられた知識を医療現場で活用できず、講義で教えたはずの知識でも容易に剥落してしまうという実態があるからだ。

これは日本だけの問題ではなく、世界的な課題であるわけだが、この課題に対応するためカナダのマクマスター大学で開発され、日本を含め世界中の医学部で採用されている教育手法がPBL（Problem Based Learning）である。PBLは「現実の臨床場面を描写した症例シナリオを少人数グループ（学生6〜7名）で討論し、患者の問題を解決するために必要な知識、考え方を学生自らが見出し、自己学習することによって医学を習得していく」（小田康友・増子貞彦[9]）という形の教育である。PBLは基礎知識と実践を分離するのではなく、医療実践（学生が医療実践を本当に行うわけではないが、取り上げられるのは実際の症例であり、そこで考慮に入れるべきことには患者の生活の質や医療倫理も含まれてくる）の文脈の中に知識を位置づけることによって、実践に活用できる生きた知識を身につけさせようとする試みである。

これはかなり大胆な試みのように見える。PBLの授業では、通常の授業のように学生の学ぶべき知識を教師が選んでおき、それを順序だてて学ぶわけではない。取り上げられる症例の診断・治療の方針は学生が個人で、そしてグループで考察していき、その考察の過程のなかで必要な知識を獲得していく。

時間もかかるし、取り上げることのできる症例の数は限られている、考察の過程は学生によって異なるので、どのような知識を獲得するかを教師がコントロールすることは講義に比べて難しくなる。これは教える側にとってはかなり不安なことではある。しかし、それにもかかわらずPBLが広く世界の大学で行われているのは教える側の不安を打ち消すに足るだけの成果が上げられているためであろう。私はPBLに対し、「医学知識をバランスよく教えられるのか、偏りが生まれてしまうのではないか」と疑問を持ち、自分の勤務していた三重大学の医学部のPBL導入の責任者に問うてみたことがある。回答は明快であった。

「医学部の教授陣にもそういう懸念はあった。強い反対意見も示された。現在でも反対意見がなくなったわけではない。しかし、医学を大学で全部教えることはもうできないというのは医学部関係者の共通認識であり、学生が、常に進歩していく医学を自分の力で身につけられるように育てていくことは、個別の医学知識を獲得するよりも重要である。医学教育もそのような方向で変わってゆかなければならないのであって、その方向性そのものには選択の余地がない。」

「医師の身につけるべき知識・スキルは膨大であり、しかも進歩が急速であるため、卒業前教育で十分な水準に達するのは不可能である。必要最低水準の知識・スキルをすべてカリキュラム内で扱うのも不可能。大量の知識を浴びせかけるような講義一辺倒の教育では、結局、知識・スキルは身につかない。国家試験対策でその場しのぎの勉強しかやってこない学生は考える力が身につかず、最悪の医師になってしまう。発想を転換し、学生の興味関心により、多少の知識の凸凹ができても、自ら考え、学習していく力を身につけさせることに教育の重点を置くべきである。」

実際の効果としても「系統的に臨床医学の知識を講義するよりも学生の動機づけは大幅に高まり、知識の定着も良くなった」、「講義型の授業では、底辺の学生のレベルが非常に低くなるのに対して、PBLではグループディスカッションがあるため、学生は勉強せざるをえず、底上げになっている。ただし伸びる学生は非常に伸びるため、学生間の差はむしろ大きくなってしまった」というのである。

ここから言えることは、多くの医学知識か主体的に学ぶ姿勢かという二者択一の問いを立てるのは適切なことではなかったということである。実践に対して有用で必要に応じて絶えず更新されていく「生きた知識」は、医療実践の文脈、つまり、病気が診断され、治療され、患者の生活の質が改善されていく文脈、そしてそれを医療者が協働して実現していく文脈という、医師にとって知識の意味を切実に感じ取ることができる文脈の中でこそより確実に習得されうる。一見すると効率的な知識教授の時間を奪ってしまうかに見えるPBLが実は主体的な学びを通して知識を、医学部卒業後も医学の進歩に追いついていく学びへの構えを、そして知識を更新する方法を獲得する場になっているのである。

長々と医学教育のことを述べてきたのは、医師という医学を背景とした学問的専門職の教育と同様のことが市民教育の枠組みの中での将来の科学者・技術者の教育に対しても言えるのではないかと考えるからである。逆説的に思えるかもしれないが、医学部PBLにみられるように、急激に知識が増大する知識爆発に対応するためには、初期教育の段階においてたくさんの知識を得ることの重要性はむしろ低くなる。状況に応じて知識を更新する学びへの構えを持つこと、その更新の方法を知っていること、つまり「いかに学ぶかを知ること」、「学び続けることを知ること」、「より深く知ることが必要なときに知ること」、「他者とともに学ぶことを知ること」、「知識を問題解決の資源として使うこと」が重要になる

(Glen Aikenhead他[10])のであって、これは医師だけではなくて科学者・技術者一般の教育にも言えることであろう。その際、重要になるのが科学技術を使用する文脈である。

将来の医師が医療実践の文脈の中で効果的に学べるように、トランスサイエンス問題は科学技術を学ぶ上での有用で豊饒な文脈を提供してくれるのではないか。

たとえば水俣病など公害について考える際には、汚染源からの汚染物質はどのように環境中に拡散していくのか、それが生態系にどのように影響を与え、人間にどう跳ね返ってくるのか、被害を受けるのは誰なのか、どうすれば汚染や被害を極小化できるのか(できたのか)、法や倫理の側面も含め、問題を扱うことが必要となる。多様な観点から現象を吟味し、まだよくわかっていないこともあることを承知の上で公的な意思決定(どんな規制をするのか、誰を被害者として認定するのか、汚染者の責任をどう問うていくのか)をしていかなければならない。従来の科学教育の常識からすればこのような問題を扱うことは、複雑すぎて整理しにくく、混乱をもたらす危険があると考えられるだろう。基礎的知識の十分な習得後に取り組むべき課題と考えるのが普通だと思われる。しかしこのような科学技術が現実と切り結ぶ文脈であるからこそ、そこに真正性を感じることができ、学びの意味が切実さを持ってたちあらわれて来る。トランスサイエンス問題を科学教育の中に持ち込むことは、一見、将来の科学者・技術者の教育にとっては余分な要素を持ち込むことのように見えるかもしれないが、科学教育にこのような真正性、学びへの切実感を持ち込むこと、それを動因として主体的な学びの姿勢を獲得していくことが期待できると考える。また医療実践の文脈の中で医学生が医師の仕事の何たるかを知りうるように、科学者・技術者の仕事の実相を知るよすがともなりうる、つまり将来の科学者・技術者のためのキャリア教育ともなりうるであろう。

(2)「何のための科学技術なのか」という問い

科学技術は何のためにあり、科学者・技術者のミッションは何だろうか?

このことについては、科学技術が一つの独立した社会的営為として認識され、科学者・技術者という職業が成立して以来、無数の論考があり、無数の議論がある。ここではその内容自体には立ち入らない。しかし「科学はその応用にあたって、個人、社会、環境、人体の健康に有害となりうるもので、人類の存続さえ危うくする恐れがあること、そして科学の貢献は平和と発展、世界の安全という大義にとって不可欠なものであることを考慮し」、「科学研究の遂行と、その研究によって生じる知識の利用は、貧困の軽減などの人類の福祉を常に目的とし、人間の尊厳と諸権利、そして世界環境を尊重するものであり、しかも今日の世代と未来の世代に対する責任を十分に考慮するものでなければならない」(世界科学会議で採択された「科学と科学的知識の利用に関する世界宣言[11]」)、「事業の倫理的、人道的、科学的、社会的又は生態学的な価値について自由に、かつ、公然と意見を表明すること。科学技術の発展が人類の福祉、尊厳及び人権を損なう場合又は『軍民両用』に当たる場合には、科学研究者は、良心に従って当該事業から身を引く権利を有し、並びにこれらの懸念について自由に意見を表明し、及び報告する権利及び責任を有する」(ユネスコが採択した「科学研究者の責任及び権利に関する勧告[12]」)が示すように、少なくとも科学者・技術者共同体内部においては、科学技術のミッションは人類全体の福利の向上であること、科学技術の発展が人類の福利を損なう場合があり、その場合、科学者・技術者は自律的にその可能性を判断し、行動する責任と権利を持つことが合意されつつあることは確かだろう。

科学技術の発展と人類の福利が一致すると判断される場合（たとえば難病に対する治療法の発見）には、科学者・技術者はその職務の意義について疑問を持つことなく邁進できる。

この2つの間に矛盾が起きるときこそ、科学者・技術者の姿勢が問われる。これは決して科学技術の指導層だけの問題ではない。一人一人の科学者・技術者がこの矛盾に向き合い、自らの問題として自律的に判断し、行動することが求められる。

しかし、科学者・技術者はその所属組織を取り巻く政治経済構造や権力関係に、現実には大きな影響を受けている。その影響は組織や自己の利害に都合の良い方向に判断・行動をゆがめる方向に働きやすい。たとえば「このプロジェクトを進めるか否かは上の人の判断であって自分はそれに従うまでだ」、「いま私のしていることは、一部の人には不利益を与えてしまうかもしれないが、社会全体を考えれば、正しいことだ」と判断の責任を上位者や組織にゆだねて判断の責任を回避したり、科学技術の負の側面を合理化するといったことである。

極端な事例を出すならば、第2章「科学の社会化」で言及したフリッツ・ハーバーは毒ガス開発について、「戦争をこれによって早く終結することができれば、無数の人命を救うことができる」と毒ガス開発を合理化していたし、[13] 原爆など破壊力の大きな兵器が開発されるたびに同様の言説が繰り返されている。もちろん個別の科学者・技術者に組織や政治経済システムの持っている責任を転嫁させろと言っているわけではない。それはむしろ個人の倫理にシステムの責任を還元してしまい、責任の矮小化につながるだろう。しかしだからといって個々の科学者・技術者に責任がないわけではない。その責任は行為の責任（何をなすべきか）でもあるが、まずは「認識の責任」（状況から何を読み取るべきか、そこから何を考えるべきか）として立ち現れてくる。自己の携わる仕事の意味を、その仕事が生み出す利潤とか研究成果というような組織（企業、学会、大学等）の基準にもっぱら依拠して判断するのではなく、自分の仕事が何を世の中にもたらすのか、それによって悲惨な思いをする人はいないのかといった広い視野、長期の視野で考える責任である。自己の所属する国家や組織の利益を公益とみなすことを自動的に行わず、その利益とひきかえに不利益を被る可能性のある人々や地域や自然の存在を慮る責任である。「何のための科学か」ということを自己利益の合理化という欺瞞性をはぎとって問い続け、考え続ける責任、内面化する責任である。

そのような「認識の責任」への自覚は一般的・抽象的な「科学者・技術者の責任」の議論からは生まれにくいだろう。水俣とか福島第一原子力発電所とか出生前診断と障害者差別の問題とか個別具体的なトランスサイエンス問題の経緯を知ること、とりわけその問題にかかわった人々の苦悩や悲しみ、問題を乗り越えようとする努力、言うならば「人々の物語」を知ることが「認識の責任」につながると私は考える。その物語を知ることが、それを通じて、切実で学習者の内面に根付いた「認識の責任」への自覚を喚起し、「何のための科学か」という問いを内面化する効果的な経験となると考えるからである。それは科学者・技術者にとって科学技術の内容を学ぶことと同等の重要性を持つ、むしろ科学者・技術者への志を固める段階では内容以上の重要性を持つと筆者は考える。トランスサイエンス問題を科学教育の主要な対象として取り込む根拠の一つがそこにあるのである。

次からは、科学教育（主として初等中等教育）におけるトランスサイエンス問題の扱いについての筆者の考えを述べていく。

教科書はなぜ退屈か

中学校や高校の理科の教科書を覚えておられるだろうか。理科の教科書を面白いと思った記憶のある方は少ないのではないだろうか。高校で理科を長く教えてきた私もそうである。教科書の重要性を理解しているつもりではあるが、およそ読んで面白いものではない。

その理由はおそらく2つある。一つは教科書に書いてあることを知ることの意味がわからないことである。生物の教科書には細胞分裂の際の染色体のふるまいが事細かに記されている。それに目を輝かせる生徒もなくはないと思うが、「それが何？」と多くの生徒は思っているであろう。「学校の勉強とはそんなもんさ、いちいち意味なんか考えておられん」と割り切っている生徒もいるだろう。実は染色体のふるまいは遺伝病とその診断、育種、出生前診断といった社会的にも大きな意味を持つ文脈の中で研究され、解明され、応用されてきたのだが、そのような文脈は教科書にはほとんど記されていない。

文脈は物語といってもいいだろう。社会が何を問題とし、人々（科学者、医師、市民、政治家）がその問題にどのようにかかわったのかという物語は学ぶことの意味を与える。それがないと、染色体の物理的ふるまいに興味を持つ生徒（あまり多くはない）を除く多くの生徒に対して、なぜこの内容を学ぶのかという「学びの意味」がほとんど伝わらないのである。しかし、ここではもう一つの理由に焦点を当ててみよう。

教科書が面白くないと思うもう一つの理由は、いま述べた文脈の問題とも関連するのだが、科学が確立された疑問の余地のない知識体系として扱われていることである。「研究によって絶えず知識が更新される」、「研究者の中でも見解が対立し、論争が行われる」、「科学技術が社会変動を引き起こし、社会変動が科学技術に影響を与える」といった科学技術のもっともエキサイティングな部分がほとんど扱われていないのである。新しい発見、新しい技術的達成、科学者間で行われている学説論争、原子力発電所や遺伝子診断のような社会的・倫理的な論争といったダイナミックに変化する側面は、コラムとして扱われることがあるが、本文にはほとんど出てこない。

ここで教科書を取り上げたのは、教科書を批判するためではない。理解しやすく興味深い教科書とするために著者・編集者が注ぎこむ膨大な労力には敬意をはらっているし、限られたスペースにてんこ盛りに知識を盛り込まなければならない教科書には限界が存在している。そもそも教科書は一つの資料であって授業を興味深いものにするかどうかは教師の腕だということも承知している。教科書を取り上げたのは、教科書が、私自身も含めて科学教育に携わる教育者・研究者の持っている前提、「確立された知識体系」として科学を扱うことをわかりやすく表現したメディアだからである。この節ではこのことのはらむ問題点とその対極、学校教育の中で「未確立の知識体系として科学を扱う」ことの可能性について考えてみたい。

ただしあらかじめ断っておくが、「確立された知識体系として科学を扱う」ことが良くないと主張したいわけではない。原子論で三態変化（固体、液体、気体の変化）を説明したり、慣性の法則で物体の運動を説明したりといったことについて原子論や慣性の法則をいちいち疑ってみる必要はない。原子論や慣性の法則を不動の前提として扱うことになんら問題はない。しかし、本書の主たる対象であるトランスサイエンス問題についてまで「確立した知識体系として科学を扱う」立場を教育に適用することには問題があると私は考えているのである。

「硬い」科学観・科学者観の変革――『ゴジラ』と『シン・ゴジラ』

『ゴジラ』は日本の代表的なSF映画であり、世界的にもキングコングと並ぶ二大スターである。ゴジラは科学技術と社会の関係を考える上でも興味深い。ゴジラが登場した第一作では古生物学者の山根博士が権威者として登場し、政府の顧問としてゴジラについての議論をリードする。そして戦車も戦闘機も歯が立たないゴジラを、芹沢博士が開発したオキシジェン・デストロイヤーが海中深く葬る。

『ゴジラ』第一作と対照的に、『シン・ゴジラ』において内閣の会議に召集された科学者たちは要領を得ない一般論を延々と述べるだけで総理に愛想をつかされる。不毛な会議で時間を費消している間にゴジラは進化していき、第四形態に進化したゴジラに対しては自衛隊の攻撃は全く無効で東京中心部が焼き払われ、総理をはじめとする内閣中枢もゴジラの攻撃により壊滅する。国連はゴジラへの核攻撃を決断する。事態を打開したのは内閣官房副長官が指揮する巨大不明生物特設災害対策本部（巨災対）である。霞が関のはぐれもの、学界の異端児が結集したプロジェクトチームである巨災対はゴジラ細胞研究者の牧教授の遺した解析表を分析し、血液凝固剤注入作戦を立案・実行する。ゴジラは凍結されるがそれは暫定的なものであり、破壊神としてのゴジラの脅威は去ったわけではない。むしろ何かいっそう禍禍しいものの出現を示唆して映画は終わる。

『ゴジラ』第一作と『シン・ゴジラ』はその構造として既存の戦力では対応できない緊急事態を「機械仕掛けの神」のように降臨する科学者たちが解決することでは共通しているが、科学に対して与える印象は大きく異なっている。『ゴジラ』第一作においては科学や科学者が政治や軍事から独立し、その専門知識によって政治や軍事を〝正しい方向〟に導き、危機を解決する権威として扱われている。山根博士は映画の最後に――原水爆実験が続く限り、ふたたびゴジラは現れるだろう――と予言はするが、東京を破壊したゴジラは科学技術（オキシジェン・デストロイヤー）により滅ぼされるのであり、危機は去る。一方、『シン・ゴジラ』においてはゴジラは凍結されただけであり、科学技術（血液凝固剤）による解決は暫定的で怪獣退治のカタルシスは存在しない。不安と禍禍しいものの気配が色濃く残ったままである。

この二作の違いはゴジラが象徴する原子力に対する社会の評価の違いを反映していると思われる。『ゴジラ』第一作はビキニ環礁で行われていた水爆実験とそれによる日本漁船の被害を背景としており、反原水爆のメッセージを含んではいるが、同時に「科学技術が作り上げたリスクは科学技術によりコントロールできる」というメッセージも感じられる。『シン・ゴジラ』は、科学技術がつくりだしたものでありながら、科学技術によりコントロールできない原子力リスクへの不安を背景としており、冷温停止はしたものの大量の放射性物質を地下水に放出し続け、内部状態がほとんどわかっていない未知の領域にとどまり続けている福島第一原子力発電所の現状の寓意である。

原子力に対する社会の見方はこの二極、すなわち、

①原子炉のふるまいとそれがもたらすリスクはこれまでの研究によっておおむね解明されており、リスク対処の方策も確立されている。高度な知識を駆使する科学技術者に管理をまかせることによって原子力リスクはコントロール可能であるという楽観

②科学技術者の専門知識は高度であっても限定された不完全なものであり、原子力という神の火を所詮コントロールできないのではないか、いつかさらに大きな破局がもたらされるのではないかという悲観

の二極を揺れ動きながら、数多の原子力災害の経験を経て徐々に後者に接近してきたといえるだろう。原子力リスクに対するこの二様の考え方はどちらかが決定的に正しくてどちらかが決定的に誤っているというわけではない。おそらく原子力の歴史が終わってみないとわからない決定不能な問題である（もっとも原子力の歴史が終わっても膨大な核廃棄物は残るが……）。

しかし学校において原子力を扱う場合には、前者の側に圧倒的に比重が置かれてきた。それには、学校教育を通して国民を原子力受容へと啓蒙したい経済産業省や電力会社の思惑の影響があることはもち

ろんだが、ここで指摘したいのは、前者の考え方の基調であり、学校における科学教育の根本ともなっている「硬い科学観」（藤垣裕子[14]）、つまり「科学はいつでも厳密で正しい答えをもたらす」科学観の変革の必要性である。藤垣は次のように述べている。「現在の公共的意思決定の特性は、科学者でさえ、答えを出せないところで意思決定しなくてはならないことである。このような特徴を考慮すると、テクノクラティックモデルが基礎とする『硬い』科学モデル、つまりいつでも確実で厳密な答えが出せるという科学モデルには、問題があることが示唆される」。トランスサイエンス問題はまさにこのような公共的意思決定の問題である。意思決定に直接かかわる人々は、当該問題にかかわる科学技術情報が暫定的なもの、研究の進展や問題を取り巻く条件によって変わりうるものであり、「正しい」指示を自動的に与えてくれるものではないことを十分承知の上で決断しなくてはならない。そして決断が暫定的な情報に依拠していること、したがって事態の推移に伴って変わりうるものであり、時に決定を翻すこともありうることを明示する必要がある。

意思決定に影響を受ける側、つまり市民の側にも上記のような意思決定の特性を受容する科学技術観、藤垣の言う「『硬い科学』モデル」になぞらえて言えば「『やわらかい科学』モデル」が必要とされる。民主制においては公共的意思決定は市民の支持に依存するからである。

では以上のことを踏まえて、トランスサイエンス問題を学校教育で扱う際の内容や手法について私の考え方を述べてみたい。

科学技術へのクライアントシップ

私は『自然と共同体に開かれた学び』（荻原彰[15]）という本の中で次のように述べたことがある。「安倍首相は2014年9月22日のコロンビア大学での演説で、原子力発電所の再稼働について『100％の安全が確保されない限り行わない』と述べている。安倍首相自身が原子力発電所の安全性について専門的判断を行えるわけではないので、これも首相自身が何度も述べているように、原子力規制委員会に『100％安全かそうでないか』の判断をゆだねているわけだが（もちろん100％安全という答えしか期待していない）、ここには科学者・技術者がこの問いに答えることができるという前提がある。ゴジラやモスラの例とはずいぶん違うように見えるかもしれないが、根っこは同じ、つまり科学技術とか科学者・技術者を、『ゴジラを倒す兵器』とか『100％安全』というボタンを押し、研究費という料金を投入すると、期待する答えが転がり出てくる自動販売機のように考えているのである。」

安倍氏が特別だったわけではない。科学技術の専門家を自販機のようにとらえるこの態度は市民の間に広く見られ、コロナ禍を経てむしろ強まっているように思える。

このような態度は信頼とは言えないだろう。役に立つ答えが得られる間はひたすらありがたがるが、答えが得られなかったり、意に沿う答えが得られなかったり、時間がかかったりすれば容易にいらだちへ、そして不信へと変質する。これは決して健全な態度とは言えない。前の章で専門家と市民の関係性が抱えている問題、その問題を解決していくために専門家と科学技術システムが変わる必要があることを述べたが、市民の側も上記のような盲従と不信の連鎖をもたらす自販機的科学技術観を改める必要がある。では市民の科学技術観はどうあるべきであろうか。

私は、専門家の知見を適切に評価し利用する責任は科学技術の専門家の側に第一義的に存在するが、我々市民の側にもあるとする科学技術観が適正であると考えており、その責任を「科学技術へのクライアントシップ」と呼びたい。クライアントとは顧客を意味する。トランスサイエンス問題の場合、顧客は市民社会であり、科学技術の専門家は市民社会の要請に応えて問題解決のための知見を提供する。クライアントシップとは科学技術やその専門家に対する顧客としての市民の側の責任である。

科学技術の専門家の社会に対する責任については論じられることが多いが、市民の側の責任について論じられることはあまりない。そのためこのような概念について違和感を感じる方が多いかもしれない。しかし科学技術社会論の人々が積み重ねてきた議論の多くは、あたかも大人と幼児の関係のようなパターナリスティックな専門家と市民の関係性への批判であることを考えていただきたい。幼児は火や水の危険を知らない。だから大人の側には、幼児を見守り、危険な行為を制止したり、危険なものを取り上げたりする責任が発生する。これは大人が一方的に責任を負う片務的な関係である。これまで再三述べてきたように、トランスサイエンス問題にかかわる社会の意思決定は最終的には市民が行うべきものであり、その責任も市民の側にある。したがって市民と科学技術あるいは科学技術の専門家との関係は幼児と大人のような片務的な関係であってはならないことは当然である。責任を分有することは当然ではないだろうか。

　では「科学技術へのクライアントシップ」として具体的にはどのような内容が考えられるだろうか。この点を次に考えてみたい。

　テレビのある番組で、主婦目線で意見することをアピールポイントにしている女性芸人が、新型コロナについて
――専門家の話はごちゃごちゃしていてわからない。行政や各個人がどうすれば新型コロナを防ぐことができるのか、短くわかりやすく教えてほしい。

といらだちをあらわにしながら専門家を批判しているのを目にしたことがある。収束したかと思えばまた蔓延するといういたちごっこの状況の中でのことである。別の番組では、元政治家のタレントが
――専門家によって言うことが違うのでは、誰の言うことを信じればいいのかわからない。誰かが責任を持って専門家の意見をとりまとめるべきだ。

と発言していた。

　もっともな議論に聞こえるが、このような議論には大きな陥穽がある。たしかに日常生活の中で、あるいは政治家や組織のリーダーが結論の前にあれこれと前提をあげたり、「わからない」「かもしれない」として判断を保留したりすれば「わけのわからない人」、「リーダーシップのない人」、「自分の言葉に責任を取りたくない人」とみなされてしまうだろう。また人によって言うことが違ったり（部長はAと言い、課長はBと言う）、方針が短い期間で二転三転すれば組織は混乱する。

　しかし科学技術の世界では様相が異なる。たとえばウイルスの感染性を調べる研究で、実験条件（つ

まり論文の前提）を詳細に記述していない論文が学術雑誌に投稿されても、それが掲載されることはありえない。追試してその研究の正確さを確かめることができないからである。また実験結果から一定の推論・議論はできても、研究結果から直接的に言えることから大きく踏み出した議論はできない。空理空論とみなされるからである。つまり科学技術の世界では前提を詳細に述べること、研究結果から言えないことは（言いたくてもあえて）言わないことが専門家（研究者）の誠実さを示し、このような規範を守ることで専門家の信頼性が確保される。専門家が自らの世界で誠実であるためには、長々と前提を並べ立て、言えないことは「わからない」と答えるしかないのである。

また研究現場においては、わからないこと、専門家の見解が一致していないことを研究している（そうでなければ研究の最低条件である新規性がないことになる）のだから、そもそも見解の一致はよっぽど基礎的なこと（たとえばマスクが新型コロナの感染予防に有効だということ、しかしこれさえエビデンスがないとした専門家も新型コロナ蔓延初期には存在していた）でなければ期待できない。見解を一致させようと学会や権威者が調整するなどということは不可能であるし、無理やり行おうとすれば、メンデル遺伝学を政府が否定し、遺伝学の研究が大きく立ち遅れることになったソ連の過ちを繰り返すことになる。科学技術が進歩していくためには、自由に仮説を立て、検証し、他者の研究を批判的に検討することが不可欠である。科学技術は自由な相互批判によって栄え、権威と秘密主義の下で衰える。

「多くの誤謬の中に真理が点在している」[16]というのが研究の実態だが、実験や観測という検証手段を活用した相互批判がエラー修正機構として機能し、誤りを正していく。多数の研究者によって検証され、合意された概念は信頼性が高く、後代の研究者がその上に立ってさらに研究を進めていく強固な基盤となる。逆説的だが「権威を信用するな」という科学技術のあり方が科学技術を権威たらしめているのであって、「人によって言うことが違う」ことが正常な姿である。藤垣裕子は、福島第一原子力発電所事故の際に混乱を恐れて「学者集団の密室のなかでは意見が違っていても、学者集団の外へ見解がでていくときは『公式見解』でなくてはならないという考え方」[14]にこだわり、研究者の意見の多様性を市民に伝えようとしなかった学術会議上層部の姿勢を批判しているが、見解が多様であることは科学技術の強みであって欠点ではない。むしろ意見の違いを率直に公開することが専門家の責任であろう。

見解が変化していくことも同様に考えることができる。専門家はそれぞれに自己の信じる仮説をもとに研究を進めていくが、対立する別の仮説の方に確からしさを感じれば、そちらに乗り換えてしまうということは当然ありうる。いわゆるパラダイム転換はその顕著な例である。「君子豹変」もまた科学技術の正常な姿である。

日常世界と科学技術の世界の認識のギャップを埋めるために、専門家に「わかりやすく単純に解説しろ」、「人によって違うことを言うな」、「見解をくるくる変えるな」ということを要求するのは、むしろ専門家やそれに依拠する行政・政治の柔軟な対応を妨げたり、専門家の意見に依拠していることを「専門家のお墨付き」として政治家や官僚の責任を覆い隠す盾として使われたり、盲従の対極として極端な不信（反科学技術）に走る人が出てくるなど世の中をミスリーディングしてしまう危険がある。

ここは専門家ではなく市民が歩み寄るべきであろう。上記のような科学技術の特性（可変性、学説の多様性、前提の厳密性）を認識し、このような特性があるがゆえに科学技術は漸近的に真理に接近し、またより有用でリスクの少ない技術を達成することができると考えるべきである。「だから専門家は信頼できない」と考えるのではなく「だから専門家は信頼できる」と考えるのである。手放しで信用するのではなく、かといって不信に陥るわけでもない、一言でいえば「節度ある信頼」である。それが結局は専門家・政治家・官僚の誠実な対応を引き出すことにつながる。

ではこの「節度ある信頼」という態度を市民が獲得するために教育に何ができるのだろうか。伊勢田哲治は科学を次のように定義している。

以下の所与の制約条件の下で、もっとも信頼できる手法を用いて情報を生産するような集団的知的営み

（a）その探求の目的に由来する制約

（b）その研究対象について現在利用可能な研究手法に由来する制約[17]

科学は「もっとも信頼できる手法」を使って情報を生産しているのだから、知識（情報）生産システムとしてもっとも信頼できる。このことは前提として押さえておかなければならない。民間療法や宗教の言説とは異なるのである（民間療法が間違っていて科学が正しいという意味ではない。知識を確定する手法が異なるのである）。

しかし科学は上記のような一定の制約の下で行われている営みである。間違わないわけではないし、意見が一つにまとまるとも限らない。

私はこのような制約面も含めて科学が知識生産システムとして持っている特性（これには科学技術と

社会の関係も含まれる）を市民が知ることが「節度ある信頼」を築く基盤となると考えるのである。具体的には次の事項を学校教育（具体的には中等教育、主に高等学校教育ということになるだろう）の中で扱うべきと考える。

(a) 可変性・可謬性

科学技術は絶えず変化しており、その結論は暫定的である。新しい事実が発見されたり、新しいモデルや新しい技術の登場によって変革されていく。これは科学技術の専門家が誤ることもありうるということでもあるが、常に進歩の余地があるということでもある。

(b) 多様性・累積的進歩・真理への漸近性

専門家の意見、特に科学技術の先端で活動している専門家の意見（学説）は多様である。しかし実験や観測に立脚した相互批判という妥当性の判定手段があるため、それによって検証された学説が生き残っていく。技術の場合は事故が「検証」となることも多い。生き残った妥当性が高い意見（学説）が基盤となって科学技術は次のステージへ進んでいくことができる（累積的進歩）。したがって意見（学説）の多様性は、科学技術が真理や技術的成功へと漸近的に接近していくことを可能にする資源となっている。

（c）前提の厳密性・前提による議論の拘束

科学技術の立論には厳密な前提条件があり、その範囲内では成立するが、その条件に当てはまらない場合は成立するかどうかは不可知である。したがってある学説なり技術なりをもとにして議論を行う際にはその学説や技術の前提条件が成立しているかどうかを合意した上で議論する必要がある。その合意がない議論は不毛である。

（d）公開性・選択肢の提示・あいまいさの許容

多様性と可変性という科学技術の特性を踏まえれば、科学技術の専門家を政策や市民の行動に対して当為（〇〇すべき）とか「正しい結論」とかを示す存在とみなすべきではない。専門家に対して統一された公式見解を発信することを求めるのではなく、厳しい意見の対立も含めすべてを公にすること、様々な選択肢、医療にたとえればセカンドオピニオンも含めて市民が吟味できるよう積極的に説明することを求めることが専門家に対する市民の権利であり責任である。そして「幅のある助言をして、あとは国民に選択してもらう」[14]のが専門家の責任である。

政策や個人の行動の選択肢が複数あることに伴うあいまいさ（許容できる放射線量をどの値に設定すべきか、感染症の蔓延を防ぐために個人の行動はどこまで制限されるべきかなど）は、それを縮減しようとすると当該問題の本質を見失う類のあいまいさであり、市民やメディア（市民と専門家をつなぐ媒体となる）は、わかりやすさを求めて「危険か安全か」、「どちらの選択肢が良いのか」というような性急な答えを求めるべきではない。このようなあいまいさは専門家の誠実さのあらわれとしてとらえるべきである。

(e) エンパワメント・責任・自己決定・自己信頼

市民は専門家に対して、複数の選択肢とその選択肢に伴う利益、危険、不確実性を明確にするよう求め、示される選択肢を比較考量した上で、最終的な意思決定は個々の市民が行う。現実の政策決定は専門家・利害関係者・官僚・政治家の閉じたサークルの中で力を持つセクターの主導で行われるべきではなく、個々の市民の意思決定とその集積が政策に極力反映されること、その実現に向けて市民をエンパワメントする教育が必要である。

このことは市民に責任への自覚を求めることを意味する。

市民は問題を自分（たち）自身の問題として引き受け、自分（たち）のことは自分（たち）で決めるべきであり、決定について自分（たち）でその責任を引き受けることができるという覚悟と自己信頼を持つことが必要である。このことを実現するために、市民は専門的言明の持つ有効性と限界を理解し、専門家が負うことのできない責任を要求しない。いわば専門家とその知（科学知）という適切に利用しさえすればきわめて有効に機能してくれる資源を節度を持って利用することが要求される。そしてこのような基本的態度を基盤にして専門家との相互信頼を築くことが、目標とすべき市民と専門家との関係性であり、トランスサイエンス問題を扱う教育はこの目標に向けて構築されるべきである。

クライアントシップへの道

一見してわかるようにこれらの知識（認識）は「科学技術の知識」というよりも「科学技術についての知識」である。科学の知識体系に内在するものではなく、科学という営為を外側から見たときに見て取れる特性、つまりメタ科学である。理科教育の用語でいえばNature of Scienceと呼ばれている。学問の分野でいえば自然科学ではなく科学哲学とか科学論、科学技術社会論にあたる。

私は、これらの知識（認識）は学校教育で扱うべきと考えるが、現在（というよりも理科が学校で教えられるようになって以来）の理科教育の内容・手法とは必ずしも整合的ではないことは認めざるをえない。

学校における理科教育の基本は「確立された科学」を教えることにある。学習指導要領に則って、易から難、単純から複雑へと科学的知識は系統的に教授され、知識相互に矛盾はない。最終的に大学入試につながる科学知のはしごを児童生徒は上っていくのである。

科学知の獲得は、典型的には教師からの課題の提示、実験・観察による課題の探究、考察とまとめ（課題の解決）、振り返りといった流れで行われる。「地震」単元のように模擬実験によらざるをえない単元もあり、実際には（特に高校では）講義による知識教授が多いのだが。

とはいえこの流れは理科の授業が踏むべき型であることを多くの（おそらくほとんどの）理科教師は

意識している。実際、公開される研究授業の多くはこの形式をとっている。この形式の授業は児童生徒をいわば「小さな科学者」とみなし、科学者の行う科学実践（研究実践）を模擬的に行うものであるといってよいだろう。ただし科学者の行う科学実践とは決定的に異なる点がある。「失敗」しないことである。「失敗」（教科書に記載されている理論に反する結果になる）にならないよう、教師側の設定する条件の中で行われる実践であり、大概の場合、「成功」する（教科書に記載されている理論通りになる）。たまに「失敗」することもあるが、その場合、児童生徒も教師も正しい結果を導けなかった理由を考え、反省する。正しいのはあくまで教科書に記載されている科学的事実であり、科学理論であり、正解は決まっている。理科教育はこのような枠組みの中で行われるのである。こう書くと批判がましく聞こえるかもしれないが、そうではない。理科の授業で「探究」を行ったとして、もしも正解にたどり着けなかった探究をそのままにしておくと間違った知識（たとえば気体の膨張を気体分子の熱運動の速度が大きくなることによってではなく気体分子の大きさ自体が大きくなるとして説明してしまう）が定着してしまうことになりかねない。正解が一意に決まり、知識相互に矛盾のない系統的知識を提供することはやはり必要で、そのために明治以来無数の理科教師がそのための教育実践を積み重ね、そこから現在の理科教材や教授法が編み上げられてきた。現在の方法はそれなりの合理性を持っているのである。

しかし、このような教授方法が上に上げた5つの事項を扱うにはあまり適当でないことはたしかだろう。

正直言ってうまく整合させるよい手法を思いついているわけではないが、3つばかり提案してみたい。

①トランスサイエンス問題から基礎へと降りていく

②科学技術にかかわる言説の進化史を学ぶ
③トランスサイエンス問題への自律的意思決定の基盤をつくる
節を改め、また③については量が多くなるので章を改めて、これらについて述べていくことにしよう。

トランスサイエンス問題から基礎へと降りていく学び

川勝博は「旧来は科学の体系的学習は、学問の体系に従って基礎を学ぶことが多い。これは学問の構造上、今でも大切である。」と基礎から積み上げていく学習の必要性を認めた上で、「基本は基礎から応用へと学ぶ。しかし応用から基礎に遡る逆過程の学習も併用する。現実の問題や生活や政策的な議論から入って、その謎を深めながら基礎まで遡る。[18]」と基礎へ降りていく学びの併用、「双方向の学習」を主張しているが、私も同様に考えている。理科教育で扱われてきた伝統的な内容（たとえば振り子、てこ、ばね、金属の性質、呼吸、岩石と鉱物等々）については、その内容の持つ社会的意義（学校教育で取り上げる価値）を問い直していく必要はあるものの、前節で触れた「教師からの課題の提示、実験・観察による課題の探究、考察とまとめ（課題の解決）、振り返り」という理科の伝統的プロセスで基礎からつみ上げる学習、「基礎からの学び」に適していると思われる。

一方でトランスサイエンス問題については「現実の問題や生活や政策的な議論から入って、その謎を深めながら基礎まで遡る」学び、つまり「基礎に降りていく学び」が適している。このことは本章の「科学教育の歴史と現在」の節ですでに次のように述べてはいるが、再度確認しておきたい。

意思決定を行う経験の文脈の中でその決定の基礎となる知識が学ばれていくのである。このような学習の形態であっても基礎的知識を学ぶことができる、むしろいわゆる生きた知識（活用できる知識）となる。

たとえば水俣病など公害について考える際には、汚染源からの汚染物質はどのように環境中に拡散していくのか、それが生態系にどのように影響を与え、人間にどう跳ね返ってくるのか、被害を受けるのは誰なのか、どうすれば汚染や被害を極小化できるのか（できたのか）、法や倫理の側面も含め、問題を扱うことが必要となる。多様な観点から現象を吟味し、まだよくわかっていないこともあることを承知の上で公的な意思決定（どんな規制をするのか、誰を被害者として認定するのか、汚染者の責任をどう問うていくのか）をしていかなければならない。従来の科学教育の常識からすればこのような問題を扱うことは、複雑すぎて整理しにくく、混乱をもたらす危険があると考えられるだろう。基礎的知識の十分な習得後に取り組むべき課題と考えるのが普通だと思われる。しかしこのような科学技術が現実と切り結ぶ文脈であるからこそ、そこに真正性を感じることができ、学びの意味が切実さを持ってたちあらわれて来る。トランスサイエンス問題を科学教育の中に持ち込むことは、一見、将来の科学者・技術者の教育にとっては余分な要素を持ち込むことのように見えるかもしれないが、科学教育にこのような真正性、学びへの切実感を持ち込むこと、それを動因として主体的な学びの姿勢を獲得していくことが期待できると考える。

ただし川勝の言う「基礎」はおそらく基礎科学のことを指しているので、上に引用した、私の言う「基礎」とは意味が少し異なっている。トランスサイエンス問題を理解するための基礎は自然科学には限定されない。たとえば公害等環境汚染問題の解決のためには汚染の自然科学的理解だけでは不十分で、外部不経済等の社会科学の概念が必要となる。地球温暖化など地球問題の場合には条約など国家間の関係を調整するしくみについての理解が必要となる。理解が必要な概念や理論の範囲はそれぞれの問題によって異なるのである。

連動している問題もある。たとえば生物多様性の減少という問題はそれのみで完結しているわけではない。地球温暖化や砂漠化といった他の地球環境問題と連動しており、それらの問題についての認識も必要となる。ある問題の文脈を理解することは多くの場合流動的で学際的なことであり他の文脈（問題）と必然的につながっていくのである。

一つの問題についてみても一般にトランスサイエンス問題へは様々なアプローチができるので、たとえば地球温暖化を防ぐ方策について温室効果ガス削減の技術（工学）に焦点をあてるのか、排出量取引など社会のしくみに焦点をあてるのかということによって教材や教育方法は異なってくる。地域によってもどの問題のどこに焦点をあてるかということは異なってくる。

このように取り上げる問題が多様であり、問題へのアプローチも多様であるので、「基礎に降りていく学び」の「基礎」も多様となる。学習指導要領のように、「この学年（高校の場合はこの科目）でこの内容を学習する」という割り付けは難しいので、トランスサイエンス問題を題材とした「基礎に降りていく学び」は地域ごと、学校ごと、極端に言えば教育実践ごとに異なった内容にならざるをえないだろう。これは市民の共通教養の育成を使命とする初等中等教育段階の教育の内容として不適切ではないかという疑念を招くかもしれない。一般に○○問題を教育で扱おうとするときに付きまとう問題である。学校教育ではそんなことよりも、どんな問題にも適用できる基礎をしっかり行った方がよいのではないかという考えにも説得力がある。

もちろん教育内容を大幅に増やしてカバーできる範囲を広くすればどの地域のどの学校でも扱う共通の内容（共通教養）を設定することはできる。日本学術会議が行った「持続可能な民主的社会」を構築するために万人が共有してほしい科学技術の智を検討し成文化することを目的とした「科学技術の智」[19]というプロジェクトは、まさにこのように教育内容を大幅に拡張して工学や社会科学（この中には科学論や科学哲学も入っている）も含めた教育内容を提言する試みである。しかし、これは内容を盛り込みすぎていて、「万人が共有」することは正直難しい。学校教育は科学技術だけでなく、競合する様々な社会からの要求にこたえて教育内容を設定しており、教育内容を大幅に増やすことによって共通教養を確保するという方略はあまり現実的ではない。

では「基礎に降りていく学び」については、トランスサイエンス問題を題材とし、問題を探究する過程の中で基礎概念や理論を学んでいくということ以外に共通性が存在しないかといえばそうではない。対象とする題材（問題）と学習の過程で獲得する概念や理論は地域や学校ごとに異なっていても、トランスサイエンス問題である以上、前節で述べた「科学が知識生産システムとして持っている特性」(可変性・可謬性、多様性・累積的進歩・真理への漸近性、前提の厳密性・前提による議論の拘束、公開性・選択肢の提示・あいまいさの許容、エンパワメント・責任・自己決定・自己信頼)は多かれ少なかれ共通している。したがって扱うトランスサイエンス問題が地域や学校ごとに異なっていても、これらの特性を明示的に取り上げ、5つすべてをカバーすることをもって共通教養とすることが考えられる。ただし問題によって上記の特性には濃淡があるので、5つすべてをカバーするためには複数の問題をとりあげることが必要となるかもしれない。

話がかなり抽象的になってしまったので、具体例を2つ見てみよう。まず地球温暖化問題である。温室効果ガスの二酸化炭素が温暖化をもたらすしくみについては研究者の間で疑いなく合意されているが、海への吸収や自然由来の変化の温暖化への寄与、温暖化の影響(海面上昇や生態系への影響等)といった事柄については多様な見解が存在する。そこでIPCC(気候変動に関する政府間パネル)においては1000人以上の執筆者が関連する科学論文(査読付き論文に限られる)を読み解き報告書原案を作成する。原案は各国政府を通じて世界中の科学者による査読が行われる。原案は一章につき20ページほど(全体としては800ページほど)だが、その20ページの一章に対して「通常20頁ほどの原案に800〜1000のコメントが寄せられるが、その一つ一つに論拠を持った対応をし、必要ならば意見を取り入れる。各質問にどう判断して、拒否あるいは修正したかは、記録にきちんと残される。その対応が正しくなされたか否かを執筆者と独立にチェックするために、査読編集者(Review Editor)がおかれている」(西岡秀三)[20]。こうしたレビュープロセスの中から、より妥当であると多くの専門家が認めるその時点での科学的理解が確定し、科学者間の暫定的な合意となるのである。しかし双方ともに一定の根拠を持つ対立見解がある場合には、両見解が記され、断定はされず、今後の研究に待つことになる。温度上昇の幅に応じた複数のシナリオが作成されるが、これらは政策提言ではない。「特定の政策に関する提案は行わないものの、政策に関連する情報提供を行い、政策的に中立（policy-relevant and policy-neutral）であることを前提としている」[21]。実際には政府の政策担当者も最終的なレビューに加わっているので、ＩＰＣＣの報告書が完全に「政策的中立」といえるかどうかは若干疑問な点があるが、専門家が政策を提示するのではなく、政策の前提となる知見を提示するというスタンスはＩＰＣＣの発足以来変わっていない。

　気候変動を考える場合、ＩＰＣＣの報告書は必ず触れる必要があると思われるが、その結論だけでなく、有力な異論としてどのような異論があり、その異論にどのように対応されたのかといったプロセスの一部やＩＰＣＣの上記のスタンスを知ることは「可変性・可謬性、多様性・累積的進歩・真理への漸近性、公開性・選択肢の提示・あいまいさの許容」といった「科学が知識生産システムとして持っている特性」を認識することにつながるだろう。

　自然災害、たとえば津波災害はどうであろうか。「釜石の奇跡」という言葉がある。東北地方太平洋沖地震（東日本大震災）の際、釜石東中学校の生徒は地震後直ちに高所にある避難所への避難を開始した。隣の鵜住居《うのすまい》小学校では3階など校舎内の避難行動（3階への避難）をとっていたが、中学生の避難を見た教員の指示で中学生に続き避難した。中学生たちは途中で合流した園児の避難を手伝いながら駆け続け、避難所に指定されていた福祉施設へ到達した。中学生たちは施設の裏手で起こっていたがけ崩れ、背後の住宅地に達した津波が起こしていた土煙を見てさらなる避難を提案し、小学生、園児とともに高台にたどり着いた。結果的に津波は福祉施設にも到達し、間一髪で全員が無事避難できたのである（鳥谷部茂[22]）。この中学生たちの行動を指して「釜石の奇跡」と呼んでいる（「奇跡」という言い方には異論もあるが、かなり定着した呼称なのでここでは「奇跡」と呼んでおく）。この奇跡は災害研究者の指導の下、中学校で行われていた、3つの原則「想定を信じるな、最善をつくせ、率先避難者たれ[22]」を徹底させる教育によるものと言われている。このうち「想定を信じるな」ということについて指導に当たった研究者（群馬大学片田敏孝教授）はこのように述べている。

端的に言えば、「ハザードマップを信じるな」ということである。最初にハザードマップを子どもたちに見せると、自分の家や学校が浸水域にかかっているかどうかによって一喜一憂するのが聞こえてきた。私は子どもたちに、「君はこのハザードマップを見て、『学校が浸水域の外にあるから安心だ』と言っていたが、相手は自然なのだから、この次の津波はこの通りに来るとは限らない。そう考えると、仮に学校が浸水域から外れていたとしても、大丈夫と考えるのは危険ではないか？だから、想定にとらわれてハザードマップを完全に信じてはいけないんだ」と説明した。子どもたちに自らが想定にとらわれていることを自認させること、そして、相手は自然であり、時として、人間の勝手な想定にとどまるものではないことを理解させたかったからだ[23]。

釜石東中学校は津波ハザードマップの浸水想定区域外であり、それを信じればそもそも避難をしなくてもよいことになり、これを信じ込んで避難しなかったとすれば生徒たちのほとんどは亡くなっていたであろう。ではハザードマップには意味はなかったのかと言えばそうではない。東北地方太平洋沖地震前のハザードマップにおいては1896（明治29）年の明治三陸津波及び1933（昭和8）年の昭和三陸津波という、科学的記録が残されている限りでの最大級の津波が想定されていた。過去に起こった最大級の津波をもとにしているということはその規模の津波であれば確実に浸水する区域が明示されているということであり、ハザードマップはその区域内の人々に避難を促す効果がある。しかしこのことは裏を返せばそれ以上の地震には対応していないということでもある。中学校が津波ハザードマップの浸水想定区域外にあるということにはそのような含意がある。このことが理解されていれば、大きな地震が起こったとき、各人が、あるいは集団がとるべき最善の行動はハザードマップにとらわれず、高所へ逃げること。そして自分（たち）が逃げることによって他の人々を避難へとまきこむことであるということになる。自然災害による人的被害を最小限に抑えるにはこのような意味での科学理解、つまり科学により提示される情報をその前提も含めて理解し、前提を超えた場合も想定して主体的に意思決定・行動する（「最善をつくす」）ことが必要になる。

一方で、津波災害を避けるための防潮堤についてはこのような理解は浸透していなかった。岩手県宮古市田老地区には総延長2433メートル、海面高さ10メートルの「万里の長城」と言われるほどの長大な防潮堤が整備されていた。しかしこの防潮堤は津波を防ぎきるように設計されたものではない。明治三陸津波の最大津波高は15メートルであり、同規模の津波なら確実に防潮堤を超えてくる。実際、田老町では2003年の防災便りの中で、当時の町長が「現在の防潮堤は津波に遭遇した経験はない。『逃げる間の時間稼ぎ』くらいに思っておかないと、現状を過信したあまりに逃げ遅れ、被災することになりかねない」という趣旨の警鐘を鳴らしていたという（河北新報[24]）。ところが多くの住民は防潮堤の巨大さに安心し、地震後も避難行動を起こさず、多数の犠牲（181人）が出てしまった。市民が防潮堤の効果の前提を理解し、それを踏まえて判断し、行動を起こしていればこれほど多数の死者が出ることはなかっただろう。ここには地球温暖化問題とは少し力点が異なる市民と科学の関係性のモデルがある。この問題は「前提の厳密性・前提による議論の拘束、エンパワメント・責任・自己決定・自己信頼」といった項目を扱うことに適していると考えられる。地球温暖化と自然災害（津波）の例を出したが、このようにいくつかのトランスサイエンス問題を「科学が知識生産システムとして持っている特性」を扱うことに焦点化しながら、基礎に降りていく学びの形で扱うことを、基礎から積み上げていく学びと並ぶ市民教育の柱とすることが私の提案である。

少し話が多岐にわたってしまったので、あらためてこの節をふりかえってみよう。

学校での科学技術の学びはそのほとんどが「基礎から積み上げていく学び」である。それに適した領域はあるものの、トランスサイエンス問題については「現実の問題や生活や政策的な議論から入って、その謎を深めながら基礎まで遡る」学び、つまり「基礎に降りていく学び」が適している。ただしこの場合の「基礎」というのは自然科学に限定されず、問題によっては社会科学的な概念も含まれる。トランスサイエンス問題の性格を反映し、学びは流動的で学際的なものとなり、他の文脈と必然的につながっていく。

「基礎に降りていく学び」においては共通の教育内容を設定することは難しい。しかしこれは共通教養を否定するわけではない。「科学が知識生産システムとして持っている特性」（可変性・可謬性、多様性・累積的進歩・真理への漸近性、前提の厳密性・前提による議論の拘束、公開性・選択肢の提示・あいまいさの許容、エンパワメント・責任・自己決定・自己信頼）を明示的に取り上げ、これらの特性すべてをカバーすることをもって共通教養とすることが考えられる。ただし問題によって上記の特性には濃淡があるので、複数の問題をとりあげることが必要となるかもしれない。

言説の進化史

再三述べているように学校の科学教育の基本は「確立された科学」を教えることにある。典型的なのは実験場面である。実験の結果、どのような現象が起こるかを教師は知っており、児童生徒も大体わかっている。予想された結果が出ない、たとえばばねの伸びが力に比例しなかったり、染色した細胞の中に棒状の染色体が観察できなければ実験は「失敗」である。因果は明快で、予想される実験結果にならないような影響を与える要素は極力排除される。このこと自体は学習者に混乱を与えないような配慮であり、合理的なものであるが、トランスサイエンス問題に当てはめることができないことは明らかであろう。トランスサイエンス問題の場合はそもそも学校理科で提示されるような統一された科学的知見が確立されておらず、専門家の見解が多様であることが多い。BSE（狂牛病）に対するイギリスの初期対応の失敗が示すように、専門家の多くが合意したことであっても誤っている場合もある。科学の結論は暫定的で新しい有力な知見が出てくればひっくり返ってしまうのである。

さらにそれを意思決定に利用する場合には、価値観や有期性の問題が絡んでくる。原子力災害の生起確率とそれがもたらす損害についての認識が全く同じ人が二人いたとしても、そのリスクを受け入れられないものと考えるのか、許容できると考えるのかは判断する人の価値観によって異なってくる可能性がある。また藤垣裕子の言うように「公共的意思決定の特性は、科学者でさえ、答えを出せないところで意思決定しなくてはならないこと」[14]であり、専門家の中で答えが収束するのを待たずに意思決定を行わなければならない場合も多い（意思決定の有期性：意思決定に期限があること）。

このような問題は教育の場でどう扱えばよいのだろうか。私はトランスサイエンス問題をめぐる言説の進化史に注目することが一つの方法であると考える。ここで言う言説とは科学そのものではなく、科学的知見（典型的には論文）とそれを政策に翻訳したもの、科学政策複合体とでもいうべきものである。たとえば「新型コロナウイルス感染症は飛沫感染する」が科学的知見であり、それを政策に翻訳したものが「公共交通機関でのマスクの着用を義務づける」である。また進化とは正しい方向に変化していくという意味ではなく、特定の言説が発生し、他の言説との競争を経て変化し、主流化したり、消滅したりという変化のプロセスをさす。

近年の、というよりも、いまだ進行中のトランスサイエンス問題である新型コロナウイルス感染症に例をとってみる。ワクチンの複数回接種、PCR検査、国民の予防行動によって感染は深刻な状況から脱し落ち着きつつあるが、最初の感染爆発以降、「新型コロナの蔓延を防ぐために何が有効なのか」「政府は何をすべきか（すべきだったか）」、「専門家の助言は適切なのか（適切だったのか）」、「専門家と政府の関係は適切か（適切だったか）」、といったことについて様々な言説が生産された。たとえば学校の休校についての政府発信の言説を見てみよう。

2020年2月27日の安倍首相の要請で始まった全国一斉休校は最長で約3か月に及んだ。安倍首相は新型コロナウイルス感染症対策本部会議で「感染の流行を早期に終息させるためには、患者クラスターが次のクラスターを生み出すことを防止することが極めて重要であり、徹底した対策を講じるべきと考えております」「各地域において、子どもたちへの感染拡大を防止する努力がなされていますが、ここ1、2週間が極めて重要な時期であります」[25]と述べ、一斉休校を要請した。また翌々日の29日の記者会見で休校要請の理由について「これから1、2週間が、急速な拡大に進むか、終息できるかの瀬戸際となる。こうした専門家の皆さんの意見を踏まえれば、今からの2週間程度、国内の感染拡大を防止するため、あらゆる手を尽くすべきである。そのように判断いたしました」と発言している。[26]感染拡大を抑え込むことができるかどうかという臨界期が来ており、感染クラスター発生を抑止する効果的手法が全国一斉休校であるという首相の考えが読み取れる。

首相判断を受けた2月28日の荻生田文科大臣の会見でも「今、この状況の中でですね、今までは感染ルートが一定程度把握ができる発症者でしたけれど、もはやそういった、なぜその地域から発生したのかが分からない感染患者さんが、罹患される方が見えてきました。万が一、今は誰一人発症者がいない自治体であっても、学校の中から、お子様が、こういう事態が起これば、一瞬にしてクラスター化をするという危険を考えるとですね、これはもう直ちに対応することのほうが先だということで、各自治体の通達の時間、すなわち今日の一日を残して、昨日の総理の発表ということになりました」とクラスター発生の抑止のために一斉休校が必要であるとの論理が展開されている[27]。

しかし実際には文科省は大臣も含め、保護者が働けなくなる家庭がある、昼食を食べられなくなる児童生徒が生じる、保護者が仕事を休まざるをえなくなり、保護者への経済対策が必要となるといった理由で全国一斉休校には慎重な姿勢であった。この時点で文科省の本音と建前に乖離が生じていたことがわかっている（松本一紗[28]）。

さらに3月に入って、全国一斉休校というドラスチックな手法は専門家の議を経ていないものであることが国会答弁を通じて明らかになり[29]、政府の見解の正当性に疑念が生じる（この場合の正当性というのは正しいという意味ではなく、科学的知見に裏付けられた政治的決定であるという意味である）。

4月16日の専門家会議において、文科省は「文部科学省は、各地域において感染が拡大していることから、5月6日までの間、学校を一斉休業することが望ましいという専門家会議の見解を踏まえ、『新型コロナウイルス感染症に対応した臨時休業の実施に関するガイドライン』等を活用し、これに向けた取り組みを進めることとする」という「基本的対処方針修正意見」を提出するが、会議ではそのようなことを決めてはいないという異論、「もう二度と学校の一斉休業はやらないという意欲でやっていかなければいけないことで、ただ、閉めなければいけない学校が出てくる。この地域だけ、この地域限定、この権限でというふうに閉めなければいけない」のように一斉休校に真っ向から反対する意見が出された。それに直面した西村担当大臣は「学校がクラスターになっているわけではありませんけれども」と認めた上で「率直に申し上げて文科大臣との話の中では、あるところは開いて、あるところは開かないというのが、要はあそこの学校は開いてずっと勉強しているのに、この地域は学校が開かずに、家にずっといる。それより、むしろやるのであれば全校を一斉に休校にするのも一つの考えだということの話もあって」と、科学的根拠ではなく、地域ごとに対応が異なることが問題だという弁明を行っている[30]。この時点で保育園での感染が数件確認されており、また当然ではあるが、そもそも接触しなければ感染は起こらないので、科学的根拠が全く失われたわけではないにせよ、科学的知見にもとづいた判断というよりも行政の公平性の確保という論理が前面に出ていることがわかる。

新型コロナ流行抑止への学校閉鎖の有効性については早い時期から多くの研究が行われ、それらをまとめて系統的レビューを行った論文（2020年4月）では、休校が他の感染予防措置と比べて効果は少なく、死亡者の減少は2〜4％にとどまることが指摘されている（Viner RM他）[31]。休校により子どもを養育している医療従事者が就業困難となると、医療資源が失われ、死亡者をむしろ増加させてしまう可能性すら、やはり2020年4月の論文で指摘されている（Bayham J, Fenichel EP）[32]。上述の文科省の憂慮にもあるように、休校が与える社会的インパクトがきわめて大きく、子どもの心身に与える影響も大きいことは自明であることを考えると、4月以降も休校を継続する科学的根拠は失われていったと考えざるをえない。

5月末以降、学校は段階的に再開していった。それ以後、変異株への置き換わりによりウイルスの感染能力はむしろ高まってきたにもかかわらず、国や都道府県レベルの一斉休校は行われなくなった。それどころか文科省は地域一斉休校に対しても「地域一斉の臨時休業については、学びの保障や子供たちの心身への影響、また、子供を持つ医療従事者が仕事を休まざるを得なくなることなどの観点も考慮する必要があると考えます。そのため、真に必要な場合に限定し、慎重に判断すべきと考えます」[33]と慎重な姿勢に転換した。

この会見では、学びの保障や子どもたちの心身への影響、子どもを持つ医療従事者が仕事を休まざるをえなくなることがその理由としてあげられている。しかしこれらは当初から懸念されていたことであり、だからこそ文科省事務方も大臣も一斉休校には反対であったと伝えられている。政策がほぼ真逆に転換していったことの説明にはなっていないのである。

上に述べたように文科省が姑息とさえいえるような方法で休校を正当化しようとしていたことから考えると、全国一斉休校については首相判断を擁護し、首相の面子をつぶさないように配慮しながらも、バトンが文科省に返ってくると、実質的に首相が発した言説をくつがえし、もともとの方針であった慎重対処に回帰したのであろうと思われる。もちろんこの背景には、上述のような医学研究の知見の登場とそれを論拠とした一斉休校批判、専門家会議の議論、休校がもたらした学習の遅れなどの社会的インパクトの克明な報道といった逆風があったことは間違いない。

一斉休校は新型コロナとそれに対する政策対応という巨大な問題の一側面に過ぎないが、それでも国の政策にかかわる言説がこのように変遷してきていることは読み取れるだろう。

なおこの事例は言説の変化する直近の事例として取り上げているのであって、教育の場でこの事例を取り上げることを主張したいわけではない。また念のため言い添えると、私は２０２０年2月27日の安倍首相の全国一斉休校要請を批判するつもりはない。日本医師会は、26日に地域ぐるみの休校や春休みの一部前倒しの措置の検討を提言しており、同じく26日、北海道では公立小中学校の休校措置を決めている。専門家会議の議を経ていないにせよ、この機をとらえて学校経由のクラスター発生を抑え込み、国民の危機意識を喚起して流行拡大を抑止するという判断はありうる。実際2月の国会演説で首相は「きわめて切迫した時間的制約の中で、最後は政治が全責任を持って判断すべきものと考えた」と強調していた。[29] しかしその後の政府の対応は評価できない。明らかに首相への忖度がみられ、4月以降の漫然とした休校延長につながっている。

トランスサイエンス問題を教育の場で取り上げる場合、原子力発電所にしろ気候変動にしろ現段階での科学的知見と社会状況、政策が提示され、意見の分かれる問題は両論併記で「現段階ではこんな対立意見があります」と示されることが多い。しかしこのような手法は問題を静態的なものに見せてしまうのではないかと私は考える。科学的知見が更新され、それに応じて政策が変化することや、多様な政策オプションの中から特定のものを選んでいく政治の責任といったトランスサイエンス問題のダイナミズムに目がいかなくなる弊害があると思うのである。たとえるなら動画の一場面をスクリーンショットで切り取ると、どのようなストーリー展開の中にその場面があるのかということに気が回らなくなってしまうということである。

上の新型コロナの事例でもわかるように、実際には、問題にかかわる言説は、他の言説との相互作用や言説の根拠となる科学的知見の更新、社会情勢の変化の影響を受けて変容し、主流化（政策化）したり消滅したりする、いわば進化的なふるまいをするものである。

また言説を政策化する場合、主要な科学的知見（たとえば権威ある学術誌に掲載された査読付き論文）に全く反するような政策をとることは困難という意味で、取りうる政策選択の幅を科学が提供することはできるが、政策選択そのものは、政治がある時点で、限られた時間の中で、科学的知見、社会の状況、ときには党派や指導者の政治的立場をあれこれ考えを巡らせながら、その責任において行い、その正当化を行う言説を発信するのである。このような実態をフォローしないとトランスサイエンス問題を真に理解したことにはならない。

以上のことから、あるトランスサイエンス問題を教育の場で取り上げる手法として、冒頭に述べた「言説の進化史」を提案したい。現在の時点に視点を固定するのではなく、すでに廃棄されてしまった言説も含め、あるトランスサイエンス問題について誰がどのような言説を発信したのか、論争等の言説間の相互作用はどのように行われたのか、科学的知見の更新や社会状況の変化によって新たに生まれたり消えていったりした言説は何か、政策化された言説は何かということを整理し、なぜその言説を政治が選択したのかを考えるのである。ある時点での政策選択を、その時点で政治家や行政官が知りえた情報をもとに仮想的に行い、その結果社会がどう変わるのか考えるところまで行ければさらによい。そのような経験は政策（意思決定）の有期性と科学の暫定性を意識するきっかけになるだろう。

ある程度後知恵が入ってしまうことは避けられないが、このようなことを通じて科学技術と政治、科学技術と社会の関係を動態的なものとして理解できると私は考えている。

第6章　トランスサイエンス問題への自律的意思決定の基盤をつくる

前章でトランスサイエンス問題について「市民は問題を自分（たち）自身の問題として引き受け、自分（たち）のことは自分（たち）で決めるべきであり、決定について自分（たち）でその責任を引き受けることができるという覚悟と自己信頼を持つことが必要である」と述べた。これはトランスサイエンス問題への社会の対応は専門家や行政（政治）の決定に委ねるのではなく、個々の市民の意思決定の集積として行われること、したがって市民のための教育基盤を増強し、市民の意思決定の質を高める努力、トランスサイエンス問題への自律的意思決定の基盤をつくる努力が絶えず行われなければならないことを前提としている。ここではそのために必要な教育の諸要素について考えていきたい。

科学への留保付きの信頼

前章の「科学技術へのクライアントシップ」で科学論の専門家が「科学はいろいろな限界はありなが

らも、我々が持っている情報生産システムとしては最良のものである」と述べていたことを記した。科学は間違うこともあり、宇宙の膨張が加速していることが発見された後の宇宙論のように研究者に共有される自然像が突如として変化することもある。科学は絶えず書き換えられており、科学は変わっていく。しかし、では科学が信頼できないかというとそうではない。これも前章で述べたように「実験や観測に立脚した相互批判という妥当性の判定手段があるため、それによって検証された学説が生き残っていく。技術の場合は事故が『検証』となることも多い。生き残った妥当性が高い意見（学説）が基盤となって科学技術は次のステージへ進んでいくことができる（累積的進歩）」のであって、これこそが科学の強みである。科学の持つ知識生産のしくみ（科学の手法）と知識の品質管理システムはおそらく人類の作り上げてきたものの中でもっとも信頼できるものの一つであり、その品質管理を経て獲得されてきた知見は少なくとも当面の対応への足場とするに足るものである。以上のような科学への信頼は市民が科学に対してとるべき態度としておさえておくべきものだろう。

いささか素朴な科学信頼論と思われるかもしれないが、この意味での科学のしくみへの信頼を失えば、常温核融合であるとか予知能力であるとかいった科学の品質管理を経ていない偽科学あるいは「予防注射はチップを埋め込むことによって人々を支配する手段である」といった無根拠なフェイクにむしろ無防備になってしまうことになり、悲惨な結果を招きかねない。

しかし以上に述べた科学への信頼は科学というシステムへの信頼であって個々の科学者あるいは審議会とか学会のような組織の示す見解の受容とストレートにむすびつくものではない。そこには一定の留保というか抑制的態度が同時に必要となる。これまでの日本の科学教育ではこの部分はほぼ扱っていないが、無条件な信頼はそれが裏切られたときに極端な不信を招きかねない。健全な信頼は留保付きの信頼であり、科学に対する態度として以下に示す留保の部分を扱うことも今後の科学教育の中で考えていくべきであろう。

(1) 政治と科学——不適切な一体化は起こっていないか

イギリスのビジネス・イノベーション・技能省は2010年に「政府への科学的助言に関する原則」を公表しており、その中で科学的助言を行う科学者と政府の関係を次のように述べている。「助言者は、広範な要因に基づいて意思決定を下すという政府の民主主義的な任務を尊重し、科学は政府が政策策定の際に考慮すべき根拠の一部に過ぎないことを認識しなくてはならない」という助言者の義務と「政府は、特にその政策決定が科学的助言と相反する場合には、その決定の理由について公式に説明し、その科学的根拠を正確に示さなくてはならない」という政府の義務である。[1] 政策決定に際しては科学的助言を行う専門家の意見を尊重しなければならないが、政策決定自体は政府の責任においてなされるべきである。しかし政府が専門家の助言と異なる決定をした場合にはその決定の根拠を公的に説明する義務があるというのである。ここには第2章の「科学の社会化」で述べた変異型クロイツフェルト・ヤコブ病(vCJD)の発生を許してしまった政治と科学の不適切な関係性への反省がある。

経緯については既に述べたので略すが、要するに科学が畜産・食肉産業への政治的配慮の中に取り込まれてしまい、政治決断の権威付けに使われてしまった。政治と科学が不適切な一体化をしてしまったのである。そしてこれが政治と科学に対する「信頼の危機[2]」を招いたのである。

このような事態の再来を防ぐため政治と科学を切り分け、どこまでが科学でどこからが政治になるのかを明確に線引きしようとする意図が上述の原則の中に示されている。

科学技術にかかわる政策決定をする場合、政策の正当性を担保するため科学技術の専門家の意見（専門知）が必ず必要となる。しかし政策決定は様々なステークホルダーの利害を勘案しながらなされるものであり、このような場合、政策の正しさを主張するため専門知を利用する、つまりあらかじめ結論を決めておいて専門知をその裏付けとして利用しようという誘惑が政治の側（政策を担当する官僚や政治家）に生じることは避けられない。もちろんその結論が明確に専門知に反する場合、専門家がそれに乗ってくることはないだろう。しかし科学には先にも述べたように不確実性があり、また意見の不一致がある。要するに揺れているのであってその揺れの範囲の中に政治側が求めたい結論がある場合、権力構造やステークホルダーへの配慮（そんな規制をしたら業界がつぶれてしまいます、社会的影響が大きすぎます……）の中で今度は専門家がその結論に同調する誘惑にさらされることになる。これには研究資金の供給者の利害への忖度、企業研究者の場合は雇用者への忖度も含まれる。政治の側も、自分たちが望む政策に裏付けを与えてくれる知見が与えられれば、その知見の得られた条件を無視して過剰に一般化し、根拠のない確信を持つことになりやすい。正のフィードバックが起きるのである。これが長期にわたって続くと原子力に典型的にみられる政官財学複合体が成立し、複合体の利益に反する専門家は排除され、周辺化されることになる。

結果的に科学が政治に従属し、科学と政治の不適切な一体化が起こり、科学の名の下で政治が恣意的な判断を行うことになる。それは科学にとっても政治にとっても不幸なことであろう。

　ただし科学と政治が全くコミュニケーションを行わないというのもまた不適切である。社会的に実行不能な政策には意味がないので、実行可能性を探る段階ではコミュニケーションが必須となり、場合によっては専門家が政策決定に実質的に踏み込んでいく場合もある。新型コロナの専門家会議はまさにその例であろう。分野によっても異なるが、科学と政策の重複は多かれ少なかれ起こりうるのである。しかしそれは一体化ではなく「科学的助言者はそのような両者の役割領域の境界の複雑な構造を念頭に置きながら政府側との距離感を測り、自らの独立性を確保すると同時に政府側とのコミュニケーション・相互作用を維持する必要がある」（有本建男他[3]）のである。

　この章の冒頭で「市民の意思決定の質を高める努力が絶えず行われなければならない」と述べたが、市民の意思決定は、このような政治と科学の関係性を踏まえて行われなければならない。具体的には政治と科学の不適切な一体化が起こりうることを前提に、科学の独立性が確保されているかどうか、政治と科学の間にどのようなコミュニケーションが行われているのか、政治による意思決定が依拠する科学的根拠は何かといったことを専門家の適切な支援を受けながら監視し、判断できる能力を市民が備える必要がある。したがって市民教育の中では、科学に対する基本的信頼は保持しつつも、トランスサイエンス問題には科学と政治の不適切な一体化が起こりうるという認識、それを防ぐためには、政治が「科学に基づいて下した」とする決定を鵜呑みにせず、政治と科学のコミュニケーションを広範な市民が精査する必要があるという認識を持つ市民を育てる必要がある。そこには「誰が決定による利益を享受し、誰が不利益を被るのか」という社会的背景へのまなざしも含まれる。

ただしこのような認識を持つ市民が育ったとしても、精査が実際に機能するには条件がある。上にも触れたが「専門家の適切な支援」である。ここでいう専門家は必ずしも科学者だけを意味しない。むしろ科学と政治のコミュニケーションを丁寧に腑分けする、科学と政治の関係をメタ的に分析し、市民に提示することができる専門家、市民と政治と科学の対話を媒介する専門家、サイエンス・コミュニケーターである。

サイエンス・コミュニケーターというと科学を市民にわかりやすく解説する専門家というイメージが強いが、サイエンス・コミュニケーションについて文科省科学技術・学術審議会の科学技術社会連携委員会は「今後の科学コミュニケーションのあり方について」という文書で「科学コミュニケーションは、正確な科学技術情報を提供し、科学技術の楽しさ、科学技術の正の側面を伝えるだけではなく、科学技術の持つ負の側面も正しく伝え議論を促すことや、広く公共に資する人道主義に基づいた社会課題の解決や利害の調整に関わることも、より一層求められるようになっている。そして、そのような社会課題の解決や利害の調整においては、当然ながら、従来の科学コミュニケーションが想定していた役割では対応出来ない複雑な意思決定のプロセスが存在する。従って、時には利害の対立を科学コミュニケーションが正面から扱わざるを得ない状況が発生する」とし、サイエンス・コミュニケーションの機能を科学と社会の調整をになうものとして大きく拡大している。サイエンス・コミュニケーターに対しては「中立な立場で議論を収れん（コンバージェンス）させ、又は収れんに向けより活発に建設的な議論を進め、各ステークホルダーがその結果を自らのものとして受け止められるようにするための対話・調整機能を果たすことが求められる」という「対話・調整機能」、「対話・調整機能を果たした上で、社会課題に関する議論を建設的な方向に導き、研究開発者と多様なステークホルダーや一般市民が『共に創る』ことにより科学技術イノベーションへと発展させていく」という「コーディネーション機能」を果たすことを求めている[4]。

これらの知見を教育の場に取り入れるとしたら、科学の内容の啓発という意味で教育者をサポートするだけでなく、科学的見解と世の中の意見や政策の布置を示し（マッピング）、どのような選択肢がありうるのか、どの選択肢を残し、どれを捨てるべきかの話し合いを、学習者と科学者、教育者と科学者の対話も含めてコーディネートできる専門家であろう。今は一部の科学技術社会論の研究者を除いてこのような専門家はほとんどいないので、理学部等大学で行われる科学教育あるいは後期中等教育のスペクトルをこのような媒介の専門性を含むものへと広げることも必要になると私は考える。

(2) そのフレーミング（問いの枠組み）は適切か――前提を問いなおす知性

写真は文字通り真を写す。目の前の光景をそのまま切り取る。しかし写真は光景全体を写し取るわけではない。光景の切り取り方（フレーミング）は写真家の意図に依存する。これは写真に限られたことではない。人間は神のようにある事物についてそのすべてを一挙に認識できるわけではなく、事物の提供する無限の情報を何らかのフレームによって切り取り、人間の処理できる情報に縮約して認識する。もちろん科学による認識についても同じことが言える。フレームの構築や選択（フレーミング）に際しては、何を重要と考え、何を重要と考えないかという認識論的な価値観によるフレーミングが行われる。

高校の物理で扱う自由落下運動や放物運動の分析においては重力は扱われるが空気抵抗は出てこない。空気抵抗は運動の本質にかかわらない要素として捨象される。自由落下運動の試験問題では「なお空気抵抗はないものとして考えなさい」とされるのである。一方、雨滴が地上に落ちてくる速度を考える場合は、空気抵抗は運動を決める本質的なものとして算入される。

トランスサイエンス問題の場合は社会とのかかわりが何らかの形でフレーミングに組み入れられる。リスクの問題について考えてみよう。リスクを評価するリスク論では、リスクは「望ましくない事態」(エンドポイントと呼ばれる)の起こる確率とその事態による影響の積として定義されている。「エンドポイント」を死亡とすると、たとえばある発電方式Aで死亡事故が起こる確率が別の発電方式Bで死亡事故が起こる確率の2倍であり、かつ被害の規模(死者数)が2倍であれば、リスク＝確率×規模なので、AのリスクはBのリスクの2×2＝4倍となる。コスト等の他の条件が同じであればAよりもBを選択するのが合理的ということになる。

この定義からわかるように、リスク評価はエンドポイントとして選ぶ事象に依存する。死をエンドポイントとすることが一般的ではあるが、「望ましくない事態」は死だけではない。死が「望ましくない事態」であることに疑いはないが、死までには至らなくても健康や生活の質に大きな影響を与える疾患や事故は多数存在する。死をエンドポイントとして選択した時点で、それらは捨象されている。「望ましくない事態」を死で代表させるというフレーミングによりリスクが定義されているのである。この点をとらえ、シュレーダー＝フレチェットは「リスク評価の最大の問題はおそらくそれが質的に多様なリスクを数学的確率と死亡者数だけに還元する傾向を持つことにある」[5]と批判している。私はフレチェットのこの批判に同感するが、ここで論じたいのはそのことではない。リスクについてリスク論を援用して議論するのならば、リスク論の前提を知った上で議論する必要があることを論じたいのである。

リスクを上述のように定義する以上、「望ましくない事態」の選択において死を選ぶのならば、他の「望ましくない事態」が考慮の対象外となることを前提として受け入れる必要がある。「望ましくない事態」として死以外のもの、たとえば発がんを選ぶ場合でも話は同じである。発がん以外の不都合なことが起こってもそれは考慮されない（できない）。様々な「望ましくない事態」を考慮に入れた指標、たとえば生活の質も考慮に入れた「質調整生存年数[6]」といったものを考えることもできるが、すべての「望ましくない事態」を考慮に入れることはできないし、指標の中での「望ましくない事態」の按分はかなり恣意的なものにならざるをえないだろう。またそもそも数値で表せないもの、たとえば「社会的公正」などは重要な価値ではあるがリスクの中に組み入れることはできない。

何を言いたいかというと、リスクのような数値であらわされ、客観的に見えるものであっても、実はその根底に特定の価値観に基づくフレーミングが潜んでいるということである。だからといってリスク論が主観的で信用できないということではない。リスクについて議論する場合には、その結果として出てくる数値に関する議論以前に、前提となる価値観を受け入れるのか受け入れないのかを含めて議論していく必要があるということである。

もう少しリスクについて話を続けたい。リスク論でよく指摘されるのは原子力発電所事故のような市民が制御できず、影響が遅発的（代表的なのは発がん）ですぐ目に見えて知ることができないもののリスクは、交通事故のような自由意思である程度コントロールでき、影響が即時的で目に見えるものに比べて過大評価されやすいということである。その「対策」として「正しい判断を妨げる『主観』を減らし、客観的数値のみで市民が判断できる環境を整える」といったことが専門家から提案される（たとえば嶋本貴文「市民に原発リスクを正しく判断してもらうには[7]」）。しかしリスクの計算上は確かにこうなるとしてもこの考え方に漠然とではあれ納得しがたいと感じる市民は多いのではないだろうか。それは原子力発電所事故の確率が低く、リスク計算として交通事故よりリスクが低いとしても、いったん起こるとチェルノブイリや福島の事故のようにきわめて広域に影響が及び、破滅的な事故になるという経験があるからだろう。破滅的な事故が起こることがわずかな確率であってもあるとすればそれは許容しないという価値観を選択（フレーミング）することもありうるのであり、多くの人はそのようなフレーミングを無意識かもしれないが取っているのである。リスク論からすればリスクの定義を覆す「ちゃぶ台返し」の暴論であったとしても、このような価値観を意識し、明示的に選択することは、専門家のリスク計算を無批判に受け入れて「正しい判断」をするよりも私は望ましいと考えるし、それが教育の使命だと思う。念のために言うがこれはリスク論に反対することが正しいと言っているのではない。判断のもっとも基底となる価値観の選択は各々の市民の権利であり義務であってそれは専門家やら行政やらに委任することはできない、自ら選ぶべきものだという市民一人一人の認識を育てることが民主主義社会の教育の行うべきことだと言いたいのである。

リスクの話にだいぶ入り込んでしまったがフレーミングに話をもどそう。フレーミングを教育の場で、あるいは市民どうしの議論の場で扱う際に教育者が考慮すべきことを次に考えてみたい。

(a) 多様なフレーミング

ある特定のトランスサイエンス問題は様々な価値観の下で切り取りうる（フレーミング）のであって、その問題の専門家だからといってそのフレーミングが「正しいフレーミング」であるとは必ずしも言えない。上でも述べたようにどのフレーミングを選択するかは個々の市民が決めるべきことである。しかし決めるためにはその問題についてどのようなフレーミングがありうるかを知らないと決めようがない。

たとえば原子力発電所（原子力発電所の話ばかりで恐縮だが、トランスサイエンス問題の典型例なので少ししつこいがまた例としてあげさせていただく）について考えてみよう。発電手法には多数の評価軸がある。環境影響であり、安全性であり、コストであり、安定的な供給であり、国家安全保障である。このような評価軸の設定自体はどのようなフレーミングにも共通することであるが、各評価軸の内部でのフレーミングは論者によって大きく異なっている。たとえば国家安全保障で言えば国際紛争時の日本のエネルギー供給の安定性を重視してエネルギー安全保障の観点から原子力発電所を推進すべきとするフレーミングをとる議論が多い（たとえば三菱総合研究所「提言　カーボンニュートラル時代の長期的な原子力利用の在り方」[8]）が、ロシア・ウクライナ戦争では原子力発電所が軍事的に占拠されたり破壊されることが現実味を帯びてきたことから、原子力発電所は紛争の際、むしろ脅威と考えるべきとして、国家安全保障と原子力発電所による汚染を関連づけるフレーミングも見られるようになってきた[9]。発電コストについても、たとえば廃炉に伴う低レベルの放射性廃棄物をすべて廃棄後の管理を要するとみなす、いわば全量管理のフレーミングを選択するのか、一定のレベル以下の廃棄物は放射線によるリスクが無視できるものとみなす裾切りのフレーミングを選択するのか（現行法ではこのフレーミングを採用している）

によって廃炉のコストは全く異なってくる。ちなみに経産省によれば110万キロワット級の沸騰水型軽水炉では裾切り（クリアランス）を選択することにより廃炉の際に2万8000トンのコンクリートや金属の低レベル放射性廃棄物をリサイクルまたは通常の廃棄物として処分できることになる。[10] これは技術的な問題ではない。放射能を持つ物質はすべて厳格に管理すべしとする価値観によるフレーミングと、健康リスクが一定程度以下に抑えられれば、管理するかどうかはコストとの見合いで決めるべきとする価値観によるフレーミングが背景に存在している。

教育の場では、これらの多様なフレーミングをすべて取り上げることはできないが、ひとまずはこのような多様なフレーミングをできるだけ多く収集し、その中から学習者の発達段階や地域性を考慮して学習活動の組み立てを考えていくことが必要となる。ただしこれは原子力発電所の利点と欠点を並べたリストを作ってそれを学習するという意味ではない。もちろんこのような学習も大きな意味があるのだが、それよりも、

①同じ評価軸であってもフレーミングのとり方、つまりはその基礎となる論者の価値観によって問題の見え方が異なる

②フレーミングとして何を選択するかは、どれかのフレーミングは科学的に正しくてどれかのフレーミングが間違っているというような科学の問題ではなく、価値観の選択の問題である

③どのフレーミングを自分に親和的なものとして選ぶかは各自の熟考と選択に任されている

以上について知ることの方がむしろ主要な学習内容となる。個々のトランスサイエンス問題はその素材となるのである。

各種のフレーミングを取り上げる際に、教育者が特定のフレーミングを価値づけて提示することは、学習者の自発的なフレーミングの選択という観点から言って適当ではないが、提示するフレーミングの選択と提示手法については、次に述べるように一定の注意を払うことが必要である。

(b) 不適切な前提を置いている議論への対処

フレーミングは「価値観の選択の問題」とすぐ上で述べたが、明らかに不適切な前提をもとにした議論は、それを教育の場に持ち込むと事実認識自体を誤らせかねない。現実世界から事実を切り取ってくるフレーミングは、上述のように価値観によって異なってくるので、価値観と事実を明確に切り分けることは難しい。しかし、誰の目から見ても事実認識を誤らせるような不適切と思われる前提はありうるので、それを前提とした議論については、それを見抜いて対話の俎上に載せないようにする必要がある。これはフレーミングの問題ではなく、フレーミングの基礎となる前提が適切か不適切かという問題なのである。

もちろん虚偽の場合は論外だが、多く見られるのは、先行研究から都合のよい部分だけを切り取って、それを前提とした立論である。たとえば原子力発電所について経済学者の池田信夫は「原子力発電所事故で過去50年に出た死者はチェルノブイリ事故の60人だけだが、WHOによれば、世界で毎年700万人が大気汚染で死んでおり、石炭火力がその一割としても70万人だ。中国だけで毎年36万人が石炭で死んでいるという推定もあり、石炭こそ最悪のエネルギーなのだ。つまり直接コストでみると火力は原子力といい勝負だが、環境・安全性などの社会的コストを考えると、原子力が圧倒的に安い（再生可能エネルギーはコストでは問題にならない）」[11]と論じている。出典が記されていないが、おそらくこれはチェルノブイリ・フォーラム（国際原子力機関が主催したチェルノブイリ事故の国際会議）で報告された急性放射線障害と小児甲状腺がん死者（小児甲状腺がんは「大部分が放射性ヨウ素の取り込みに起因する」と評価された）[12]を根拠としているのであろう。

チェルノブイリ原子力発電所事故による死者数の見積もりは、対象集団の規模をどうとるかによって異なってくる。そのため、チェルノブイリ・フォーラム、世界保健機関、国際ガン研究機関（世界保健機関の一機関であるが独自に推定を行っている）といった推定を行った機関ごとにそれぞれ推定死者数は異なってくる。[13]しかしいずれの場合でもがん死を死者数に組み入れている。原子力発電所事故では核爆弾と異なり、死者数はがんによる死亡が圧倒的に多い（たとえばチェルノブイリ・フォーラムでは死者は約4000人と推定しており、大部分はがんによる）。実験的にも疫学的にも放射線が発がんの要因であることは確定されており、池田がそれを知らないことは考えにくく、意図的にがんによる死亡を除外していることが疑われる。またもし知らないとすれば（そんなことはないと思うが……）そもそもチェルノブイリ原子力発電所事故の被害を論じる資格はない。このような明らかに不適切な前提をもとにした立論を教室の中に持ち込むのは議論の前提となる事実認識を誤らせることになるので有害である。ただしデータそのものは虚偽ではなくても、データを一部しか提示しないことによって誤った結論を導くことができる例（反面教師）として使うことはできるかもしれない。

(c) メタ的なフレーミング

第2章の「科学の社会化」でスチュワート・リチャーズの『科学・哲学・社会』の中の「巨大増殖炉計画はプルトニウムの頻繁な輸送を必要とするが、それは偶発的事故とテロリストの攻撃という当然の危険を伴うのである。そのために列車と原子炉用地の警戒のために大部隊の憲兵が必要になるであろう。これは原子力と個人的自由との非両立性という恐れをやがて起こすであろう[14]」という記述を紹介し、「プルトニウムという物質の持つ性質、それを利用する核燃料サイクルという科学技術体系そのものが権力の再配分の原因となる。集権化をもたらすのである」と述べた。

高速増殖炉というトランスサイエンス問題について意思決定する際には、高速増殖炉自体の問題を超えた、社会そのものの方向性にかかわる価値観、高度に中央集権化された社会を選ぶのか、分権化された社会を選ぶのかという権力の再配分にかかわる意思決定を行っているのである。したがってこの問題を扱う場合にはそのような意味での価値観選択とそれに基づいたフレーミング、いわばメタ的な価値観選択・フレーミング（以下、メタ的なフレーミングと略す）を同時に行っているのだという意識を市民が持つ必要があり、教育者もそのことを意識しておかねばならない。

「権力の再配分」というメタ的なフレーミングは様々なトランスサイエンス問題に通底するフレーミングとして活用することができる。たとえば1960年代から70年代にかけて、主に発展途上国において稲や小麦の新品種の導入により大きな収量の増加がもたらされた農業改革、いわゆる「緑の革命」を「権力の再配分」というフレーミングで吟味するならば、種子や農法の選択における農民の意思決定の権能を特許や国際機関の資金援助というツールを使って種子会社や肥料会社、農薬会社が吸収していくプロセス、企業が権力を拡大したプロセスとみなすこともできる。緑の革命は収量の向上といった農業や食糧問題の範囲の中にとどまるものではなく、種子企業等の企業への農民の依存、あるいは種子や肥料を大量に購入して経営規模を拡大できる上層農家とそれができない下層農家への農民層の分解という社会の変化を伴うものだったのである。遺伝子組み換え作物の開発と普及はこの延長線上に存在する。

医学・生命科学の領域で言うならば「自己決定権」もメタ的なフレーミングとして考えることができる。「自己決定権」は、広く言うならば次のようなものとして理解することができる。「主に『国家による干渉を受けずに個人が私的な事柄を自分で決定する権利』として理解され、実質的に保障される権利は、もっぱら私事、すなわち避妊や中絶、結婚や離婚、自己の生命や身体、容姿や趣味・嗜好といった、『プライバシーの領域に関わる事柄を決定する権利』として捉えられている[15]」。

医学・生命科学の領域で言うならば自己決定権は治療に対するインフォームドコンセント、死後の自己の臓器の他者への移植の容認、人工妊娠中絶の権利といった様々な文脈で現れる。これらは、現在の日本においては自己決定権の及ぶ範囲と認識されていると言えるだろう。

しかし、たとえば人工妊娠中絶においては、「自己決定権」をめぐって深刻な対立が起きている。妊婦の血液で診断できる新型出生前診断の登場により、出生前にダウン症など一部の遺伝性の障害の診断ができるようになったため、診断で陽性と判定された妊婦のほとんどが中絶を選択するという事態となっており[16]、遺伝性疾患の人々やその家族及び支援者から障害者の生の価値を否定するものだという批判がなされているのである[17]。多くの人々はこの批判は傾聴に値するものだと考えるだろう。しかしこのような異論は新しい技術によりもたらされた「自己決定権」の力に圧倒されているのが現状である。

将来的に遺伝子診断技術が進展すれば、体外受精を行った後、受精によってできたいくつかの胚の中から遺伝的障害を持つ可能性のある胚を排除して「正常な」胚を選ぶ、あるいは親の希望に沿った胚を選んで母体に戻すことさえもできるようになるだろう。ここまでくると現段階ではかなり多くの人が違和感をおぼえることになると思われるが、体外受精が行われたときその是非について多くの議論がなされたにもかかわらず、現在は全く当たり前に行われているように、新しい技術が登場し、それを選択する人々が多くなれば、それが「自然な」こととして受け入れられることは十分予想できる。そのとき障害をもって生まれた人とその親に注がれる視線は「避けようと思えば避けられたはずの障害を避けなかった人たち」、「自己責任で障害を引き受けた人たち」、「あえて社会に負担をかける人たち」という視線に変質してしまわないだろうか。全く同じことが尊厳死や安楽死、脳死と臓器移植等生命にかかわる様々なトランスサイエンス問題についても言える。「自己決定権」は「他者の意図を押し付けられることのない各人の自由な選択」という含意からあふれ出して、生命の選別がごく当たり前の社会に道を開く可能性を持っているのである。

メタ的なフレーミングの候補としては、リスク論の基礎ともなっている「期待効用」や開発プロジェクト等の便益評価に用いられる「割引率」なども考えられる。

ここまでメタ的なフレーミングについて述べたが、メタ的なフレーミングを明示的に扱わなくてもよい、あるいはメタ的なフレーミングを想定しなくてもよいトランスサイエンス問題も多いだろう。しかし教育者には個別のトランスサイエンス問題の背後にメタ的なフレーミングが存在する可能性を意識し、必要に応じて学習者にその存在を気づかせる指導が求められると考える。

（3）問いの宛先は誰なのか

自然科学は自然現象をモデル化する営みである。モデルを洗練させることによって科学の予測力と現実世界への応用可能性は拡大していく。典型的な例はニュートン力学からアインシュタインの相対論への発展である。水星の近日点移動などニュートン力学では理解できなかった現象を相対論で理解できるようになり、また相対論により人工衛星と地上の時刻合わせを行うことによってGPSが可能になっている。

多様な要素が複雑にかかわり、システムのふるまいが予測しにくい気象システムや海洋生態系についても、現実世界での観測量とコンピューター上のモデルによるシミュレーションを突き合わせることによって、より予測力の高いモデルを作成し、天気予報や魚の資源量計算を精緻化させる試みが行われている。

これらは社会が求めることと科学が得意なこと、科学ができることが一致している例である。しかしこの両者は一致しないことがある。特にトランスサイエンス問題においては、科学技術が社会に実装される局面において様々なステークホルダーの思惑が交錯し、社会が科学に対して何を求めるのか、どこまで求めてよいのかということ自体が論争の種となる。それはたとえば生殖医療をめぐる議論を見ればあきらかであろう。出生前診断や代理出産等生殖医療にかかわる技術の適用については社会の側の危惧により倫理的・政策的制約がかけられることが多い。一方でその制約の枠内で研究が積み重ねられ、技術的可能性は拡大していく。そしてその可能性が一部のステークホルダーの切実な期待（健常な子どもを持ちたい等）と結びついたとき、今度はその期待が社会的な力を持つようになり、倫理的・政策的制約が徐々に解除されていく。生殖医療の歴史はその繰り返しであった。今後はiPS細胞からの生殖細胞の創出という究極の不妊治療も考えられるが、この技術は「『デザイナーベイビー』（生殖細胞に遺伝子操作を行うことで生み出された親の望む形質をもった子供）と表裏一体の技術[18]」であって、倫理上の大きな問題を生み出す可能性を持っている。これらの技術がはらむ様々な問題について科学は安全性の向上、心理学的手法による当事者の精神的不安の抑制など多くのことをなしうる。しかし科学は「これ以上下がることのない倫理的限界はあるのか、ないのか、あるとしたらそれはどこに引かれるべきか」あるいは「そもそもこのような絶対的な倫理の境界線をもとめること自体無意味なのか」といった問いに答えることはできない。もちろん科学者はこの問題に直面している当事者なので、その意見を傾聴すべきではあろう。しかし科学という知的カテゴリーに答えられない問いであることに変わりはない。誰がこの問いに答えるべきか、つまり問いの宛先は誰かというと一人一人の市民と言う他ない。問いの宛先を「一人一人の市民」とするのは、「アジア太平洋戦争の戦争責任が一人一人の日本人にある」というような言説と同じく説明責任を分散・希薄化し、問いの意味を無化してしまう危険性はある。しかし答えることができない問いを科学に問うても、科学が得意とすること、科学ができることに置き換えた答え、あるいはさらに言えば科学ができることを拡大する方向での答えが返ってくるだけであろう。答えが間違っているのではない。端的に宛先が間違っているのである。

では上記のような根源的問いを科学者（科学ではなく）に問うことが的外れかというとそうではない。

上にも述べたように科学者はこの問いと向き合いながら仕事をしているのであり、問いの具体的局面をもっともよく知っている当事者である。具体例を通して問いを整理し、分節化し、言語化することに長けた良き助言者となりうる。しかし、問いを考え、暫定的にではあれ答えていくのは一人一人の市民であるということ、そして問いを科学の得意な形、科学ができる形に変形した答えは妥当性を欠くことを教育の中で指摘していく必要がある。

科学の方法論

本節ではトランスサイエンス問題への自律的意思決定の基盤をつくるために必要な要素として科学の方法論があることを述べる。とはいっても、ここで言う方法論は、これまでの科学教育で扱われてきたような科学者の科学的探究をモデルとした方法論のことではない。科学的探究をモデルとした方法論である仮説設定、研究計画の作成、実験、考察といった流れの体験は理科のリテラシーとして重要なものだが、トランスサイエンス問題を考える場合には、科学的探究を実践することそのものよりも、当該のトランスサイエンス問題を論じる際に参照される科学的成果物（典型的には論文だが、有害物質の規制基準や環境アセスメントなど科学が主要なプレーヤーとしてかかわるもの一般をさすと考えていただきたい）を批判的に検討したり、トランスサイエンス問題のステークホルダーと生産的な議論ができることが重要だと考えるからである。このようなことができるためには、成果物の採用している方法や前提の適切性についての議論を理解するための知識（方法論的知識）が必要だし、方法論的知識を使って自ら問いを立て、討論してみる経験もある程度必要だろう。ではトランスサイエンス問題を扱うのに必要な方法論的知識や経験にはどのようなものが考えられるのだろうか。以下ではそれを考えてみたい。

（1）科学的成果物の前提となる変数の同定と当該変数をめぐる議論の理解

第5章の「科学技術へのクライアントシップ」の節で「前提による議論の拘束」について述べたが、以下ではこれを「批判的に考える」という文脈の中において、変数という形で具体化してみたい。

小学校理科の伝統的教材として振り子がある。振り子の周期を決める条件を探究する教材である。振り子の長さ、振れ幅（角度）、振り子のおもりの重さをいろいろ変化させて、この3つの条件（以下変数と呼ぶ）のどれが周期を決めているのかを探っていくわけだが、その際の定番の実験方法は、この3つの変数のうち、どれか2つ、たとえばおもりの重さと振れ幅を固定して、振り子の長さという一つの変数のみを変化させ、その変数の影響を検出する方法である。いくつかの変数を同時に変化させてしまうと、どの変数が周期に影響するのかがわからなくなってしまうためにこのような方法をとるわけだが、この考え方を条件制御と言い、小学校理科で重視されている考え方である。条件制御した実験を系統的に実施する（長さの変化、おもりの重さの変化、振れ幅の変化をそれぞれ行っていく）ことによって、振り子の周期を決めるのは振り子の長さのみであるということを確認するのが授業の着地点になる。先生によってはそれ以後、高いところから吊って周期の大きな長い振り子を作ってみたり、秒振り子（周期2秒の振り子）を作るなど振り子の知識の活用を行うこともある。授業の焦点は振り子の長さによる周期の操作に移っていくわけだが、この段階ではおもりの重さや振れ幅は周期に影響を与えない変数として注意の対象から外れ、いわば「隠れて」しまう。

実はこの実験には注意すべき点がある。振り子の等時性（同じ長さの振り子がゆれる周期は、振り子の重さや振れ幅にはよらず一定になる）は「振れ幅が大きくなければ」という条件付きであり、振れ幅が大きくなると、児童による荒い測定でも等時性の破れが観察されるようになる。そこで教科書では振れ幅を30度以上にはしないことが指示されているのである。

トランスサイエンス問題とは関係のなさそうな振り子の話をしたのは、振り子の等時性には「振れ幅が大きくない」という前提が存在することであり、振れ幅が大きくなってくるやいなや、それまで隠れていた（前提となっていた）振れ幅が周期に影響を与える変数としてにわかに姿を現してくることを示したかったからである。これを実験の観察者の立場から少し揶揄的な言い方で表現してみるとこんなふうになるだろうか。「君は振り子の長さが周期を決めると言うんだね。でも君は10度とか20度とかでの実験しかみせてくれないね。思い切って振れ幅を70度にしてみようじゃないか。ほら周期は10度のときとは違うね。振れ幅が変わると周期も変わるというのが正解じゃないのかい」。

これを一般化して述べてみよう。実験とかシミュレーションにおいては、その実験とかシミュレーションにおいて変化させる変数（独立変数、振り子の場合は振り子の長さ）と実験等の結果（従属変数、振り子の場合は周期）の関連が注目されるのであり、実験の前提となる変数（振り子の場合はおもりの重さ、振れ幅、長たらしいので、以下、前提変数と呼ぶ。パラメーターと呼ばれることも多いが、パラメーターは変数一般を指して使われるので、ここでは前提変数としておく）については、考慮の対象から外される。しかし前提変数の変動がある範囲（この範囲を境界条件と呼ぶ）を超えると、それが実験結果に影響を与えるようになる。

もちろん論文等では冒頭で先行研究を援用して前提変数の設定の妥当性や境界条件について論じておき、研究が妥当な前提の上に行われていることを主張するのが手順となっている。

しかし、教育の場において使われる資料集とか教材とかにおいてはその大部分（といっても私の見聞の範囲内だが）において前提変数の妥当性（その値でいいのか）や境界条件（どこまでその値でいいのか）を児童生徒が吟味することはほとんどない。というよりもそのような吟味は授業の流れを混乱させるとして注意深く回避させるようになっている。振り子の例で言うと30度以内の振れ幅にするというのは、教師の側の注意事項であって児童には30度以内で振りなさいという指示があるのみである（ちょっと余談になるが、小学校教師の理科指導を記述した文科省のウェブサイトはこの記述がなく、それどころか45度で振らすように書いてあってちょっとびっくりした。ちなみに教科書はちゃんと30度以内と書いてある）。

私は、伝統的な理科教材の場合（自由研究とか高校の課題研究のようにどんな実験をするのかということから考える必要があるものは例外）はこれでよいと思う。特に小学校の場合は境界条件を考慮し始めると授業の筋立てが複雑になりすぎてしまうからである。むしろバックグラウンドを固定して少数の変数間の関係へと事象を単純化する還元論的方法の習得に児童の意識を集中させる方が良いだろう。

しかしトランスサイエンス問題を考える場合には、様々な科学的成果物の論理の立て方（上記の条件制御など）と結論を知ることと同様に、それが前提としている前提変数の妥当性を吟味する（正確に言えば妥当性を吟味する議論を知る）ことが効果的な教育になると考える。例を出してみよう。

（2）科学的成果物の論理の立て方が前提としている変数

（a）基本高水という前提変数

八斗島《やったじま》（群馬県伊勢崎市）という地名はあまり聞きなれないと思うが利根川が山地から平地に出てきて、さらに烏川、神流川を合わせて川幅を大きく広げた場所（正確には合流点よりやや下流）であり、利根川河口から180キロメートルの位置にある。利根川の治水上重要な場所であるため、水位観測所が置かれ、八斗島を流れる洪水流量が利根川の治水政策の基準となっている。

ダム等の洪水調節施設で洪水調節が行われないと仮定した場合の河川の流量を基本高水と呼び、八斗島の場合、利根川流域で最大級の洪水があったカスリーン台風時の基本高水のピーク流量（最大流量）は22000立方メートル／秒（1秒間に22000立方メートルが流れる）とされている。[19] 河道《かどう》（河川の流水が流れ下る部分）ですべてこの流量を流すことはできない（氾濫する）のでこの基本高水を河道とダムで分担することになる。そのうち河道が受け持つ流量は計画高水と呼ばれ、八斗島の場合、16500立方メートル／秒である。[19] 残りの流量はダムが分担することになり、国土交通省が利根川上流域において八ッ場ダムをはじめ多数のダムを建設してきたのは、この計算を基礎としている。

建設省（現国交省）と市民団体が対立した千歳川放水路建設問題の議論の際、「基本高水は河川審議会で決定されたものであり、これは石狩川の憲法である」と北海道開発局の担当者から発言があったとされているが、[20]このエピソードが示すように、基本高水は河川計画の根幹となる前提変数であり、河川工学の専門性はここに集約されているともいえる。

しかし八斗島の基本高水については議論が絶えない。基本高水は流量モデルの改訂や降水量観測、都市化などの流域の状況変化に対応して変更されている。建設省は1980年にそれまでの17000立方メートル／秒の基本高水のピーク流量を22000立方メートル／秒に改訂した。その根拠は「基本高水のピーク流量22000㎥／sは、もともと観測史上最大のS22・9洪水（カスリーン台風）の実績降雨から、河川整備等による氾濫量の減少を考慮して算出[21]」したとされている。八斗島より上流部の河川整備が進んだことにより、1947年のカスリーン台風時よりも氾濫が起きにくくなった、つまりそれまで上流であふれていた水が下流まで流れるようになったため、その分、下流への流量が多くなったとするのである。それに対して大熊孝（河川工学）は、流域住民への聞き取り調査から建設省によるカスリーン台風時の氾濫推定は過大であり、氾濫によるとされてきた八斗島より上流部の被害は「赤城山を中心とした降雨によって土石流が多数発生したこと、本川の水位が高くなったことによって内水《ないすい》がはけないで、浸水家屋が出たことにある」（「内水がはけない」とは側溝や下水道等の水が河川に流れ込めないで逆流することを指す）と結論している。そして、利根川本川の氾濫はさして大きなものではなかったとし、「国交省の説明では、計算流量と実績流量との差はカスリーン台風当時、八斗島上流で氾濫したことになっているが、もし、これだけの量が上流部で氾濫したとすれば、氾濫水深を2ｍとしても6000ha以上の氾濫面積が必要となる。現実にはそのような広大な面積の氾濫は無かった」と国交省の推定を批判している。[22] 氾濫の想定が間違っていれば基本高水のピーク流量も当然間違っていることになり、大熊はピーク流量は１６０００立方メートル／秒と試算し、このことを根拠として利根川上流のダム建設の必要性に疑問を呈している。

一方、関良基は、森林の過剰利用が行われていたカスリーン台風時に比して材積量（木の体積）で５・４倍に拡大するなど（１９９８年時点）、森林が著しく回復し、また上流域にダムが５つ建設されているにもかかわらず、基本高水のピーク流量を１７０００立方メートル／秒から２２０００立方メートル／秒と増やしていることを疑問視している。[23] 関はその批判を裏付けるため、１９９８年の洪水について実際の基本高水のピーク流量と、そのときの雨量を国交省のモデルに入力して計算した基本高水のピーク流量（八斗島）とを比較し、森林保水力の上昇とダムの効果によりピーク流量が27・８％もカットされていることを示した。このことを考慮しないピーク流量設定は誤っており、「基本高水があってダム計画が定まるというより、ダム計画に合わせて基本高水は操作されているのではないか」と、治水上、最も基本的な前提変数である基本高水のピーク流量設定が恣意的に操作されていると考え、大熊と同じく、ダム建設に疑問を投げかけている。

上にも述べたように基本高水のピーク流量は治水計画の根幹となる前提変数である。それについての一定の根拠のある異議申し立てがあることを流域の市民が知っておくことは、公的政策とその代替的選択肢のどちらをとるべきかについて、つまり政策の正当性について市民が議論するきっかけを与え、熟慮・熟議につながるという意味で啓発された市民の育成に有用と考える。

もう一つメタ的なフレーミングの例としてもあげた割引率という前提変数について地球温暖化問題を

例として触れておこう。

(b) 割引率という前提変数

経済学では、ある事業とか投資とかの是非を考慮する際に割引率という概念がよく使われる。あまり耳慣れない言葉であるので、少し説明しておこう。今、利率10%でお金を運用すると仮定した場合、現在の100万円は一年後に110万円になる。ということは一年後の110万円は現在の100万円に等しいことになる（実際の計算は少し異なるが、考え方は同じ）。このように将来のお金（将来価値）を現在のお金（現在価値）におき直す際には減価する計算を行うことになり、その減価率が割引率と呼ばれる。当然同じ100万円でも一年後に得られる100万円と10年後に得られる100万円では現在価値が異なり、年数が長くなるほど現在価値は減少する。

地球温暖化問題にこの割引率の考え方を適用するとどうなるだろうか。現在時点において二酸化炭素を一定量（一単位）減らす費用が1万円、これにより100年後に10万円分の損害を防ぐことができるとする。割引率を3%とすると、100年後の10万円を現在価値に直すと5000円であり、費用が現在価値を上回る。一方、割引率が1%ならば現在価値は3万7000円となり現在価値が費用を上回る。現在価値を最大化するように行動するのが経済合理的な行動であり、前者ならば対策を行わない、後者ならば対策を行うのが合理的な行動ということになる（山口光恒[24]）。以上のような分析の手法を費用便益分析と呼ぶ。もちろんこのような判断を下すためには、未来の損害の大きさを正確に見積もり、それを金額に換算することができるモデルの存在とそれに入力するためのデータが必要であり、困難な点はたくさんあるのだが、それでもこの計算に挑んだ経済学者は存在する。その代表的存在がウィリアム・ノードハウス、ニコラス・スターンである。しかしこの両者の結論はかなり異なっている。大瀧正子の論文[25]によってその違いを見てみよう。

ノードハウスは割引率を決める要素として市場利子率を考慮し、割引率を4～6%と想定している。そして「近い将来では排出抑制割合が大きくなるに従い抑制費用が急激に上昇するため、現世代の『負担』の大きさを考えると短期的な排出抑制に費用をかけるよりも、長期継続的に排出削減効果が期待できる温室効果ガス削減の技術開発に重点を置くほうが効率的な『温暖化政策経路（climate-policy ramp）』である」とした。性急に温室効果ガス（二酸化炭素、メタンなど）の排出量を削減することは現世代の大きな負担となり、それよりも技術開発によって長期的に排出量を削減する方が望ましいとしたのである。一方スターンは割引率を1・4%に設定している。「長期にわたる環境投資において、将来世代の『便益』を割引くことがピグー（Pigou（1925））の『展望能力の欠如（lack oftelescopic faculty）』と考えるので、割引くことを認めることができない」ため市場金利より著しく低い割引率となっている（経済成長による消費の拡大、つまり未来世代が現在世代よりも豊かになることを考慮するため0%にはしていない）。これは地球温暖化対策による被害の軽減の現在価値を上げることになる。したがってスターンのモデルにおいては、地球温暖化に対して取るべき対応はノードハウスとは異なっており、「温室効果ガス排出の累積的な被害は長期的に甚大であるが、早期に削減すれば長期的に被害を回避するための費用は低く抑えられ、温暖化対策の便益は費用を凌駕する」と強力な対策を早期に行うことによって費用よりも便益が大きくなるとするのである。

このように異なった結論を見せられるとスターンとノードハウスのどちらが正しいのかと問いたくなる。しかしこれはあまり生産的な問いではない。そもそも経済モデルに入力するたくさんの前提変数の値には不確実性が伴い、それに立脚する未来予測も不確実性が大きい。これらを予言のように見て実務的な意思決定を行うことは誤りであって、意思決定の参考となるツールという程度に考えておくのが穏当だろう。むしろスターンとノードハウスでなぜほぼ真逆の政策が提言されているのか、その理由を問うことの方がより生産的な問いになりうる。それが上に述べてきたように割引率なのである。

割引率に注目して考えてみると、スターンの上記の考え方は伝統的な経済学をはみ出していることに気づく。経済学の常識にてらして考えれば、ノードハウスの割引率の設定が標準的なものと言える。市場で行われる活動には様々なものがあり、地球温暖化について特例的に市場金利から大きく乖離して割引率を低くすれば、地球温暖化対策にかかわる投資の現在価値が過大に評価され、収益率が低い地球温暖化防止投資に巨額の資金が流れて他の活動が圧迫され、経済全体の生産性が低くなる。これは現在世代の犠牲が大きすぎる。多くの経済学者はこのように考えるであろう。しかしスターンは将来世代の被害を現在世代の現在価値に割り引いて設定するのは将来世代の福利を不当に損なうことであり、倫理的に許容しがたいと考えた。経済学の枠を超え、倫理に踏み込んだ考察を行ったのである。割引率は単なる数値でしかないが、その設定にはこのように現在世代と将来世代の福利のバランスをどう考えるかというフレーミングの問題が潜んでいる。

基本高水の項で、基本高水という治水政策の根幹となる前提変数について異議申し立てがあることを流域の市民が知っておくことが、政策の正当性について市民が議論するきっかけを与え、熟慮・熟議につながると述べた。割引率についても同じことがいえる。地球温暖化問題について異なった政策アプローチがありうるのであり、その違いの要因の一つが割引率であること、割引率を考えることは現在世代と将来世代の福利のバランスという理念の問題に帰着することを知るのは、市民が政策的に地球温暖化問題を議論し、熟慮・熟議する際の一つの出発点となるだろう。

以上、2つの前提変数について述べた。前提変数には他にも重要なものとして安全率もあるが、これについては第3章の「耳を澄ませてそっと行う」の節で述べたので、ここでは繰り返さない。しかし、建築物の耐震性能や食品の安全性を議論するときなどに使われる安全率は工学や生物学の理論から出てきたものではなく、専門家が経験的に「ここまで余裕を取っておけば安全だろう」といういわば相場感覚で決めたものであり、リスク回避に投じることのできる資源（資金、時間等）との見合いで決められるものであることを改めて指摘しておこう。市民の要求次第で上げたり下げたりすることは可能なのであり、たとえば原子力発電所の耐震性をめぐる議論も、科学用語に彩られているとはいえ、その本質はきわめて政治的（悪い意味で使っているわけではない）なのである。

トランスサイエンス問題を教育の場に持ち込む際に問題をめぐる議論をフォローするだけでなく、議論のよって立つ前提となる変数に着目し、その妥当性を考えることが市民の思考の幅を広げ、実質的な議論ができる市民の育成につながると考える。

疫学の考え方

1850年ごろのロンドンではコレラがしばしば流行し、多くの死者が出ていた。当時はコレラが細菌で引き起こされるということは知られておらず、瘴気（悪い空気）が原因であると考えられていた。ジョン・スノーは当時ロンドンに在住していた医師であるが、飲み水が原因ではないかという疑いを持っていた。折からスノーは1854年のソーホー地区におけるコレラ大流行に遭遇し、住民への聞き取り調査によって特定の井戸（ブロード・ストリートの井戸）の水を飲んだ住民に限定してコレラが発生していることを突き止めた。そして井戸を管理していた教区当局を説得してコレラの発生を収束させることに成功した。スノーはその後も研究を続け、同じ地区に住んでいる人でも給水会社によってコレラ死亡者が大きく異なることを発見し、空気ではなく水がコレラの原因であることをさらに確かなものにした。

スノーは細菌によってコレラが引き起こされることを発見したわけではない。その意味で井戸の水を飲むことによってコレラが発生する理由を説明することはできなかったが、水の中にコレラを発生させる因子があるという因果関係を突き止めることはできた。これが疫学の始まりであると言われている（以上は多田羅浩三「現代公衆衛生の思想的基盤[26]」による）。このように疫学は人間集団で発生する伝染病の頻度や分布の調査の中から、その病気の原因やその予防法を探る学問として出発し、その後、がん、生活習慣病、公害病、事故などの様々な有害事象とその原因を研究する学問として発展してきた。その法的な到達点の一つが疫学的因果関係論である。第2章の「科学の社会化」で一度触れてはあるが、もう一度触れておこう。

イタイイタイ病第一次訴訟第一審判決では、「本病患者が前記のように神通川を中心とし東方の熊野川と西方の井田川に挟まれた扇状地に限局して多発する理由を疫学的見地からみれば、カドミウムに求めるほかない」と疫学上の因果関係を全面的に認め、カドミウム摂取によってイタイイタイ病が引き起こされる詳細な病理学的根拠を求める被告企業（三井金属）に対して「病理機序が細部にわたってくまなく明確になれば疾患の原因が一層明白になるとしても、反対に、病理機序が不明であるからといって疾患の原因が確定し得ないわけのものではない」とその主張を退けた[27]。控訴審判決においてはさらに明確に「臨床医学や病理学の側面からの検討のみによっては因果関係の解明が十分達せられない場合においても、疫学を活用していわゆる疫学的因果関係が証明された場合には、法的因果関係が存在するものと解するのが相当である」と疫学的因果関係の証明をもって法的因果関係が成立するものとした[28]。イタイイタイ病判決は他の公害病裁判にも影響を与え、たとえば四日市公害訴訟第一次判決では「原告らが磯津地区に居住して、大気汚染に暴露されている等、磯津地区集団の持つ特性をそなえている以上、大気汚染以外の罹患等の因子の影響が強く、大気汚染の有無にかかわらず、罹患または症状増悪をみたであろうと認められるような特段の事情がない限り、大気汚染の影響を認めてよい」と喫煙等様々な原因で起こりうる一般的な疾患である呼吸器疾患のようなものであっても疫学的因果関係を認めるなど疫学的因果関係論の射程が拡大している。[28]

一般にトランスサイエンス問題においては、たとえば地球温暖化問題にせよ重金属など有害物質による汚染にせよ、有害事象とその原因についてはかなりはっきりしていても、明確な因果関係はよくわからないことが多い。詳しい分析によって因果関係を解明するまで待っていると人の健康や生命、生態系に回復不能な損害を与える可能性がある。

ある物質が致死的なものであるとわかれば、その物質でなぜ死ぬのかということなど考えるよりもまずはそれを避けることを考えるだろう。それと同じで有害事象とその原因との間に疫学的因果関係が推定できる場合には、原因と特定されたものの使用を禁止したり、避けたり、無害化しようとすることが賢明な考え方である。

その意味で市民が疫学の考え方を知っておき、それをトランスサイエンス問題についての議論に利用したり、意思決定に活かすことは望ましいことであり、理科教育や社会科教育に疫学の考え方を導入することが望まれる。疫学というやや耳慣れない用語を聞くと全く新しい難解なものを勉強しなければいけないように聞こえるかもしれないが、その手法の多く、たとえばデータの散らばりの表現、データの相関、母集団と標本調査、仮説の検定と有意水準といったものは中学校や高校の数学で必修となっており、新しくもないし、それほど難解でもない。ただ現在の学校教育の枠組みでは、これらの扱いは数学の枠内で汎用的な統計的手法を身につけるために行われるものであり、因果関係を推論し、それによって意思決定（政策）を導くことが目的ではない。トランスサイエンス問題を扱う場合には事象（その多くは有害事象）とそれをもたらす原因との間の因果関係が問題となるので、統計学というよりは疫学と表現するのが適切と考える。

なお疫学を市民教育の場で扱うのは、上に述べたように統計的手法を身につけることが目的ではなく、市民が何らかのトランスサイエンス問題に際して意思決定（政策）の支援ツールとして疫学を利用できるようになるのが目的である。したがって統計的手法（ある程度は必要）は最小限度にとどめ、意思決定の教訓となるような事例（公害病等疫学が意思決定の根拠として利用された事例）における疫学の利用を、必要に応じて法的・制度的・倫理的な側面にも触れながら学習するケースメソッドの手法をとるのがよいと考える。

以下では、市民に対する疫学の教育において留意することを、やや断片的になるがいくつかあげてみたい。

(1)「分析による麻痺」を避ける

一般に科学においても法律においても統計学で言う第一種の過誤（因果関係がないのに因果関係があることにしてしまう、犯人でないのに有罪にしてしまう）よりも第二種の過誤（因果関係があるのに因果関係がないことにしてしまう、犯人であるのに無罪にしてしまう）が犯されやすいように見える、つまり慎重な判断が好まれる。データがそろってから、証拠がそろってから因果関係を推定する論文や答申が作成される、あるいは起訴が行われるのである。藤垣は水俣病をこの第二種の過誤が起こった例として説明している。[29]

行政、特に規制行政にも似たような傾向が見られる。豊島の産業廃棄物不法投棄や熱海市伊豆山の盛り土が引き起こした土石流災害などを見ると作為過誤（するべきでないのにした：第一種の過誤）よりも不作為過誤（するべきなのにしなかった：第二種の過誤）を犯しやすいようである。行政が判断する際にはさらに原爆被害者が提訴した「黒い雨」裁判で国が「ほとんどすべての国民が何らかの戦争被害を受け、戦争の惨禍に苦しめられてきたという実情の下においては、原爆被爆者の受けた放射線による健康被害が特異のものであり、『特別の犠牲』というべきものであるからといって、他の戦争被害者に対する対策に比し著しい不均衡が生ずるようでは、その対策は、容易に国民的合意を得難く、かつまた、社会的公正を確保することもできない[30]」と他の戦争被害と原爆の被害の補償のバランスに言及しているように、行政の責任を限定的にして他への波及を避けようとする政策的バイアスも存在し、ますます第二種の過誤が起きやすくなっているという構造上の問題もある。

むろんどちらの過誤も避けた方がよいが、上記の科学や法、行政の傾向を考えると、トランスサイエンス問題を扱う教育においては意識的に第二種の過誤を避ける、つまり重大な被害が起きかねない局面においては、実験的・病因論的な因果関係の解明が十分でない段階であっても、疫学的因果関係が認められれば、その段階で原因と目される行為や施設等の規制に踏み込んでよいという予防原則の論理を明示的に教えるべきと考える。生命や健康、種や生態系といった侵害されれば取り返しのつかないものについては完全な科学的証拠がなくても対策を行って潜在的な被害を防ぐべきであり、対策を講じながら科学的知見の充実に努めればよいという考え方である。詳細な因果関係の解明を待っていては遅すぎる可能性があり、少しでも早く対策を打つ必要があるからである。もちろんこれは間違う可能性を含んでいる。不必要な社会的・経済的コストを企業や行政に負わせてしまう危険があり、不必要だとわかった場合、補償責任が生じる場合もあろう。それも理解しておく必要がある。したがって、これには、この責務を遂行した官僚や政治家個人の責任を追及して行政や政治を委縮させないという市民やメディアの責任も含まれる。

(2) 疫学は個人ではなく集団を考えるときに意味を持つ

疫学は個人ではなく集団を対象としたものである。たとえば喫煙という行為を行っている集団と肺がんの罹患率の関連を見るもので、個人の肺がんの原因を特定するものではない。ヘビースモーカーが肺がんにかかれば、喫煙が原因となった可能性は高いが、断定はできない。実は実験的手法であっても、特定個人の細胞や組織の中での分子やイオンのふるまいとそれに対する細胞や組織の応答をリアルタイムに追跡しているわけではないから、がんのように様々な原因が考えられるものについて厳密な因果関係を確定することはほぼ不可能である。「科学研究は疑われている曝露が原告の健康状態の原因だと部分的に言えるかどうかという『一般的な因果関係の原理』についてのみ、せいぜい研究者集団を満足させることができるだけ」(シーラ・ジャサノフ[31])なのである。

ところが公害病、有毒物質の飛散事故、原水爆の被害といった人為的なものによる生命・健康被害については、疫学を根拠として、あたかも被害とその原因を厳密に対応づけして、被害者を特定できるかのような議論がなされ、行政がその議論をもとに施策を行うことがある。Aさんは基準に適合しているから被害者で、Bさんは基準に適合していないから被害者ではないという運用である。これは実務上、一定の基準を設けざるをえないという事情に由来するものであるとはいえ、集団のリスクを対象とする疫学を個人に適用して因果関係を機械的に推定するという過ちを犯していると言わざるをえない。疫学を援用した議論はしばしば数学的な詳細の話になってしまいがちであるが、この疫学の大前提を押さえない議論は不毛である。市民教育で疫学の考え方を扱う際、この前提はしっかりと教えておく必要がある。やや議論が抽象的になってしまったので、具体的な話をしておこう。

2001年に厚生労働省の疾病・障害認定審査会原子爆弾被爆者医療分科会は疫学の「曝露群の寄与危険度割合」（がんなどの病気の発生に原爆による放射線被曝が寄与している程度を示す確率）の考え方に基づき、被爆時年齢・性別・推定被曝線量から白血病等13の病気の原因確率を算出した表を提示した。そして原因確率が「おおむね50パーセント以上である場合には、当該申請に係る疾病の発生に関して原爆放射線による一定の健康影響の可能性があることを推定」という「原爆症認定に関する審査の方針[32]」を定めた。ところが、この基準（旧基準）では認定されない被爆者が相次ぎ、認定却下を不服とする集団訴訟が提起された。訴訟で国の敗訴が相次いだことからこの基準は改訂されたのだが、判決（平成20年5月30日大阪高裁判決を例とする）では次のように「曝露群の寄与危険度割合」を個人に適用することの不適切性を明確に指摘している。「原因確率は、現存する最良のものであるとしてもそのような基本性格をもつ疫学調査に基づいて算定された寄与リスクを個別具体的な個人に発症した個別具体的な疾病に適用しようとするものであるが、寄与リスク自体は、あくまでも当該疾病の発生が放射線に起因するものである確率を示すものにすぎず個々人の疾患等の放射線起因性を規定するものではないから原因確率が小さいからといって直ちに経験則上高度の蓋然性が否定されるものではない（例えば、原因確率5％という場合、10人全員が5％の過剰リスクを負っていた場合もあるし、10％の者が5人で他は0％の場合もあり、審査の方針のいう10％を超える者であるか否かは、個別の審査でなければ判定できない）」[33]。疫学を具体的な事象に適用しようとする場合、疫学が集団を対象としたものであって個人について判断するものではないこと、個人について判断する場合には、個々の事例に即した判断が必要であることという原点に立ち戻って判断しなければならない。この場合、多少の判断のぶれはありうるが、そのぶれは基準の機械的な適用によって排除するのではなく、複数の専門家による判断など判断の工夫によって是正していくべきものであろう。判断そのものはあくまでも個別事例に即してなされるべきである。

(3) 議論についての着目点

先に疫学を市民教育の場で扱う際には「統計的手法（ある程度は必要）は最小限度にとどめ、意思決定の教訓となるような事例（公害病等疫学が意思決定の根拠として利用された事例）における疫学の利用を、必要に応じて法的・制度的・倫理的な側面にも触れながら学習するケースメソッドの手法をとるのがよい」と述べた。これは具体的には市民のリテラシーとしては、統計的手法の細部ではなく、あるケース（たとえば有害物質による疾患の広がり）をめぐる議論について、どこに着目して吟味すればいいかということが重要となるということである。ではそれらの議論のどこに注目すればよいだろうか。２００６年のＰＩＳＡ（国際学力比較調査）の問題[34]を手掛かりに考えてみよう。以下のような問題である。

ある大きな肥料製造の化学工場の周辺で慢性呼吸器疾患にかかる人が増えていることから、住民が有害物質が放出されているのではないかという疑いを持ち、住民集会を持った。その場で、化学工場から調査を依頼された科学者は、土壌のサンプルを採取し調査を行った結果、有害物質は検出されなかったと報告し、一方住民から依頼された科学者は、工場の近くの地域と工場から離れた地域で比較した結果、慢性呼吸器疾患の患者数が工場近くでは多くなっていると報告した。化学工場から依頼された科学者の報告を疑う理由と住民から依頼された科学者による地域間比較の妥当性を疑う理由をそれぞれ一つずつ述べよ、というのがこの問題である。この問題の正答は一つではない。たとえば化学工場から依頼された科学者の報告を疑う理由については「呼吸器疾患を引き起こした物質がこれまで有毒物質として認識されてこなかった物質である」など6つの正答例が示されている。それらも参照しながら吟味の観点をあげてみよう。

(a) 誰が調査しているのか

まず着目すべきはこの点であろう。科学者の調査は依頼者が誰であるかということにかかわりなく厳正に行うべきというのが科学者に求められる研究倫理である。しかし過去の公害病等の例も見てもわかるようにこの倫理が必ずしも実践されていない例もあることも事実である。もちろん捏造などは論外であるが、そのような明らかに倫理（たぶん法律にも）に反するリスクを冒さなくても、手法の選択によって妥当でない結果を出すことも可能である。この場合、なぜ化学工場から依頼された科学者が大気ではなく土壌を調べているのか疑問となろう。おそらく呼吸器疾患に直接関係するのは大気である。大気ではなく土壌を調べることについて説得力のある論拠がなければ、科学者が依頼者である工場に忖度して呼吸器疾患に対する工場の責任をあいまいにする意図があったと疑義を持たれることになる。

調査を単に受容するのではなく、「誰が調査したのか」についての留保を持って調査を吟味することが第一の着目点である。ただこれは調査者の立場を絶対視するということではない。あくまでも調査結果に対して留保を持って対するということである。

(b) どのようにサンプルを選び、そこから何を調査したのか

土壌を調査するといってもあらゆる地点からくまなく土壌のサンプルを採取することは不可能である。どのような基準によってサンプルを選んだのか、その基準は妥当なのかを吟味することが必要になる。工場から有害物質が放出されていたとしても、地形的・気象的条件の影響（たとえば主たる風向の風下なのか風上なのか、凹地なのか凸地なのか）を考慮しているのか、いないのか、仮に意図的ではないにしろ工場の風上で集中的にサンプル採取をしたとすれば、妥当性に欠けるものになる。サンプルはその地域の土壌という母集団の縮図になっていなければならないのである。また有害物質として何を探索しているかということも吟味の対象になる。有害物質を網羅的に探索することは不可能である以上、何かを検出のターゲットとして選択するわけだが、それが妥当なものかどうか、つまり工場の操業過程で出てきそうな物質かどうかということである。

仮に工場から放出される物質 a の濃度と罹患率の間に正の相関（距離が離れるにつれて罹患率が減少する）が検出されれば、 a が疾患を引き起こしている物質の有力候補となりうる。ただし早合点は禁物で

ある。水俣病の場合も、有機水銀が水俣病の原因であることが立証されるまでマンガン、セレンなど様々な重金属が疑われた。的外れな措置を取らないためには因果と相関を同一視せず、実験的研究も付加するなどさらに証拠を固めていく必要がある。しかし証拠固めの間に無策でいては生命や健康に悪影響を与えてしまう可能性がある。ここで先に述べた予防原則の必要性が再び出てくることになる。

(c) どう調査し、どう解釈したのか

住民から依頼された科学者が選んだ健康調査の対象地区について、工場のある地域をA地域、工場から遠い地域をB地域としてみよう。A地域の方がB地域より人口が多ければ、同じ罹患率であってもA地域の方が患者数は多くなる。比較すべきは罹患率である。しかし罹患率がたとえばA地域の方が2%多かったとしてもただちにA地域の方が罹患率が高いとは言えない。違いに意味があるかどうか、つまり違いが単なるゆらぎでないかどうかは検定という操作を行い、A地域の罹患率がB地域の罹患率よりも高い確率が十分大きいと判断できる必要がある。ちなみに統計学でいえば、これは「差がない」という仮説（帰無仮説）が正しい確率がある値以下（通常は5%未満$p < 0.5$）の場合、「帰無仮説は棄却される」と表現する。つまり差があるということになる。

罹患率に影響を与えるかもしれない他の要因にも目を配る必要がある。A地域でB地域よりも高齢化が進んでいる場合などであり、その影響を補正する必要が出てくるかもしれない。

以上はいずれもごく初歩であり、数学で扱うというよりも理科や社会の中でトランスサイエンス問題を取り上げるときに扱うことが十分可能であると考える。

判断を統合する——ブリコラージュの知

日本の科学技術社会論を主導し、その基礎を作りあげた村上陽一郎は『科学者とは何か[35]』の中で「缶ミルクの教訓」と題してアメリカの食品会社の発展途上国支援の失敗を述べている。その会社は善意のキャンペーンとして、飢餓に悩むアフリカの家庭に自社の粉ミルクを配る支援を行った。飢餓で母乳の出ない母親への粉ミルク配布は子どもの栄養状態の改善に役立つという意図の下でこの事業は進められたが、現実には悲惨な結果を招いてしまった。現地では哺乳瓶を洗浄する清潔な水が使えず、哺乳瓶内で細菌が繁殖して、感染症で死亡する赤ちゃんが激増したのである。村上はこの事態を「缶ミルクによってアフリカの飢餓を救えると思いこんだアメリカの食品会社の側、あるいはそのキャンペーンに賛同した人々の間に、総合的な推理と判断とが欠けていたがゆえの悲劇であったという外はない」と批判し、そして「いくつかの領域での基礎的な知識を持ち合わせ、それを統合する健全な推理力、予測力を備えた人間がいたならば、この悲劇は救えたかもしれなかった」としている。村上は同書の中で今後求められる「新しい知識人の資格」を、「常に『メタ』の立場からものごとを眺め、色々な観点を秤量しつつ、総合的に判断を下せる人物」と述べている。これは知識人への言及であって普通の市民にまでこのような資質を求めているわけではない。しかし私はこの村上の記述を読んだとき、市民に求められる科学リテラシーというのは、まさにこのような資質を育てる教育だと感じた。

上記の事例は村上も言うように、知識として必要なのは「いくつかの領域の基礎的な知識」であり、決して特別な知識ではない。アフリカの衛生状況、清潔な水が欠如している状況での細菌の繁殖というようなことは中学生、あるいは小学生でも知っているようなごく普通の知識である。しかしそれ自体は普通の知識であってもそれを状況に応じて適用し、起こりうる事態を想像することは決して簡単ではない。

より一般化した問題解決の文脈で言うならば、適切な問題解決のためには、自分の手持ちの知識が問題の文脈を判断するのに十分なものなのか、自分の行っている思考の道筋に批判の余地はないのかといったことを吟味するメタ認知を繰り返しながら、多様な観点から状況を熟考し、観点を統合して判断することが求められる。価値観の対立する問題の場合には自己の価値観を省察し、場合によっては組み替えることも求められるだろう。

このような知はもちろん専門家にも求められるが、私は、このような知を現代社会における「市民の知」として、知識・スキルの体系性を特徴とする「専門家の知」(専門知) とあえて区別して考え、意識化することが必要だと考える。この「市民の知」は第3章の「専門家と市民の界面――欠如モデルから関与モデル」と論旨は重複する部分があるが、ここでは「市民の知」を「ブリコラージュの知」ととらえなおし、その性格とそれを支える教育について見てみたい。

（1）ブリコラージュの知

ブリコラージュ（フランス語）とは「寄せ集めてつくる」という意味であり、「器用仕事」とも訳される。たとえば服のデザインの分野では、ありあわせの布を組み合わせて新しいデザインや服を作りだす仕事をさして使われる。レヴィ＝ストロースは、人類学の調査の中で、「未開人」と見なされてきた先住民が、西洋の知識体系とは異なるが、独自の論理で世界を秩序づける思考様式を持つことを発見し、これを「具体の科学」と呼び、ブリコラージュになぞらえて説明した[36]。

ブリコラージュは近代科学の考え方とは対照的な思考である。近代科学は対象となる現象を世界から切り出す。たとえば生物学は世界の中から生物を抜き出す。あるいは栄養学は生物の諸現象を栄養という観点から切り出す。そして切り出した現象や事物を網羅的に探究し、分析して明快な因果関係の網の目で現象や事物を理解しつくそうとする。一方、ブリコラージュは今ある手持ちの知識や材料から出発し、それらを組み合わせ、いわばそれらと対話しながら、足りないものを適宜調達し、パッチワークのように組み合わせて世界を理解しようとする。領域にはこだわらず、利用できるものは利用する。「『もちあわせ』、すなわちそのときそのとき限られた道具と材料の集合で何とかするというのがゲームの規則である[36]」。パッチワークを構成する部品間に不整合が発生することがあっても何とかそれをおり合わせ、世界の理解可能性を維持しようとする。それは神話が、起源の異なる様々な神話が混淆しても、何とかそれらの間で辻褄を合わせて神話の統一性を維持しようとすることに似ている。

こう説明してくると、ブリコラージュの知、寄せ集めてつなぎ合わせる知は何か不徹底でいい加減なもののように思われるかもしれないがそうではない。確かにそのような一面はあるだろう。しかし、それは近代科学、たとえば医学だとか物理学が確立してきた専門家のための各専門分野の知（専門知）とは異なるが、社会にとって専門知とは異なる意味での有用性を持つのであり、専門知の限界を補う可能性を持っている。その理由を次に述べよう。

上に述べたように専門知は世界の中から、その専門知が対象とするある領域を抜き出して、それを体系的な知の形、典型的には学問の形で理解しようとする。専門家は特定の領域、たとえば医療、工学、教育等について専門的訓練を受け、専門知により各領域に生じた様々な課題に対処するわけだが、それぞれの領域には各領域の知見を背景とした定型的な課題処理の様式が確立している。医学の場合で言えばそれぞれの病気についての標準治療があり、法曹の世界には判例があり、建築の世界には設計施工基準がある。少し荒っぽい言い方になるが、これらの定型を知悉し、それをふまえた実践を間違いなく行うことができるのが専門家であるといってもよいだろう。

専門知はその定型的な課題解決の型に落とし込むことのできる課題に対してはきわめて有能である。しかしその有能さは何にでも同じように通用するわけではない。「科学知識は自然界の一つの描写」、「対象あるいは現象のある限られた範囲の『地図』なのであって、きちっと定式化されたものであれば、どんな問いにも厳格に答えられる」（ジョン・ザイマン）[37]ことが強みであるが、逆にその分野の定型に落とし込んでしまうと他の分野が見えなくなってしまい、むしろそれが逆機能になってしまう場合すらある。この節の冒頭で述べた缶ミルクがまさにそのような例にあたるだろう。おそらく支援にかかわった担当者は栄養学の観点から缶ミルクの優越性を確信し、栄養学の定型に落とし込むことによってアフリカの子どもたちを救えると思い込んだのではないだろうか。

典型的なトランスサイエンス問題はまさにこのような定型が通用しにくい構造をしている。大規模風力発電施設を例にあげてみよう。マクロに言えば、再生可能エネルギーの発電量を増大させていくことは必要である。エネルギー自給につながる可能性もある。しかし騒音、低周波振動、希少生物への影響、地域によっては斜面崩壊による災害を惹起する可能性などデメリットについても多様な観点から検討する必要がある。また建設の是非や規模の決定に対する地域住民の参与など政治プロセスの民主性の確保も考える必要がある。

これら個別の問題について専門家が関与し、専門知を提供することは必須であるが、それらの専門知を統合して最適な意思決定を行う手法が存在するわけではない。可能な解はいくつもあるし、どれが最適な解かは、価値観によって違う可能性がある。要するに至極あいまいなのである。そのあいまいさは専門知が不完全なために生じる問題というよりも、「科学的合理性が及ばない領域で意思決定をしなければならない」、「科学のもつ理性とは別に恣意的ではない合理的な判断が求められる」[38]というトランスサイエンス問題の本質に内在した問題である。経済学者のアマルティア・センは社会経済政策が実現すべき価値について「合意あるいは一致を民主的に探し求めることに依存する選択手続きはきわめて混乱したものになるかもしれない。テクノクラートはこの混乱にすっかり嫌気がさし」「出来合いのウェイトを与えてくれるような素晴らしい方式を切望するかもしれないが、しかしもちろんそのような魔法の方式は存在しないのである」[39]と述べているが、トランスサイエンス問題についてもこの指摘はあてはまる。トランスサイエンス問題にも「科学的合理性」にかなった魔法の方法は存在しない。

どうすればいいかと言えば、当該地域の市民が専門家や他の市民と対話しながら、これらの専門知をそれぞれの価値観による自分なりの重み付けをし、地域の文脈にてらしながら、つなぎ合わせて意思決定をしていくという実に泥臭く手間を要する方法に頼るほかはない。このとき市民はブリコルール（器用人）となりブリコラージュを行うのである。そしてその市民の意思を何らかの方法で集積してその地域（自治体とか集落とか）の意思決定としていく。

その意思決定を「難しい問題だからわかんない」として専門家に委ねることは適当ではないだろう。それは民主的な意思決定の権利の否定であり、また専門家からすれば、むしろ意思決定そのものへは関与しないことによって（むろん個人としての意見を表明することは構わない）価値中立とか普遍性というような専門知の中核的価値を守ることができるからである。

このように考えてくると、意思決定に必要な専門知がいくつか存在していて専門知相互の調整を一意的に行うことができない課題、価値観の競合が存在している課題「（ほとんどのトランスサイエンス問題はこれにあてはまる）においては、それらの専門知を対話と熟考によってそれぞれの市民がそれぞれの仕方でつなぎ合わせる、つまり再組織して課題に適用するというブリコラージュの知の形でアプローチするという形にならざるをえないことがわかる。もちろん専門知を軽視するわけではない。むしろ再組織と適用の過程で、専門家と対話することによって、専門知の持つ問題を焦点化する能力、専門家のネットワークを駆使する力といった専門知の切れ味の鋭さは身に迫って意識化されることになるだろう。ただ大事なことはそれに取り込まれて依存してしまうのではなく、専門知を課題の解決にどう生かすのかを市民自身、当事者自身が自分の頭で考え、意見を表明し、対話し、また意見を変える、つまり自己教育を行っていくことだ。市民のブリコラージュの知と専門知が補足しあうことによって課題に対峙するのである。

(2) ブリコラージュの知の課題特性

ではこのようなつなぎ合わせる知、ブリコラージュの知をどうすれば育んでいくことができるのだろうか。前提を確認しておこう。ブリコラージュの知はこれまで多くのリテラシー論が依拠してきたミニマム・エッセンシャルズ(最低限の教養)とは異なる。ミニマム・エッセンシャルズは市民が共通に所持すべき知識・スキルを同定し、リスト化したものであらわされる。しかしブリコラージュの知は課題ごとに知識をはりあわせ、かき集めるものなので、ミニマム・エッセンシャルズのようにあらかじめ知識のリストを用意しておくわけではない。「知」と表現はしたものの、そこに何か実体的な知識領域が存在するわけではない。課題に取り組む実践の中でそのつど生成し、プロセスの中に立ち現れてくる総合的判断力であり、知識活用能力である。課題に取り組む中で知識は得られはするが、その獲得自体が目的ではない。文脈に応じて課題解決をしていく能力の獲得が目的である。

このような性質を持つブリコラージュの知は課題解決の現場経験によって育まれる。というよりもそれしかブリコラージュの知を育てる方法はないであろう。もちろん課題ならば何でもよいというわけではない。ブリコラージュの知を効果的に育む条件を備えた課題が望ましい。この場合の教育の要諦は教えるべき知識を選ぶことではなく、取り組むべき課題を選ぶ、あるいは学習者による課題の選択を支援することである。そして課題に取り組むプロセスを支援することにある。

ではどのような性質を持つ課題が望ましいのだろうか。上記の記述とやや重複するが例をあげてみよう。近年、温暖化に伴う気象災害が激甚化している。国も自治体も治水施設（堤防、ダム）の設置・強化だけでは対応できなくなり、流域全体で治水を考える流域治水の考え方が主流になりつつある。河道から水があふれて冠水する場所が出ることも許容し、「あふれても安全」な治水を目指しているのである。これは生態系の保全という環境的な価値、治水に要する公費の節減という経済的価値ともおおむね整合している。しかし一方で冠水する可能性のある土地（許容する土地）は多くの場合、水田などの農地であり、農作物が被害を受けることがある。道路も冠水するので、交通は不便になる。「田舎を犠牲にして都市を守る」ことになるので、当然、公正の観点から疑問を持つ人もいる。実際、たとえば三重県雲出川などでは堤防に開口部（無堤防ないしは低い堤防）が存在していて大きな洪水のたびに農地が冠水する。農地が遊水地となっていて下流の人口密集地での溢水を防いでいるのである。その地域に住む人々の多くは、必ずしもそれに納得しておらず、不公平感を持っている。長野県更埴市では、堤防の開口部から流れ込んだ水が遊水地からあふれてしまい、住宅や公共施設が冠水し、市長は開口部の閉鎖を求めている。災害の激甚化に対応するための流域治水ではあるが、それで万事うまくいくわけではなく、利害の対立を抱え込まざるをえないという構図になっている。

流域治水を進めていくには、冠水する可能性のある土地の財産の保全、財政コスト、公正の問題、川や田んぼの生態系保全、景観設計など考えなければならない様々な要因をその地域の事情に応じて解きほぐしていかなければならない。それぞれの領域にはそれぞれの専門知は存在するものの、それらを調整する定型的な手法が存在しているわけではないし、専門知の間には（たとえば生態系の保全と洪水被害の低減）しばしば対立が存在する。結局は流域の市民があれこれと専門家の意見を聞きながらも自分たちの中でしっかり話しあって折り合いをつけ、着地点を探していく（協働的課題解決）、ブリコラージュとして解決していくほかはない。

ここには、

①様々な専門知を援用して取り組まなければいけない課題
②専門知相互、あるいは専門知の内部にも対立が存在し、その対立を認めながらも決断しなければいけない課題
③解決の過程の中に専門家と市民、市民相互の協働を含みこむ課題

という課題特性が存在する。

ブリコラージュの知はこのような特性を持つ課題に取り組むことによって構築されると、私は考えている。

これは政策的に言えば市民参加の政策形成であり、教育論的に言えば、社会的相互作用を通じてブリコラージュの知を構築していく自己教育のプロセスということになる。

（3）ブリコラージュの知の本質――コミュニケーションとメタ認知

「ミニマム・エッセンシャルズのようにあらかじめ知識のリストを用意しておくわけではない。『知』と表現はしたものの、そこに何か実体的な知識領域が存在するわけではない。課題に取り組む実践の中でそのつど生成し、プロセスの中に立ち現れてくる総合的判断力であり、知識活用能力である」。前項で上記のように記したが、この項では、ここをもう少し説明してみたい。

ブリコラージュの知の話に入る前の補助線として、まず専門知について述べておこう。専門知を背景とした学問的専門職の典型は医師であろう。医師は医学部教育及び卒後教育で獲得した専門知を駆使して診療を行う。しかし医学知識は爆発的に増加しており、専門医であっても一人の医師が専門分野の医学知識の進歩にリアルタイムに追いついていくことは難しい。しかし、患者の最善の利益を達成するため、最新の診療手法やそれに関連した医学知識を遅滞なくフォローし、それに応じて診療実践を変化させていくことが医師には求められる。

不可避的に医師の専門性は個人の医学知識・スキルに依存したものから、要求されている医療ニーズに対応したメタ認知（自分は何を知っていて何を知らないのか、何を知らなければならないのか）と、同僚や公共の医療情報空間（現在はウェブ上に大部分が展開されている）とのコミュニケーション実践（知らなければならない知識はどこにあるのか、どうすれば手に入るのか、同僚や情報空間に対して貢献できることはあるか）といったコミュニケーションとメタ認知に依存したものへと重点は移っていく。

他の専門職（法曹、研究者等）でも事情は全く同様である。現代社会が個人の知識・スキルを資格という形で可視化していくことを知識経済における知の在り方の観点から批判しているデイヴィド・ガイルは「知識経済・社会での労働・生活にとって鍵となるのは共同作業でありコミュニケーションであり、こうしたタイプの生活場面で求められる知識能力をいかにして伸ばすかという問題である。政策決定者が教育と知識経済との関係をもっと真剣に受け止めるならば、テストや試験で得られる資格を重視することは手控えられることであろう」[40]と述べているのは、上記の事情を反映しているものと思われる。

個人の知識は依然として有用なものではあるが、メタ認知とコミュニケーションを効果的に行うための指針（探り針）としての機能が大きくなるのである。

ブリコラージュの知の場合、トランスサイエンス問題に直面した市民は、少なくともトランスサイエンス問題にかかわり始める当初は、探り針としての専門知もほとんどない場合も多く、また複数の専門知や価値観を橋渡ししていくことも必要になるので、コミュニケーションによる知の補完と現在の自己の立ち位置の省察（メタ認知）が、専門知の内側にいる専門家よりいっそう求められる。バランスはさらにメタ認知とコミュニケーションに傾くのである。やや極端な言い方かもしれないが、ブリコラージュの知の本質は個人の所持する知識自体にはなく、コミュニケーションとメタ認知によって知識が組み替えられ、問題に対処する能力が向上するプロセスの中に存在すると考えてよいだろう。

したがってブリコラージュの知を育てるポイントは「トランスサイエンス問題への実効的な市民の関与を可能にするために、市民がトランスサイエンス問題に対して何を知らなければならないか、その知をどう身につけるのか」よりも、「トランスサイエンス問題への実効的な市民の関与を可能にするために、問題にたいするコミュニケーションとメタ認知をどう支援するのか」にある。前者の問いももちろん必要だが、それ単独ではなく、後者の問いの中に埋め込まれた形で、したがってコミュニケーションとメタ認知の進行していく文脈に応じて変動するものとしてその答えを追求していくべきものであると考える。

(4) コミュニケーションとメタ認知への支援

ではコミュニケーションとメタ認知への支援としてどんなものが考えられるだろうか。やや項目が多く羅列的にはなってしまうが、以下の4つを順次述べていきたい。

(a) オルタナティブの提示を通した専門知の集約と市民による選択
(b) 開かれた公共圏としての教室
(c) 教師の役割転換――公共圏のコーディネーターとしての教師の役割
(d) 専門知と市民教育を媒介する専門家の存在

(a) オルタナティブの提示を通した専門知の集約と市民による選択

市民がトランスサイエンス問題を議論し、個人的・集団的意思決定を行うときのことを考えてみよう。たとえば原子力発電には経済性、エネルギー安全保障、安全性、世代間の平等、地域間の衡平など様々な公共善（社会全体にとっての共通の利益）が存在する。原子力発電について意思決定していくことは、これらの公共善のどれを重視し、政策として具体化していくのかという問題、つまりどのようなオルタナティブ（様々な政策的選択肢及びその科学的・社会的・倫理的根拠）が存在し、その中からどれを選ぶのか（ということはどれを捨てるのかということでもある）ということを公共圏（公共善について市民が対等に議論する場）で議論し、個人的・集団的に決断していく問題である。

このトランスサイエンス問題における選択の問題を考えるため、関連した教育実践として内田隆の「未来のエネルギー政策を題材としたシナリオワークショップ[41]」を見てみよう。シナリオワークショップとは参加型テクノロジーアセスメントの一手法で、予想される未来の姿をいくつかのシナリオとして提示し、評価フェーズ、ビジョンフェーズ、現実フェーズ、行動計画フェーズの各段階を経ながら、望ましいと思われるシナリオを参加者が選択していくものである。内田は日本学術会議の「エネルギー政策の選択肢に係わる調査報告書」を元として原子力発電所について即時廃止シナリオから中心的エネルギー源として位置づけるシナリオまで5つのシナリオを設定し、生徒に討論とシナリオ選択をさせていく授業を行った。

この授業では原子力政策について授業前後に自由記述のアンケートを取っているが、たとえば、ある生徒は授業前には記述なしだったが、授業後に「今後、原子力発電を増やすのか、減らしていくのかを考えていくうちに、今までは減らしていくべきだと思っていたけれど、いろいろな資料や友人の意見を聞くにつれて、そのまま現状維持という意見に自分の意見がかわってきたので、関心を持って考えたりすることがとても大切だと思った」とコミュニケーションによって意見が変化してきたことを述べている。また別の生徒は授業前には「どうせ思った通りにならないと思うし、エネルギー政策って節電くらいしかわからない」としていたが授業後には「前回はどうせって思ったけど、今は自分の意見も将来のことにつながるかもしれないって思うと、今はどうせとか、よくわからないとか言ってなげだすのはだめだと思った。わからなくても真剣に向き合うことが大切だと思った」と原子力政策に対する向き合い方についての認知（メタ認知）の変化が見られる。

ここで注目したいのはいくつかのオルタナティブの提示とそれをめぐる議論（グループでの議論、クラス全体での議論）を通じた意見の変化（もちろん変化しなくてもよい）という授業方略がとられていることである。トランスサイエンス問題なのだからオルタナティブがあるのが当然とも言えるが、当然とも思われるこの方略には大きな意義があると私は考える。それには2つの理由がある。

①オルタナティブによる論点整理

トランスサイエンス問題は考えるべき論点が多岐にわたり、議論を容易に整理できないことがほとんどである。アメリカの大統領に対して日々行われるブリーフィングでは、担当補佐官から、取りうる政策の選択肢とその根拠（オルタナティブ）が提示され、それらを勘案しながら大統領の意思決定が行われていく。状況を容易に一望できないにもかかわらず、意思決定をしなければならない場合、選択肢を専門家が用意することによって状況を構成する論点（文脈）を簡明に整理し、意思決定支援を行うのである。同様の構図が市民を育てるための教育（市民教育）にもあてはまると考えられる。

また第5章の「トランスサイエンス問題から基礎へ降りていく学び」の節で「意思決定を行う経験の文脈の中でその決定の基礎となる知識が学ばれていくのである。このような学習の形態であっても基礎的知識を学ぶことができる、むしろいわゆる生きた知識（活用できる知識）となる」と述べたようにオルタナティブをめぐる議論の中で、その議論で使われる知識の習得を行うことも期待できる。

② 意思決定者としての市民の役割の強調

オルタナティブが提示され、その中からとるべき道を選ぶという構成は、トランスサイエンス問題についての意思決定が専門家とか行政で決定されて降りてくるものではなく、オルタナティブの提示は専門家が行うが、意思決定は市民が行うという考え方を暗に示すことになる。上述の内田の論文で、事前に未記入だった生徒が事後では「自分の意見を伝えずに政策が可決されて納得いかない結果になったら嫌だから。伝えなくて後悔するより伝えてから後悔する方がマシ」と述べているが、これは授業を通して、原子力発電所政策の意思決定に参加する市民の権利や役割を意識するようになったことを示唆している。

(b) 開かれた公共圏としての教室

資源エネルギー庁と文部科学省が共同で発行した『チャレンジ！原子力ワールド[42]』という中学生用向け副読本がある。2010年発行なので、福島第一原子力発電所事故の直前の発行といってもよい。この副読本では放射性物質の危険性に触れてはいるものの、そのすぐ後で「万一、事故発生という事態になっても周辺環境への放射性物質の放出を防止できるよう、何重にもわたる安全設計を行っています。」等と原子力発電所の必要性と安全性が力説されている。津波に対しても「大きな津波が遠くからおそってきたとしても、発電所の機能がそこなわれないよう設計しています」と記述されている。事故後、この副読本は現実とあまりに乖離した原子力発電所宣伝だとして批判され、回収された。事故とその影響の巨大さを考えれば、文科省や経産省は、学校教育を政府の原子力発電所宣伝の場としてきたという批判を甘受するべきであろう。

しかしここで強調したいのは、この副読本の記述の妥当性の問題ではない。確かに第一原子力発電所事故後の現在から見ればこの言説は端的に間違っていたが、それ以上に問題なのは、次の2つの点にあると私は考える。

①「正しい」言説の提示と権威づけ

トランスサイエンス問題において「正しい」言説はありえない。「正しい」言説はありえないからトランスサイエンス問題になっているのだと言ってもよい。原子力発電所は典型的なトランスサイエンス問題であり、安全性についても、コストについても、エネルギー源としての持続可能性についても競合する多様な見解がある。にもかかわらず、「放射性物質の危険性の問題はあるにしても、原子力発電所は基本的に安全であり、エネルギー安全保証と地球温暖化対応のために原子力発電所は不可欠である」という言説が「正しい」言説として提示されている。ある中学校の事例紹介がなされ、その中で、ディベート中の意見という形で原子力発電所への批判があることが触れられてはいるものの、それは刺身のツマにとどまっており、全体として国の政策である原子力発電所推進論をほぼそのままなぞった形になっている。

資源エネルギー庁（経済産業省）と文科省が発行したという体裁をとることによって権威づけが行われていることにも問題がある。文科省としては検定のような明白な権威づけをしたものではなく、教育現場の参考となる資料を提示しただけだというスタンスなのかもしれないが、教育現場はそのようにはとらえない。文科省の考え方がこの副読本に示されていると考えることがむしろ自然であろう。なにしろ文科省が発行しているのだから。

文科省は政府の一部ではあるが、政府の政策を教育内容として学校に下ろしてくることにはきわめて慎重になるべきだと私は考えている。「民主的に選ばれた政治家によって統治され、国民の信任を受けた政府の見解を学校で教えることの何がいけないのか、これこそ民主的なことではないか」と考える人もいるだろう。その方が多いかもしれない。しかし私はそうは思わない。民主主義社会の政策形成は、問題を考えるのに必要な情報をもとに、他者の思惑にできるだけ制約されない自由な議論が行われることが前提となっている。この前提に立つ教育こそ民主主義の健全性を保つ教育である。しかし教育が政府の政策を教育内容に翻訳して権力サイドの情報をもっぱら流すようになってしまえば、教育は権力サイドの言説を強化し、そのことによって権力を強化し、それがまた権力サイドの言説を強化する正のフィードバック回路の一部となってしまう。それが典型的に見られるのは政権の偉大さと正当性を教化する使命を持った独裁国家の学校である。

権力のプロパガンダである独裁国家の学校を理想だと思う人はほとんどいないだろう。そうであるならば、民主主義国家の学校は「公正・中立」な「正しい」考え方（それはしばしば政府の考え方である）を教える場ではなく、「制度的な『政治空間』（他にも市場やメディアという公共圏もある）においてなされる『決定』に対して、異議申し立て、疑義、問題提起、反省・再考の促し、対案の提案を行う」（平川秀幸[43]）多様な対抗的言説（オルタナティブ）に対しても開かれた議論のアリーナ、公共圏となることこそが望ましい。

② オルタナティブの貧困

副読本では学習のまとめとして原子力発電を増やすべきか減らしていくべきかディベートを行うことになっている。しかし少なくともこの副読本を扱うだけでは生産的なディベートは成立しないだろう。一つの理由は、地球温暖化対応、エネルギー安全保障、安全性、核燃料サイクルなどそれぞれにかなりの分量の説明がなされているが、ほぼ一方的な原子力発電所推進の言説に満ちており、普通に読めば原子力発電所は必要で今後増やしていくべきという結論にしかならないことである。

もう一つの理由は「オルタナティブの貧困」とでもいうべきであろう。ディベートを行う以上、双方の主張の根拠資料が提示され、「非現実的ではないか」、「コストがかかりすぎるのではないか」、「地域間の公正を阻害するのではないか」等のように双方が相手の主張を吟味し、その過程を通して、何が対立点なのか、何が合意できる点なのかが明確になっていく必要がある。

特に大事なのは、原子力発電所依存度の削減または原子力発電所廃止をしていくことと、地球温暖化に対応しながら必要な総エネルギー供給を確保していくことが両立できるのかできないのかという、原子力発電所に対するオルタナティブなエネルギー政策のポイントとなる問いとそれをめぐる定量的な議論である。

しかし、原子力発電所については、原子力発電所推進の根拠となる資料がある程度提示されているが、代替手法については、具体的なオルタナティブ（省エネルギーも含め、どんな発電を使えば原子力発電所をどの程度代替できるのか、それはどのように進められていくのか、その科学的・社会的・倫理的根拠は何か）が示されないまま、様々な発電方法の利点と欠点が列挙されているのみである。たとえば風力発電につ

いては、その発電原理を紹介し、その後
「風力発電の特徴
・自然のエネルギーを利用するので、石油などのように資源がなくなる心配がありません。
・電気を作るときに二酸化炭素を出しません。
・たくさん発電するためには広大な風力発電機の設置面積が必要です。」
とその特性を述べているが、これだけである。記述は少なくかつ定性的で、これでは上記の議論は行いようがない。

もちろん紙幅の問題はあるし、この副読本だけでエネルギー教育を行うわけではない。しかし、そもそもこの副読本の目的は、「自分たちの国でどのようなエネルギーをどう使うのかについて私たち一人ひとりが考える必要があります。将来、みなさんが大人になったときに、『あなたはどういう選択をしますか』という判断を求められる機会が必ずやって来ます」と副読本自体の中に述べられているように、市民に政府のエネルギー政策を理解してもらうのではなく、エネルギー政策に関する市民の意思決定（あなたはどういう選択をしますか）の基礎を培うことにあるはずだ。別の言い方で言えば、選択を可能とする公共圏を教室の中に創造することである。そうだとすれば、副読本に見られる、このオルタナティブの貧困または排除というべき風景は、「あなたはどういう選択をしますか」という自らの問いに応える誠実さの欠如と考えるほかないだろう。

以上、長々と特定の書籍の批判を行ったのは、この副読本が、教室を公共圏としようとする際の格好の反面教師となるためである。教室を公共圏とするためには、「「正しい」言説の提示と権威づけ」、「オルタナティブの貧困」ではない方法で様々な言説が語られなくてならない。その実現のために教師を、児童生徒を、あるいは初等中等教育の枠を超えて市民を支援する必要があるだろう。

その必要に対応するものとしてすぐ思いつくのは、教室に提供される言説をより多様に、より豊富なものとし、言説の提供者についても多様化を進めることである。しかしこの方向性を単純に推し進めることは、提供される側の負担が重くなりすぎるという難点がある。判断のポイントを把握できないまま、多量の情報を浴びせかけられると、人間は判断自体を放棄したくなる。そうならないために教師（市民の学習の組織者まで広げて考えれば教育者とした方がいいかもしれないが、以下では教師とする）は論点を精選し、言説間の共通点・相違点を整理するゲートキーパーの役割を果たす必要があるが、そのようなことを行うためには、そもそもトランスサイエンス問題にかなり精通しておいてもらう必要がある、それもまた現実的ではない。言説の多様化・豊富化はゲートキーパーとしての教師への支援を伴って行われるのでなければ、かえって混乱をもたらすことになりかねない。ではその支援をどのように行えばよいのだろうか。そのヒントは教師の役割の転換及び専門知と市民を媒介する専門家（媒介の専門家）の教育への関与にあると私は考えている。以下、それを述べてみよう

（c）教師の役割転換——公共圏のコーディネーターとしての教師の役割

上に述べた支援の必要性についてもう少し述べてみたい。一般的に言って政府見解（ここでは、各種基本計画・方針など政府から公的に発信された言説一般を政府の見解と考えておく）が教育を通じて国民へ

と下りてくるという構造は好ましくない。しかし現実には、教育、特に初等中等教育の場では、政府見解は、他の言説とは一線を画され、実質的に「権威ある『正しい』言説」とみなされることが多い。文科省－教育委員会という行政ルートから下りてくるということが背景にあることはもちろんだが、トランスサイエンス問題を扱う際の、いわば安全策が政府見解であることも大きいと私は考える。教師は授業のため教材研究を行い、授業の中で何を扱うか（教育内容）、どんな順序でどのように扱うか（教育方法）を設定する。この際、ガイドラインとなるのは教科書や既存の教材、先行する教育実践だが、トランスサイエンス問題についてはそのようなリソースはきわめて乏しい。またトランスサイエンス問題には対立点を含む様々な言説があるが、授業で取り上げる言説については、「なぜその言説を選択したのか」の理由を教育者は説明する（説明責任）、少なくとも説明を考えておく責任がある。もっと端的に言えば、「偏向ではないか」、「なぜこの考え方を取り上げ、そちらの考え方は取り上げないのか」といった潜在的・顕在的クレームにどう返答するのか備える必要がある。そんなとき便利なのが政府見解である。政府という権威ある情報源が知るべき情報を整理し、情報の中立性や信頼性を保証しているということで教材を探すしんどさを軽減できるし、説明責任は政府につけかえることができるからである。東日本大震災前にほぼ原子力発電所推進一色の原子力発電所副読本がさしたる抵抗なく教育現場に受容されたのは、教育現場が副読本は政府（文科省、資源エネルギー庁）見解と受け取ったことが大きいと思われる。

こう書くと教育現場や教師の責任逃れを指摘しているように聞こえるかもしれないが、そうではない。教育の中で取り上げるべき様々な問題があり、一つの問題についても数多の言説がある。その中で各問題について有力な言説は何か、言説間で何が相違点で何が一致点なのかといったことについて的確に判断することを個別の教師に求めるのは無理がある。何かのよりどころを求めるのは当然であろう。問題は教師のスタンスにあるのではない。教師が適切な支援を得られないまま、トランスサイエンス問題を扱わなければならない現在の教室のしくみを問題と考えなければならない。

ではこの状況を何かしら改善していくことはできるだろうか。上述のシナリオワークショップやコンセンサス会議を模した教育実践などトランスサイエンス問題を扱った教育実践は行われているが、共通するのは教師の役割をトランスサイエンス問題の内容について教える教授者からトランスサイエンス問題を様々な視点から吟味する議論のコーディネーターへと変換していく志向性である。私はその志向性をさらに進め、トランスサイエンス問題の内容（何が問題なのか、それについてのどんな言説があるのか、言説間の対立点は何で共通点は何か）について整理し、伝えることは、トランスサイエンス問題の専門家やトランスサイエンス問題の当事者が、後で述べる媒介の専門家の仲立ちの下に共同で作成した資料やリソースパーソン（授業の際にトランスサイエンス問題について解説してくれる人材、地域における当事者でもよいし、研究者とウェブでつながってもよい）に極力委ね、教師がトランスサイエンス問題の内容を伝える教材を作成して提示することの負荷をできるだけ軽減することを提案したい。極端に言えばトランスサイエンス問題の内容の提示そのものは「人任せ」でよいのではないかと思うのである。

教師の役割は何かというと、

①伝えるべきトランスサイエンス問題を選択する

②教室を公共圏とするための対話を喚起する

③学習者が各人の依拠する価値観や支持するオルタナティブを（暫定的に）選択することを支援する

④以上を総合してトランスサイエンス問題についてのクライアントシップ（クライアントシップの具体的内容については本章と前章で述べてきた）に学習者の注意を向けさせ、これらの視点の獲得を支援する

これらの役割を果たすためにはトランスサイエンス問題の内容についてある程度知っておく必要があるので、教師の負荷が劇的に減ることにはならないかもしれないが、トランスサイエンス問題についての言説の探索と整理に費やす手間はかなり減ると考える。

ただしこれはトランスサイエンス問題を教材化する人、トランスサイエンス問題の学びをマネジメントする人という役割分担を固定することを主張しようというわけではない。

たとえば先に見た沼津工業高校の実践のように、地域の環境問題について教師が自らコツコツと調査したり、資料を集めたりして教材化していくことによりつくりあげてきたすぐれた教育実践の意義は理解しているつもりである。しかしこのような実践はまさに卓越したものであって、この域の実践を行うことは多くの教師にとって容易なことではない。トランスサイエンス問題の教育を普通の教師に手が届くものにするために役割分担を行うことを提案したいのである。

(d) 専門知と市民教育を媒介する専門家の存在

最後に、上で言及した「媒介の専門家」としてどのような人をイメージしているのかを述べておこう。「媒介の専門家」という言葉は小林傳司の論文[44]から借用している。小林は広く科学と社会を媒介する

という意味でこの言葉を使っているが、ここでは小林の使い方よりも狭い意味で考えている。トランスサイエンス問題の専門家や当事者（原子力発電所の問題ならば原子力発電や放射線の研究者、立地地域の住民等）と教師・児童生徒あるいは市民をつなぐ、トランスサイエンス問題の現場と教育・啓発の場をつなぐ役割を持つ専門家である。現在、このように認知された専門家が存在するわけではないが、科学論研究者などの科学をメタ的に分析する社会科学者、理科教育学の研究者などを想定している。

では次に提案を現実化する具体的な段取りについて考えてみよう。少し長くなるので、節を改めて述べることにする。

トランスサイエンス問題の教育実践の3段階

以下では私が考えているトランスサイエンス問題の教育実践の段取りを述べてみたい。この段取りは次の3段階からなる。

第一段階は論点整理の段階である。トランスサイエンス問題の専門家や当事者（対立するオルタナティブを背景とした専門家や当事者が含まれていることが必要）相互の討論の場が媒介の専門家により設定される。ここで特定のトランスサイエンス問題について教育実践の場に提示する複数のオルタナティブが検討され、それらにかかわる論点整理が行われる。

第二段階は教材作成の段階である。第一段階の論点整理を受けて媒介の専門家と教育学者（教育工学や教育方法論などを含む広い意味での教育学の専門家、研究者だけではなく教師を含む）の討論の場が設定される。ここでは教育実践の参考となるモデル的な教材の作成（モデル的と的をつけたのは、あくまでも参考であって教育実践を拘束することを意図していないという意味を含ませている）が行われる。また教材と関連づけた教師教育もこの段階で行われる。

第三段階は教育実践の場である。学習者は教材からトランスサイエンス問題について学ぶとともに、教師のコーディネートの下に討論を行い、それを通してクライアントシップを学び、各人の依拠する価値観や支持するオルタナティブを（暫定的に）選択する。

以下、各段階について具体的に述べていく。

（1）第一段階（論点整理）

この段階では何か特定のトランスサイエンス問題について、どのようなオルタナティブがありうるのか、その中からどのオルタナティブを選択するべきか、その根拠は何か、ということについて、媒介の専門家の仲立ちによって当該の問題の専門家や当事者が議論し、何が合意できるのか、何が合意できないのか、合意できない場合、それぞれの立論の前提が変化することで合意が可能となるのかならないのかといったことを詰めていく。たとえば近年、出生前診断の普及に伴い、胎児が遺伝性の疾患を持つと診断された場合の人工妊娠中絶が増えている。このことについて国家などの権力が優生学的にそれを利用することについてはほとんどの専門家や当事者はこれに反対するという点で合意できるだろう。一方で出生前診断で胎児に障害が発見された場合、女性が自発的に人工妊娠中絶を行うことは出産に関する女性の権利（リプロダクティブ・ライツ）だと考え、胎児条項として法にそれを明記すべきとする主張がある。出生前診断で胎児の遺伝病が判明した場合の選択的中絶は当該疾患の人々の生の価値を脅かすものであって女性個人の自己決定権であるリプロダクティブ・ライツに含めることはできず、胎児条項は認められないという主張がある。人工妊娠中絶できる条件として母体保護法第14条第1項の「妊娠の継続又は分娩が身体的又は経済的理由により母体の健康を著しく害するおそれのあるもの」という規定が援用され、いわば拡張解釈で実質的に選択的中絶が行われている現状に問題を認めつつも、法に胎児条項として明文化することは、国が、胎児の障害を中絶の「適応」と認めることであり、優生政策そのものであるとして、胎児条項には反対し、当面現状のままで政策変更をすべきではないとする主張がある。まずは合意できることとできないこと（合意できないと合意できたこと）がここで線引きされる。しかしこれだけでは十分ではない。

次の段階として、胎児の状況によってこの合意の境界線は動きうるのかどうか議論する。議論の分析にしばしば使われるモデルであるトゥールミンモデルにおける限定詞（主張の限界）についての議論に移っていくわけである。上記の例で言うならば、胎児条項を支持する場合でも、妊娠後期（22週以降）の胎児は母体外で生存が可能であり、この時期の中絶は新生児の殺害と線引きができなくなるとしてリプロダクティブ・ライツに含めないという見解がありうる。一方選択的中絶はリプロダクティブ・ライツに含めることはできないという見解であっても脊髄性筋萎縮症1型のような重篤な呼吸不全を伴い、ほとんどが乳児期に死亡するような、子どもにとってきわめて過酷な経緯をたどる病気の場合には選択的中絶を認めるかもしれない。さらには遺伝子治療のようなゲームチェンジャーが登場すると境界は劇的に動きうる。中絶につながるという理由で出生前診断に反対している専門家でも、治療の可能性が開かれることでむしろ出生前診断の肯定へと変化する可能性もある（もちろん遺伝子治療の是非自体についても意見は分かれるので、この場合、議論が複雑化してしまうが……）。

このように個別事例に即した議論あるいは仮想的にはなってしまうが前提が変化した場合の議論を行うことは、むやみに議論を煩雑化してしまうように思われるかもしれないがそうではない。具体的な状況に即して合意の境界線は動きうるのであり、立場は可変的なものである。そのことがはっきりするのはこのような境界線の議論を行うことによってであり、初等中等教育のカリキュラムの作成にあたって示唆するところが大きいと私は考えている。

なお、わかりやすくするために大きく2つの段階に分けたが、実際の議論をこの2段階で行うとは限らない。境界線的な個別事例から議論が始まるかもしれない。概念上2つの段階に分けたが、合意できること、合意できないこと、立論の前提が変化することで合意が可能となることが要素として入っていればそれでよい。

ではこの第一段階において媒介の専門家は何を行うのだろうか、その使命は3つある。

①カリキュラム化するトランスサイエンス問題とその問題についての議論を提供する専門家や当事者の選択・依頼

教師・児童生徒や市民のニーズに応じてカリキュラム化するべきトランスサイエンス問題を選択し、その問題への議論を提供してくれる専門家や当事者への依頼を行う。依頼を行うに際しては、意見の布置を調べ（マッピング）、できるだけその布置に対応した専門家や当事者を選択し、依頼する。

② 議論の前提の設定

議論に参加してもらうに際しては下記に述べる議論の前提を理解しておいてもらう必要がある。その前提を議論の前に提示し、また議論がこの前提を踏まえなくなってきたときに適切に議論に介入して修正する。

a　市民と専門家の関係：市民と専門家のあるべき関係については何回か述べてきたので、詳しくは述べないが、市民とのコミュニケーションが専門家に脅威をあたえるようなものではなく、むしろ専門家の孤立を防ぎ、専門家へのリスペクトにつながるものであることを納得してもらう必要がある。このことについて1951年という早い時期にマンハイムが述べているのでそれを引用しておこう。なお文中のコミュニティは市民社会、かれらあるいは「より明敏な人間類型」とは専門家を指す。「民主主義社会では、これらのより知識の豊かな、より明敏な人間類型の存在は極めて大切である。しかしながら、コミュニティにおけるかれらの位置は、他の者から隔絶したものや他の者を支配する位置であってはならないのであって、コミュニティが相互的交換を通してかれらの高い資質を分けもてるような位置でなければならない。真の民主主義社会は、高い才能と業績をもつ人間を孤立化させることなく、かれらとコミュニティの残りの者との間のコミュニケーション路線を創設することによって、かれらを統合する」[45]

b　専門家の役割：aと関係するが、専門家の役割はかなり抑制的になる。「正しい知見」を提供することが専門家の役割ではなく、オルタナティブを提示することによって教室の中に公共圏を作りだすことが専門家の役割であることを理解してもらうことが必要になる。もちろん専門家が自分の見解を正しいと考えるのは当然ではあるが、ここで想定している議論は、どの意見が正しいのかという専門家どうしで議論のヘゲモニーの掌握を競うような議論、勝ち負けを決めることを目的とした議論ではない。

あるトランスサイエンス問題についてどのようなオルタナティブがあるのか、それぞれのオルタナティブは何を根拠としているのか、合意できること（これが共通の基盤となる）、合意できないこと（これが議論の焦点となる）、立論の前提が変化することで合意が可能となること（これが議論に新しい視点を持ち込む）を明確にし、整理して学習者や教師、カリキュラム開発者に提示することが目的である。

立論の前提が変化することで合意が可能となることを取り上げる意義は上に述べたが、では合意できないことを明確にすることにはどのような意義があるのだろうか。それは同じ現象（たとえば食糧危機）を対象としていても、論者によってそれをもたらす主要因（生産量が不足しているのか、貧困国・貧困層の購買力不足なのか）や問題解決へのアプローチが異なることが明らかになることでトランスサイエンス問題の多様な側面が学習者に意識されるようになり、先に述べた基本高水量のような議論の前提となる数字や想定についてすら論争がありうることを知ることで、学習者はよりラディカルに（根底的に）トランスサイエンス問題を考えられるようになることにある。

さらには専門家自身が自明のものとして考えている価値観（良きものとは何か、良きもののなかでも何を優先すべきかについての考え方、経済成長を重視するのか、社会的公正を重視するのかなど）とそれに基づいた政策も実は論者によって異なることが明らかになることによって専門家自身も気づいていないことが多い科学のイデオロギー性、そして政策決定のプロセスの中でどこからが科学でどこからが価値観であるか（市民の領域であるか）といったことが意識されることにある。

ここで大事なことは不一致や意見の変更を専門家の弱さとしてとらえないことである。先にも述べたが、不一致があるからこそ科学は進んでいくことができるのであり、不一致を強さとしてとらえる必要がある。教育学者のウィギンズとマクタイは「理解」の教育学的解釈について論じ「理解は論争的でありうる。実際、21世紀において、理解はあらゆる領域において常にそうであった。事実、総合大学（university）は、その定義からいって複数のディスコースの「世界（universe）」である。そこは、私たちが合意するだけでなく意見を異にすることに合意した場所であり、新しい議論と証拠にもとづいて、私たちが意見を変えるだけでなく自由に決意することもできる場所である」[46]と述べているが、トランスサイエンス問題に対する「理解」についてもこの考え方を当てはめることができる。

③ 議論の司会

媒介の専門家は専門家や当事者間で行われる議論の司会を行うが、司会の役割は結論を導くことではない。異なるオルタナティブ間で合意できること、合意できないこと、立論の前提が変化することで合意が可能となることを明確にしていくことにある。このゴールと上の②に述べた前提を、参加する専門家や当事者にしっかり共有してもらい、勝ち負けの論争やあまりに細部にこだわるような意味のない議論への迷走を防ぐことが司会の役割である。

(2) 第二段階 (教材作成)

第一段階で生産的な議論が行われていれば、それ自体が良質な教材となりうる。大学生あるいはある程度トランスサイエンス問題についての学習をすすめてきた高校生には第一段階での議論をネットで中継し、リアルタイムで見せながら議論に参加してもらうようなこと、イメージとしてはNHKで放映されていたマイケル・サンデルの「白熱教室」のような経験の機会を提供することも考えられる。しかし予備知識があまりない段階で、第一段階での議論をそのまま理解せよというのは非現実的であり、また第一段階の議論で触れられることがなくても先の節で述べた「科学への留保付きの信頼」とか「科学の方法論」とかのトランスサイエンス問題の教育で扱うべき論点があるので、一般的には教材の開発が必要となる。それが第二段階である。

教材には3つの役割がある、一つは第一段階での専門的な議論をよりわかりやすくリアルなものに再構成することである。たとえばシミュレーションである。地球温暖化や自然災害にはThe Climate Trailとか浸水ナビのようなシミュレーターが存在する。シミュレーションとVRやARを組み合わせることで、学習者の居住地域の災害被害や温暖化に伴う生物相の変化をリアルに追体験できるようになるだろう。ロールプレイも有効な方法である。たとえばPLT (Project Learning Tree) という環境教育団体が開発しているFocus on Riskというカリキュラムでは、電気製品の電磁場規制を求める法律が州議会上院で審議されていると仮定し、通常の電磁場ががんなどの有害な影響をもたらす証拠はないとする全米研究評議会、送電線とがんの発生の間に弱い相関が見出されている研究があることに注目し、電磁場規制を行うと同時に研究をさらに進めるべきだと主張する生体電磁気学会、電機製品の電磁場規制を行う法律は不要であり、そのような法律は産業を損ない、職の喪失につながるとする電気製品団体、電磁場規制の法律は公衆、とくに子どもの健康への潜在的な危険を防ぐ意味があるとして電磁場規制に賛成する医師会など様々な立場に生徒を割り振ってそれぞれの立場から上院議員の立場の生徒に対して公聴会で主張を展開し、上院議員が立法の是非を判断するというロールプレイを行っている。このようなロール（役割）の体験は疑似的ではあるが当事者意識を喚起し、情緒的反応も含めてステークホルダーの意思決定を内面から理解する助けになるだろう。

もう一つの役割は、地域性の補足である。地域によって直面するトランスサイエンス問題は異なっている。原子力発電所立地地域ではもっともリアルに感じられるトランスサイエンス問題はやはり原子力発電所であろうし、原子力発電所も地域ごとにその抱える問題（たとえば事故の際の避難手段、想定される地震の種類や震度、地域経済との関係など）は少しずつ異なっている。この地域性の補足を行うことによって学習者が自分の経験と関連づけ、より腑に落ちて理解することができる。従来、地域性の補足は教師が授業準備の一環として行うのが普通であり、そこが教師の腕の見せ所でもあった。しかしこれは手間も知識も必要で簡単に行えることではない。教師の創意を尊重しつつも教育学者、媒介の専門家、地域をよく知っている地元の人と教師がチームを組んで現場見学や当事者へのインタビューも含め地域性を補足する教材の開発を行うのが望ましい。

第二段階では教材作成と並んでその教材を効果的に利用するための教師教育も行われる。教材開発と教師教育は車の両輪であって、優れた教材開発がなされても実施に当たる教師がその意図を理解し、意図に沿った活用をしてくれないと教材の教育効果は期待できない。

教師教育では教材の内容と手法についての説明は当然なされるが、それと並んで重要なのが、「科学技術へのクライアントシップ」である。教師にはこの点に留意して教育実践を行ってもらわねばならないので、どのトランスサイエンス問題を取り上げる場合でも、クライアントシップを扱っておく必要がある。

当該のトランスサイエンス問題の理解に必要であっても、第一段階の議論の中に取り上げられなかったものについてはトランスサイエンス問題の専門家の助力を得て補足しておく必要があるだろう。たとえば日本の原子力政策はおおむねエネルギー政策の枠内で論じられることが多いが、使用済み核燃料の処理（再処理なのか直接処分なのか）には安全保障政策（核開発）が密接にかかわってくる。ＡＩの脅威を考える際には、ＡＩに職業が代替されていくというような直接的な脅威だけではなく、「意志とは何か」、「身体性とは何か」という根本的でどう取りあつかっていいかわからない哲学的疑問がからんでくるといったことである。

(3) 第三段階(教育実践)

第三段階は教育実践の場である。ここでは教師は地域の事情や個々の学習者の学習状況を考慮して補足することはあるにしても、トランスサイエンス問題についての情報提供は第二段階で開発した教材にまかせておいてよい。トランスサイエンス問題の内容及びトランスサイエンス問題を理解するための基礎となる知識はカリキュラムと紐づいた資料や経験の組み合わせ(印刷物、動画、専門家どうしの討論の中継、現場見学、当事者の講演やインタビュー等)によって極力提供し、教師を教授者の役割からできるだけ解放し、コーディネートを行うことに集中してもらうのである。教師には以下の使命がある。

(a) 寛容と信頼と責任の雰囲気の醸成

率直で建設的な議論を行うためには、議論の参加者の間で他者への権威主義的・攻撃的・冷笑的な態度を控え、参加者が相互を尊重し、他者の考えを否定しない寛容の雰囲気を保つ必要がある。教師は議論のオーガナイザーとして寛容の雰囲気の醸成を行うことが求められる。これはトランスサイエンス問題に限らず、議論一般に求められることであるが、トランスサイエンス問題を議論する際に特に求められる雰囲気もある。それはトランスサイエンス問題という高度な専門知が関与する問題であっても、市民は自分の頭で考えることができ、行きつ戻りつしながらも、専門家の支援を得ながら皆でじっくり話し合うこと(熟議)により正解に近いものを探していける、意思決定ができるという信頼、市民的公共圏への信頼である。それは裏を返せば専門家に責任を押し付けることなく市民も意思決定の責任を分かち持つという責任の感覚である。

教師はこの寛容と信頼と責任の雰囲気を議論に参加するもの全員で作っていかなければならないことを強調し、調整していくことが求められる。

(b) ゆさぶり

この議論は正解にたどりつくことを目的とした議論ではない。議論を通してトランスサイエンス問題への考えを深めていくことが目的である。考えを深めるためのコーディネートには、ときには積極的に議論に介入し、議論を揺さぶることも求められる。議論がある特定のステークホルダーの論理に偏する形で進んでしまったり、議論を深めることなく立場の違いを追認するだけの議論（みんなちがってみんないい）に収束してしまいそうだったりという場合はその議論をゆさぶってやるのである。たとえば大規模開発に地元住民の受容は大切だというがその地元とは何だろうか？ 自然保護と開発の対立を考える際、その自然とは何をさすだろうか？ 水田や人工林といった人の手が加わることによって成り立つ「自然」は自然なのだろうかといった疑問を投入することによって固縮しがちな思考をゆさぶり、ステークホルダーの論理の背景にある価値観を学習者に気づかせたり、学習者が自身の価値観や自明のものと思っていて意識していない前提に気づくのを助けるのである。もちろんこれはおしつけとは異なる。「自分の頭」で考えてみる、「自分の頭」で考えたことを他者との議論の中で吟味することを促すためにゆさぶるのである。

（c）トランスサイエンス問題に対するクライアントシップの喚起

トランスサイエンス問題の教育において科学的知識を扱うことは当然である。しかし科学的知識を身につけることがトランスサイエンス問題の教育の主たる目的ではない。トランスサイエンス問題について専門家の補佐を得ながらも自分の頭で考え、意思決定を行うことができる市民、科学へのクライアントシップを育成することがトランスサイエンス問題の教育の眼目である。そのためには、教師は、学習者がトランスサイエンス問題について「科学が知識生産システムとして持っている特性」に注意を向けさせ、科学に対して盲従にも不信にも陥らないよう「留保付きの信頼」を持たせ、科学の方法論の理解へ導くことが必要である。その観点からトランスサイエンス問題についてアプローチすることを促す役割を果たすことが求められる。

おわりに

最後に、かなり個人的な話になってしまうが、本書を書くことになったきっかけと私の思いをあまりまとまった形にはならないが述べてみたい。直接的なきっかけは東京電力福島第一原子力発電所事故である。事故翌日、私は車のラジオから流れる福島第一の情報を聞いていた。ラジオには京都大学原子炉実験所の小出裕章が出演し、福島の人々に対して一刻も早く福島第一からできるだけ離れた場所に逃げるよう緊迫した様子で語っていた。当時私は福島から遠く離れた三重県に住んでいたが、福島第一が制御不能になれば日本は終わりという危機感を抱かざるをえなかった。この感覚はおそらく多くの人に共通することだったのではないかと思う。そして第1章の「リスク社会とその特性（1）遍在と破滅」の項で述べたように、その直観は間違ってはいなかった。2011年3月に日本は破滅の危機に直面していたのである。しかしこのような危機があり、それが事故調査報告書という形で公刊されているにもかかわらず、また原子力発電の廃止を求める意見が世論調査の大勢だったにもかかわらず、政権交代が起こると、日本のエネルギー政策は再び原子力重視に回帰していった。なぜこのようなことが起こるのか、科学技術政策に対して市民によるコントロールが効かないのはなぜなのか、教育に何かできることはないのか、考え始めたのである。

考え始める中で私が思い出したのは1990年代前半のSTS（科学技術社会論　Science, Technology and

Society）とのかかわりである。ＳＴＳＮＪ（STS Network Japan）という若手の科学技術社会論の研究者（当時参加者のほとんどは大学院生だったように思う）の集まりにどういうわけか高校教員の私が参加していたのである（なぜ参加するようになったのかは覚えていない）。当時はＳＴＳやその一部であるトランスサイエンス問題の議論にはそれほど関心がなく、むしろトーマス・クーンとかカール・ポパーとかの科学哲学に関心があった。自分の理科の授業で科学論めいたことを力説して「これって社会科？」という生徒のつぶやきに気勢をそがれたこともある。しかしＳＴＳＮＪの集まりでは、半導体生産の現場の技術者とか水俣病の教材化に取り組んでいる高校教員とも会う機会があり、科学と社会の交わる領域に関心を向けるようになった。

茨城大学（当時）の小川正賢先生の科研で、遺伝子組み換えなどトランスサイエンス問題（当時はこういう言葉は知らなかった）を教育の場に組み込んでいこうという大阪や京都の高校の教員の方々とも知り合うことができた。

このようなかかわりの中でトランスサイエンス問題に関心を持つようにはなったものの、自分の教育実践とトランスサイエンス問題の間には距離があった。進学校に勤務していたこともあり、授業は教科書をこなすことと問題演習でいっぱいいっぱいになってしまっていたし、トランスサイエンス問題を教科書のどの単元に紐づければいいか考えあぐねていたのである。その後、ＳＴＳとは遠い領域で博士論文を書くことになり、ＳＴＳから離れてしまったものの、このときの不完全燃焼を解消したいという思いは、時を隔ててはいるが本書を書いていくときのエネルギー源になったという思いはある。

今振り返ってみると、９０年代は理科教育の研究者コミュニティ（職業的研究者だけではなく、研究的実践に興味を持つ教師も含む）がＳＴＳに大きな関心を寄せていた時期だったように思う。アメリカの理科教育で行われていたＳＴＳアプローチの考え方やイギリスのＳＩＳＣＯＮ（Science in Social Context）が注目され、理科教育に科学論的な考え方や社会の次元を取り入れる動きが見られた。これには当時問題となっていた理科離れ対策、若者世代が序章で述べた「文明社会の野蛮人」の性向に傾いてきたという危機感、地球環境問題への関心の高まり、日本の理科教育が常にその動向を観察し、参考としてきた英米の理科教育の新しい傾向といういろいろな要因が考えられるが、大きな時代の底流として、科学技術をテコとして「Japan as Number One」と呼ばれるまでに上り詰めた日本がバブル崩壊の中で混とんとして方向性を見出せないでいた社会状況があり、それを反映した理科教育の方向性の模索があったのではないかと思われる。

内田隆が指摘しているように、２０００年代に入るとＳＴＳを研究の表看板として掲げた理科教育の論文は減少し、ＳＴＳへの関心は衰えてしまったように見える。流行が過ぎ去ったという面もあるだろうが、バブル後の、いつまでたっても終わらないように見える経済停滞を打ち破ろうとする「科学技術創造立国」への政府や産業界の期待（むしろ焦燥感と言った方がよいかもしれない）が、理科教育の場に下ろされ、ＳＳＨに象徴されるように、国際競争力の強化という文脈の下に理科教育が再編されてきたことも大きい。そのような文脈の下では、ＳＴＳ教育がいわば飼い馴らされ、「ＳＴＳ教育の名で研究・実践されているものの、実際には最先端の科学技術の解説や技術的な追体験で終わってしまっている」実践、「ＳＴＳ教育を語るものの、先端技術を学習の動機付けに使用した理科教育」（内田隆・鶴岡義彦）となってしまう。科学技術批判への傾向を潜在的に持つＳＴＳの最後のＳ（society）が意味を持たなくなり、既存の理科教育と何ら変わらないものになってしまえば、ＳＴＳなどとわざわざ言挙げする必要はなくなるのである。

しかし、近年、Nature of Science（科学の本質）など科学の暫定性や認識論的側面に注目した研究やＳＳＩ（Socioscientific Issues：科学技術に関連した社会的諸問題。トランスサイエンス問題とほぼ同じと見てよいように思う）を教材化する研究が若手の理科教育研究者を中心に活発になされるようになってきた。ＳＴＳという用語で語られなくても、これは一種のＳＴＳの再来とみなすことができるだろう。このような動きがいつまで続くのか、また科学技術創造立国に再び回収されてしまわないのか、今後のことは何とも言えないが、本書がこの動きを「専門家と協働しながら科学技術を統治する市民のための理科教育」へとつなげていく一助になれば幸いである。

なお本書は「リスク社会の科学教育―科学を統治する市民を育てる―」というブログに書きためた記述をもとにまとめたものである。

新曜社の本

ワードマップ 科学技術社会学（STS）
テクノサイエンス時代を航行するために
日比野愛子・鈴木 舞・福島真人 編
四六判200頁
本体2300円

ワードマップ 学習マッピング
動物の行動から人間の社会文化まで
青山征彦・古野公紀・サトウタツヤ 編
四六判248頁
本体2900円

ワードマップ 記号創発システム論
来るべきAI共生社会の「意味」理解にむけて
谷口忠大 編
四六判292頁
本体2800円

ワードマップ 批判的思考
21世紀を生きぬくリテラシーの基盤
楠見 孝・道田泰司 編
四六判320頁
本体2600円

アクションリサーチ入門
社会変化のための社会調査
D・J・グリーンウッド、M・レヴィン
小川晃弘 監訳
A5判264頁
本体3200円

安全と危険のメカニズム
重野 純・福岡伸一・柳原敏夫
A5判232頁
本体2400円

生物に世界はどう見えるか
感覚と意識の階層進化
実重重実
四六判224頁
本体2400円

文科系のための遺伝子入門
よくわかる遺伝リテラシー
土屋廣幸
四六判144頁
本体1400円

［決定版］原発の教科書
津田大介・小嶋裕一 編
A5変368頁
本体2400円

＊表示価格は消費税を含みません。

著者略歴

荻原　彰（おぎはら・あきら）

1960 年　長野県生まれ

1984 年　筑波大学大学院教育研究科修士課程修了

長野県立高等学校教諭（2004 年 3 月まで）

1999 年　上越教育大学大学院学校教育研究科修士課程修了

2004 年　三重大学教育学部助教授

2005 年　兵庫教育大学大学院連合学校教育学研究科より博士（学校教育学）授与

2008 年　三重大学教育学部教授（2022 年 4 月まで）

2022 年より　京都橘大学特任教授

主要な著書として『自然と共同体に開かれた学び：もうひとつの教育・もうひとつの社会』（単著）鳥影社，『アメリカの環境教育：歴史と現代的課題』（単著）学術出版会，『人口減少社会の教育：日本が上手に縮んでいくために』（単著）幻冬舎，がある。

新曜社

リスク社会の科学教育

専門家とともに考え、意思決定できる市民を育てる

初版第 1 刷発行　2024年10月17日

著　　者　荻原　彰

発 行 者　塩浦　暲

発 行 所　株式会社　新曜社

101-0051　東京都千代田区神田神保町 3 - 9

電話（03）3264-4973（代）・FAX（03）3239-2958

e-mail : info@shin-yo-sha.co.jp

URL : https://www.shin-yo-sha.co.jp

組　　版　Katzen House

印刷・製本　中央精版印刷

ISBN978-4-7885-1861-2 C1037

引用文献

●序　章　「文明社会の野蛮人」と科学教育

［1］小林信一（1992）：「文明社会の野蛮人」仮説の検証——科学技術と文化・社会の相関をめぐって、研究 技術 計画、6(4)、247-260
［2］福島原発事故独立検証委員会（2012）：福島原発事故独立検証委員会 調査・検証報告書、ディスカヴァー・トゥエンティワン
［3］ジャン-ピエール・デュピュイ（2011）：ツナミの小形而上学、嶋崎正樹訳、岩波書店
［4］西谷修（2011）：「大洪水」の翌日を生きる——デュピュイ『ツナミの小形而上学』によせて、ジャン-ピエール・デュピュイ『ツナミの小形而上学』（嶋崎正樹訳）、127-150、岩波書店
［5］ウルリヒ・ベック（1998）：危険社会——新しい近代への道、東廉・伊藤美登里訳、法政大学出版局

●第1章　社会の科学化

［1］エリック・ホブズボーム（1996）：20世紀の歴史——極端な時代〈上巻〉、河合秀和訳、三省堂
［2］村上陽一郎（1999）：科学・技術と社会——文・理を越える新しい科学・技術論、光村教育図書
［3］日本学術会議 科学・技術を担う将来世代の育成方策検討委員会（2013）：科学・技術を担う将来世代の育成方策——教育と科学・技術イノベーションの一体的振興のすすめ <http://www.scj.go.jp/ja/info/kohyo/pdf/kohyo-22-t169-2.pdf>
［4］ウルリヒ・ベック（1998）：危険社会——新しい近代への道、東廉・伊藤美登里訳、法政大学出版局
［5］金森修（2015）：科学思想史の哲学、岩波書店
［6］堀内彰宏（2011）：作品内容が変わることはない——宮崎駿氏らが語る、大震災と新作『コクリコ坂から』ITmedia ビジネスオンライン <https://www.itmedia.co.jp/makoto/articles/1103/28/news094.html>
［7］富岡町役場 健康づくり課 放射線健康管理係（2016）：年間1ミリシーベルトと20ミリシーベルトの話 <https://tomioka-radiation.jp/2016/09/30/1msv_and_20msv.html>
［8］村上雅彦（2019）：1995年ノーベル化学賞——地球を救った理論、化学と教育、67(7)、308-313
［9］小林傳司（2002）：科学技術と公共性、小林傳司編『公共のための科学技術』、13-34、玉川大学出版部
［10］ウルリッヒ・ベック（2010）：世界リスク社会論——テロ、戦争、自然破壊、

島村賢一訳、ちくま学芸文庫
［11］藤川賢（2016）：福島原発事故の避難指示解除と帰還にかかわる環境正義の課題、明治学院大学社会学部付属研究所研究所年報、46、149-161
［12］宮本憲一（2017）：日本の公害問題の歴史的教訓、滋賀大学環境総合研究センター研究年報、14(1)、3-19
［13］寿楽浩太（2014）：高レベル放射性廃棄物管理・処分問題――科学技術社会学の視点から、日本原子力学会 バックエンド部会 第30回バックエンド夏期セミナー
［14］和田喜彦（2014）：レアアース製錬に伴うトリウム等の放射性廃棄物管理に関する一考察――エィジアンレアアース（ARE）社事件、ライナス社問題を事例として、經濟學論叢、65、427-449
［15］佐藤主光（2014）：地方財政論 <https://www.ipp.hit-u.ac.jp/satom/lecture/localfinance/2014_local_note02.pdf>
［16］岡敏弘（2002）：政策評価における費用便益分析の意義と限界、会計検査研究、25、31-42
［17］日本ダム協会（2009）：津軽ダム建設の経済効果 <http://damnet.or.jp/cgi-bin/binranB/TPage.cgi?id=391>
［18］松田純（2018）：安楽死・尊厳死の現在、中公新書
［19］スチュワート・リチャーズ（1985）：科学・哲学・社会、岩坪紹夫訳、紀伊國屋書店
［20］ニーチェ（1970）：善悪の彼岸、木場深定訳、岩波文庫
［21］環境省（2017）：気候変動リスク管理における科学的合理性と社会的合理性の相互作用に関する研究、環境省環境研究総合推進費終了研究等成果報告書（研究代表　藤垣裕子）<https://www.erca.go.jp/suishinhi/seika/db/pdf/end_houkoku/S-10-5.pdf>

●第2章　科学の社会化

［1］吉田英生（2022）：クリミア戦争と関わった二人の偉大かつ清貧なイギリス人――フローレンス・ナイチンゲールとマイケル・ファラデー、京機短信、No.371 <http://wattandedison.com/Nightingale-Faraday.pdf>
［2］日本原子力研究開発機構（2001）：原子力百科事典ATOMICA <https://atomica.jaea.go.jp/>
［3］金森修（2015）：科学思想史の哲学、岩波書店
［4］オルテガ・イ・ガセット（1995）：大衆の反逆、神吉敬三訳、ちくま学芸文庫
［5］佐々木力（1996）：科学論入門、岩波新書
［6］スチュワート・リチャーズ（1985）：科学・哲学・社会、岩坪紹夫訳、紀伊國屋書店
［7］ウルリヒ・ベック（1998）：危険社会――新しい近代への道、東廉・伊藤美登里訳、法政大学出版局

［8］ジャン - ピエール・デュピュイ（2011）：ツナミの小形而上学、嶋崎正樹訳、岩波書店
［9］村上陽一郎（1999）：科学・技術と社会——文・理を越える新しい科学・技術論、光村教育図書
［10］古川安（2018）：科学の社会史、ちくま学芸文庫
［11］三本松進（2004）：現代日本企業の課題と対応——知識経済化時代の日本企業論 <https://www.rieti.go.jp/jp/events/bbl/bbl040909.pdf>
［12］経済産業省（2008）：知識組替えの衝撃——現代産業構造の変化の本質、産業構造審議会 新成長政策部会 基本問題検討小委員会報告書 <https://warp.da.ndl.go.jp/info:ndljp/pid/286890/www.meti.go.jp/report/downloadfiles/g80728a02j.pdf>
［13］ジェローム・ラベッツ（1977）：批判的科学——産業化科学の批判のために、中山茂他訳、秀潤社
［14］UNESCO（1999）：Declaration on Science and the Use of Scientific Knowledge and the Science Agenda: Framework for Action <https://unesdoc.unesco.org/ark:/48223/pf0000116994>
［15］塚原東吾（2018）：日本のSTSと科学批判、科学技術社会論研究、15、27-39
［16］S. スローター、L. L. レスリー（2004）：アカデミック・キャピタリズム、成定薫訳、成定薫氏のサイト <https://home.hiroshima-u.ac.jp/nkaoru/AcademicCapitalism.html> から引用
［17］吉岡斉（2018）：科学技術批判のための現代史研究、科学技術社会論研究、15、40-46
［18］小出裕章（2006）：六ヶ所再処理工場に伴う被曝——平常時と事故時 <http://www.rri.kyoto-u.ac.jp/NSRG/kouen/aomori06.pdf>
［19］内閣府 原子力政策担当室（2012）：使用済み燃料の返送リスクについて（改訂版）、原子力発電・核燃料サイクル技術等検討小委員会 <http://www.aec.go.jp/jicst/NC/tyoki/hatukaku/siryo/siryo15/siryo1-5.pdf>
［20］使用済燃料再処理機構（2017）：再処理等の事業費について<http://www.nuro.or.jp/pdf/20170703_1_3.pdf>
［21］原子力委員会（1967）：原子力の研究、開発及び利用に関する長期計画 <http://www.aec.go.jp/jicst/NC/tyoki/tyoki1967/chokei.htm#sb101>
［22］原子力関係閣僚会議（2018）：戦略ロードマップ <https://www.cas.go.jp/jp/seisaku/genshiryoku_kakuryo_kaigi/pdf/h301220_siryou.pdf>
［23］William Walker（2000）：Entrapment in large technology systems: Institutional commitment and power relations. *Research Policy*, 29, 833-846
［24］ジョン・ザイマン（1988）：科学と社会を結ぶ教育とは、竹内敬人・中島秀人訳、産業図書
［25］欧州環境庁レイト・レッスンズ編集チーム（2005）：事例から学ぶ12の遅ればせの教訓、欧州環境庁編『レイト・レッスンズ——14の事例から学ぶ予防原則』（松崎早苗監訳）、303-348、七つ森書館

［26］日本学術会議 東日本大震災復興支援委員会・エネルギー供給問題検討分科会（2014）：再生可能エネルギーの利用拡大に向けて <http://www.scj.go.jp/ja/info/kohyo/pdf/kohyo-22-h140926-1.pdf>
［27］丸山真男（1949）：軍国支配者の精神形態、潮流、4(5)、15-37
［28］カレル・ヴァン・ウォルフレン（1990）：日本／権力構造の謎、篠原勝訳、早川書房
［29］滝順一（2011）：地震と原子力発電所をめぐる問題点7――フクシマ後への教訓（今を読み解く）、2011年5月1日　日本経済新聞朝刊
［30］近藤次郎（1988）：市民のための科学教育、科学教育研究、12(1)、1-6
［31］大久保真紀（2012）：闘う地震学者、もの言う金属材料科学者――3・11以前から原発推進という国策に挑んできた人たち、論座 <https://webronza.asahi.com/national/articles/2012092000007.html>
［32］井野博満（2013）：原発の経年劣化――中性子照射脆化を中心に（前編）、金属、83(2)、141-148
［33］平岡義和（2013）：組織的無責任としての原発事故――水俣病事件との対比を通じて、環境社会学研究、19(0)、4-19
［34］栗原彬編（2000）：証言 水俣病、岩波新書
［35］田村元彦（2014）：ある官僚の死 Death of a Government official、西南学院史紀要、9、21-32
［36］パトリック・ヴァン・ズバネンバーグ、エリック・ミルストーン（2005）：「狂牛病」1980年代から2000年にかけて――安全の強調がいかに予防を妨げたか、欧州環境庁編『レイト・レッスンズ――14の事例から学ぶ予防原則』（松崎早苗監訳）、283-302、七つ森書館
［37］小林傳司（2007）：トランス・サイエンスの時代――科学技術と社会をつなぐ、NTT 出版
［38］ジェローム・ラベッツ（1977）：批判的科学――産業化科学の批判のために、中山茂訳、秀潤社
［39］William Walker（2000）：Entrapment in large technology systems: Institutional commitment and power relations. *Research Policy*, 29, 833-846
［40］吉澤剛・中島貴子・本堂毅（2012）：科学技術の不定性と社会的意思決定――リスク・不確実性・多義性・無知、科学、82(7)、788-795
［41］国立環境研究所 気候変動リスク評価研究室（2017）：地球規模の気候リスクに対する人類の選択肢 <https://www.nies.go.jp/ica-rus/report/version2/index.html>
［42］内橋克人（1986）：原発への警鐘、講談社文庫
［43］宮本憲一（2017）：日本の公害問題の歴史的教訓、滋賀大学環境総合研究センター研究年報、14(1)、3-19
［44］小林健一（2009）：アメリカの環境・燃費規制と自動車工業（2）――レーガン政策とビッグスリーの車種戦略、東京経大学会誌（経済学）、262、229-246
［45］朝日新聞Digital（2005）：連合、石綿規制法案に反対「雇用不安」理由に94

年 <http://www.asahi.com/special/asbestos/TKY200508040494.html>
［46］ 環境庁（1973）：環境白書 <https://www.env.go.jp/policy/hakusyo/s48/1122.html> から津地裁四日市支部判決を引用
［47］ 四日市公害と人権（2001）：四日市再生「公害市民塾」<http://yokkaichi-kougai.exp.jp/contents1/guide/4_5nen/contents/hobo_guidebook.pdf>
［48］ 吉村良一（2000）：公害における過失責任・無過失責任、立命館法學、2000年3・4号下巻（271・272号）、1703-1734から水俣病訴訟判決を引用

●第3章　専門家と市民の界面——欠如モデルから関与モデルへ

［1］ Kahan, D. M., Peters, E., Wittlin, M., Slovic, P., Ouellette, L. L., Braman, D., Mandel, G.（2012）：The polarizing impact of science literacy and numeracy on perceived climate change risks. *Nature Climate Change*, 2, 732-735
［2］ Evans, G., Durant, J.（1995）：The relationship between knowledge and attitudes in the public understanding of science in Britain. *Public Understanding of Science*, 4, 57-74
［3］ Office of Science and Technology and the Wellcome Trust（2000）：Science and the Public: A Review of Science Communication and Public Attitudes to Science in Britain <https://wellcome.org/sites/default/files/wtd003419_0.pdf>
［4］ 西條美紀（2009）：科学技術リテラシーの実態調査と社会的活動傾向別教育プログラムの開発 <https://www.jst.go.jp/ristex/funding/files/fin_saijo.pdf>
［5］ 岸川洋紀・村山留美子・中畝菜穂子・内山巌雄（2012）：日本人のリスク認知と個人の属性情報との関連、日本リスク研究学会誌、22(2)、111-116
［6］ 土屋智子・小杉素子・谷口武俊（2008）：社会的論争を招く技術に対する専門家と市民のリスク認知の違いとその背景要因、日本リスク研究学会誌、18(2)、77-85
［7］ 中谷内一也・長谷和久・横山広美（2018）：科学的基礎知識とハザードへの不安との関係、心理学研究、89(2)、171-178
［8］ House of Lords（2001）：Science and Society: Select Committee Report <https://www.theyworkforyou.com/lords/?id=2001-02-16a.405.0&p=13115>
［9］ Weinberg, A. M.（1972）：Science and Trans-Science, *Minerva*, 10(2), 209-222
［10］ 中島貴子（2020）：論争する科学——レギュラトリーサイエンス論争を中心に、金森修・中島秀人編著『科学論の現在』、172-203、勁草書房
［11］ 竹村和久（2006）：リスク社会における判断と意思決定、認知科学、13(1)、17-31
［12］ 平川秀幸（2011）：リスクガバナンスの考え方——リスクコミュニケーションを中心に、平川秀幸・土田昭司・土屋智子著『リスクコミュニケーション論』、1-58、大阪大学出版会
［13］ 益永茂樹（2013）：リスク評価——選択の基準、益永茂樹責任編集『科学技術からみたリスク　新装増補』、1-10、岩波書店
［14］ 三宅淳巳（2013）：産業災害とリスク、益永茂樹責任編集『科学技術からみたリスク 新装増補』、83-108、岩波書店

[15] ドロレス・イバレッタ、シャンナ・H・スワン（2005）：ＤＥＳ物語――出生前曝露の長期的影響、欧州環境庁編『レイト・レッスンズ――14の事例から学ぶ予防原則』（松崎早苗監訳）、155-170、七つ森書館
[16] 高津融男（2004）：予防原則は政策の指針として役立たないのか？、京都女子大学現代社会研究、7、163-175
[17] 欧州共同体委員会（2000）：予防原則に関する欧州委員会コミュニケーション文書、高村ゆかり訳 <http://www.env.go.jp/policy/report/h16-03/mat03.pdf>
[18] 渡邉紹裕（2010）：農業農村工学分野における地球環境研究の方向と課題、農業農村工学会誌、78(1)、3-7
[19] 小林傳司（2007）：トランス・サイエンスの時代――科学技術と社会をつなぐ、NTT 出版
[20] 食品安全委員会（2016）：食品の安全性に関する用語集（第 5.1 版）<https://www.fsc.go.jp/yougoshu_fsc_5.1_201604.pdf>
[21] アジア砒素ネットワーク（2005）：TOROKU　土呂久 <https://www.asia-arsenic.jp/ctrl-hiso/wp-content/uploads/2017/02/pamphlet-toroku.pdf>（土呂久公害についてのパンフレット）
[22] 政野淳子（2013）：四大公害病――水俣病、新潟水俣病、イタイイタイ病、四日市公害、中公新書
[23] 内田和子（2011）：岡山県小田川流域における水害予防組合の活動、水利科学、55(3)、40-55
[24] 長野県庁（2019）：地図から読み取れる防災情報 <https://www.pref.nagano.lg.jp/sabo/manabu/chizu-yomitoku-1.html>
[25] 内橋克人（1986）：原発への警鐘、講談社文庫
[26] 平川秀幸・土田昭司・土屋智子（2011）：リスクコミュニケーション論、大阪大学出版会
[27] フリードリッヒ・ハイエク（2010）：ハイエク全集　第2期第4巻　哲学論集、長谷川みゆき他訳、春秋社
[28] 神里達博（2020）：リスク論、藤垣裕子責任編集『科学技術社会論の挑戦2　科学技術と社会――具体的課題群』、106-126、東京大学出版会
[29] 佐賀県産業労働部産業グリーン化推進グループ（2017）：玄海原子力発電所の再稼働に関して広く意見を聴く委員会（第2回）議事録 <https://www.pref.saga.lg.jp/kiji00353739/3_53739_38946_up_qootunp1.pdf>
[30] ウルリヒ・ベック（1998）：危険社会――新しい近代への道、東廉・伊藤美登里訳、法政大学出版局
[31] 柴谷篤弘（1998）：反科学論、ちくま学芸文庫
[32] 日本学術会議（2010）：リスクに対応できる社会を目指して<http://www.scj.go.jp/ja/info/kohyo/pdf/kohyo-21-tsoukai-10.pdf>
[33] 寿楽浩太（2020）：原子力と社会――「政策の構造的無知」にどう切り込むか、藤垣裕子責任編集『科学技術社会論の挑戦2　科学技術と社会――具体的課題群』、149-168、東京大学出版会

●第4章　科学への市民参画の根拠——科学の政治化

［1］スチュワート・リチャーズ（1985）：科学・哲学・社会、岩坪紹夫訳、紀伊國屋書店

［2］ニーチェ（1970）：善悪の彼岸、木場深定訳、岩波文庫

［3］グリーンピース（2016）：遺伝子組み換え 失敗の20年——遺伝子組み換え作物をめぐる7つの「神話」と現実 <https://www.greenpeace.org/static/planet4-japan-stateless/2018/12/719ed861-719ed861-gmo20yrs_jp.pdf>

［4］平川秀幸（2010）：科学は誰のものか——社会の側から問い直す、NHK 出版

［5］ウルリヒ・ベック（1998）：危険社会——新しい近代への道、東廉・伊藤美登里訳、法政大学出版局

［6］リチャード・ファインマン（1986）：「ご冗談でしょう、ファインマンさん」(1)、大貫昌子訳、岩波書店、

［7］平田光司（2004）：科学における社会リテラシーとは、総合研究大学院大学湘南レクチャー（2003）講義録、3-25

［8］日本学術会議政治学委員会 政治学分野の参照基準検討分科会（2014］：大学教育の分野別質保証のための教育課程編成上の参照基準 政治学分野 <http://www.scj.go.jp/ja/info/kohyo/pdf/kohyo-22-h140910.pdf>

［9］吉澤剛・中島貴子・本堂毅（2012）：科学技術の不定性と社会的意思決定——リスク・不確実性・多義性・無知、科学、82(7)、788-795

［10］城山英明（2018）：科学技術と政治、ミネルヴァ書房

［11］安岡孝一（2005）：Qwerty 配列再考、情報管理、48(2)、115-118

［12］ゴム科学新聞（2020）：塩ビ工業環境協会・2019年塩ビ生産実績 <https://gomukagaku.com/article/200625_5/>

［13］村田徳治（2001）：化学はなぜ環境を汚染するのか、環境コミュニケーションズ

［14］中野彩香（2009）：カリフォルニア高速鉄道建設計画の展望——背景の環境問題と自動車産業の動きを中心に、運輸と経済、69(3)、77-85

［15］日本医療研究開発機構（2019）：患者・市民参画（PPI）ガイドブック——患者と研究者の協働を目指す第一歩として <https://www.amed.go.jp/content/000055213.pdf>

［16］三上直之（2020）：テクノロジーアセスメント、藤垣裕子責任編集『科学技術社会論の挑戦2　科学技術と社会』127-148、東京大学出版会

［17］ピーター・マクレラン（2010）：コンカレント・エヴィデンスⅡ　不確実な科学的状況での法的意思決定シンポジウム　国際科学技術社会論学会国際会議セッション(2010) ——オーストラリアでのコンカレント・エヴィデンスの経験から <https://www.sci.tohoku.ac.jp/hondou/RISTEX/page4/page4.html>

［18］平川秀幸（2011）：3・11以降の科学技術コミュニケーションの課題、菊池誠・松永和紀・伊勢田哲治・平川秀幸・飯田泰之＋SYNODOS 編『もうダマされないための「科学」講義』、151-210、光文社新書

[19] 小林由紀男（2017）：「三島・清水・沼津コンビナート反対闘争」における直接民主主義と公共政策――住民運動から市民的コンセンサスへ、立教大学大学院法学研究、49、1-38
[20] 三島市：石油コンビナート反対闘争 <https://www.city.mishima.shizuoka.jp/ipn001983.html>
[21] 西岡昭夫・吉沢徹（1968）：清水・三島・沼津石油コンビナート反対運動――住民組織の発展と学習会、行政研究叢書、1968(7)、217-241
[22] 武田真一郎（2013）：吉野川住民投票――市民参加のレシピ、東信堂
[23] ベンジャミン・バーバー（2009）：ストロング・デモクラシー――新時代のための参加政治、竹井隆人訳、日本経済評論社
[24] ユルゲン・ハーバマス（2000）：道徳意識とコミュニケーション行為、三島憲一・中野敏男・木前利秋訳、岩波書店
[25] ジョン・ロールズ（1979）：正義論、矢島鈞次監訳、篠塚慎吾・渡部茂訳、紀伊國屋書店
[26] 水俣病研究会編（1996）：水俣病事件資料集――1926-1968、葦書房
[27] 坂東克彦（2018）：半世紀を振り返ってみえてきたこと、あおぞら財団 <http://aozora.or.jp/wp-content/uploads/2019/03/bando.pdf>
[28] 土肥勲嗣（2021）：馬奈木昭雄弁護士オーラル・ヒストリー（3）水俣病とは何か、久留米大学法学、83、86-48
[29] 吉村良一（2000）：公害における過失責任・無過失責任、立命館法學、2000年3・4号下巻（271・272号）、1703-1734から水俣病訴訟判決を引用
[30] 平井京之介（2021）：考証館運動の生成――水俣病運動界の変容と相思社、国立民族学博物館研究報告、45(4)、575-654

●第5章　科学を統治する市民を育てる

[1] 三石初雄（1978）：国民学校低学年理科における教育内容・方法及び自然観の検討――教師用書『自然の観察』の分析を通して、人文学報、教育学、13、159-192
[2] 中央教育審議会（1957）：科学技術教育の振興方策について（答申）（第14回答申（昭和32年11月11日））<https://www.mext.go.jp/b_menu/shingi/chuuou/toushin/571101.htm>
[3] 文部科学省（2018）：高等学校学習指導要領理科「科学と人間生活」<https://erid.nier.go.jp/files/COFS/h30h/chap2-5.htm>
[4] 科学技術振興機構（2015）：科学技術リテラシーに関する課題研究報告書 <https://www.jst.go.jp/sis/archive/items/literacy_01.pdf>
[5] 松山圭子（1999）：大学教養教育としてのSTS教育、青森公立大学紀要、5(1)、18-26
[6] 内田隆（2015）：未来のエネルギー政策を題材としたシナリオワークショップ――参加型テクノロジーアセスメントの手法を利用した理科教材の開発と実践、理科教育学研究、55(4)、425-436

［7］徳永好治（1971）：自然科学教育の目的について、北海道教育大学紀要、第一部. C, 教育科学編、21(2)、156-169
［8］文部科学省科学技術・学術政策研究所（2021）：科学技術指標2021 <https://nistep.repo.nii.ac.jp/records/6760>
［9］小田康友・増子貞彦（2006）：医学教育の現在と佐賀大学医学部の挑戦——ＰＢＬの理念と課題、佐賀大学高等教育開発センター大学教育年報、2、60-66
［10］Aikenhead, G., Orpwood, G., Fensham, P.（2011）：Scientific literacy for a knowledge society. In C. Linder, L. Östman, D. A. Roberts, P-O. Wickman, G. Erickson & A. MacKinnon (Eds.), *Exploring the landscape of scientific literacy* (pp.28-44). New York: Routledge.
［11］文部科学省（1999）：科学と科学的知識の利用に関する世界宣言（国際連合教育科学文化機関・国際科学会議共催による世界科学会議で採択）<https://www.mext.go.jp/b_menu/shingi/gijyutu/gijyutu4/siryo/attach/1298594.htm>
［12］文部科学省（2017）：科学及び科学研究者に関する勧告（第39回ユネスコ総会採択）<https://www.mext.go.jp/unesco/009/1411026.htm>
［13］宮田親平（2007）：毒ガス開発の父ハーバー——愛国心を裏切られた科学者、朝日選書
［14］藤垣裕子（2003）：専門知と公共性——科学技術社会論の構築へ向けて、東京大学出版会
［15］荻原彰（2015）：自然と共同体に開かれた学び、鳥影社
［16］金森修（2015）：科学思想史の哲学、岩波書店
［17］伊勢田哲治（2011）：科学の拡大と科学哲学の使い道、菊池誠・松永和紀・伊勢田哲治・平川秀幸・飯田泰之＋SYNODOS 編『もうダマされないための「科学」講義』、65-100、光文社新書
［18］川勝博（2010）：大学における科学基礎教育改革の視点、名古屋高等教育研究、10、77-94
［19］科学技術の智プロジェクト（2022）：科学技術の智プロジェクト 総合報告書（Kindle 版）、科学コミュニケーション研究所
［20］西岡秀三（2008）：科学が文明を変える——気候変動に関する政府間パネル（IPCC）が果たした役目、日本原子力学会誌、50(9)、557-561
［21］環境省（2022）：IPCC 評価報告書の概要 <https://www.env.go.jp/earth/ondanka/ipccinfo/ipccgaiyo/ipcc_hyoukahoukokusho.html>
［22］鳥谷部茂（2018）：東日本大震災における釜石の奇跡と悲劇、廣島法學、42(2)、70-56
［23］片田敏孝（2013）：想定外を生き抜く力——大津波から生き抜いた釜石市の児童・生徒の主体的な行動に学ぶ <https://www.bousaihaku.com/pdf/report-souran/2013/higashinihon25_4-2-3c.pdf>（消防防災博物館）
［24］河北新報（2013）：備えの死角（2）防潮堤／「万里の長城」油断招く <https://kahoku.news/articles/20130430kho000000001000c.html>
［25］首相官邸（2020）：令和2年2月27日 新型コロナウイルス感染症対策本部（第

15回）<https://www.kantei.go.jp/jp/98_abe/actions/202002/27corona.html>
［26］首相官邸（2020）：令和2年2月29日 安倍内閣総理大臣記者会見<https://www.kantei.go.jp/jp/98_abe/statement/2020/0229kaiken.html>
［27］文部科学省（2020）：萩生田光一文部科学大臣臨時記者会見録（令和2年2月28日）<https://www.mext.go.jp/b_menu/daijin/detail/mext_00039.html>
［28］松本一紗（2021）：新型コロナウイルス感染症（COVID-19）拡大下における一斉休校要請の教育政策過程の特質と課題――キングダンの「政策の窓」モデルを使った分析を通じて、研究論叢、27、41-59
［29］衆議院（2020）：第201回国会予算委員会第18号（令和2年2月28日（金曜日））<https://www.shugiin.go.jp/internet/itdb_kaigiroku.nsf/html/kaigiroku/001820120200228018.htm>
［30］内閣官房（2020）：新型インフルエンザ等対策有識者会議 基本的対処方針等諮問委員会（第4回）議事録 <https://www.cas.go.jp/jp/seisaku/ful/shimon4_2.pdf>
［31］Viner, R. M., Russell, S. J., Croker, H., et al.（2020）：School closure and management practices during coronavirus outbreaks including COVID-19: A rapid systematic review. *Lancet Child & Adolescent Health*, 4(5), 397-404
［32］Bayham, J., Fenichel, E. P.（2020）：Impact of school closures for COVID-19 on the US health-care workforce and net mortality: A modelling study. *Lancet Public Health*, 5(5), E271-E278
［33］文部科学省（2021）：萩生田光一文部科学大臣記者会見録（令和3年4月20日）<https://www.mext.go.jp/b_menu/daijin/detail/mext_00155.html>

●第6章 トランスサイエンス問題への自律的意思決定の基盤をつくる

［1］科学技術振興機構 研究開発戦略センター政策ユニット（2012）：政策形成における科学と政府の役割及び責任に係る原則の確立に向けて　付録3-8 「英国ビジネス・イノベーション・技能省（BIS）「政府への科学的助言に関する原則」（2010年3月24日）の内容」より引用 <https://www.jst.go.jp/crds/pdf/2011/SP/CRDS-FY2011-SP-09.pdf>
［2］平川秀幸（2011）：信頼に値する専門知システムはいかにして可能か――「専門知の民主化／民主制の専門化」という回路、科学、81(9)、896-903
［3］有本建男・佐藤靖・松尾敬子・吉川弘之（2016）：科学的助言――21世紀の科学技術と政策形成、東京大学出版会
［4］文部科学省 科学技術社会連携委員会（2019）：今後の科学コミュニケーションのあり方について <https://www.mext.go.jp/b_menu/shingi/gijyutu/gijyutu2/092/houkoku/__icsFiles/afieldfile/2019/03/14/1413643_1.pdf>
［5］シュレーダー＝フレチェット（2007）：環境リスクと合理的意思決定――市民参加の哲学、松田毅監訳、昭和堂
［6］岸本充生（2008）：異なる種類のリスク比較を可能にする評価戦略――質調整生存年数を用いたトルエンの詳細リスク評価、*Synthesiology*, 1(1), 31-37
［7］嶋本貴文（2014）：市民に原発リスクを正しく判断してもらうには、日本原

子力学会2014年秋の大会 <http://www.aesj.or.jp/~snw/katudouhoukoku/document/gakkai14aki_kikaku/paneru2.pdf>
[8] 三菱総合研究所（2022）：提言　カーボンニュートラル時代の長期的な原子力利用の在り方 <https://www.mri.co.jp/news/press/20221007_2.html>
[9] 伊方原発運転差止請求事件原告弁護団（2022）：準備書面（97）　武力攻撃の対象となる原発の危険性と反公益性 <http://www.ikata-tomeru.jp/wp-content/uploads/2022/06/準備書面97武力攻撃の対象となる原発の危険性と反公益性.pdf>
[10] 経済産業省 資源エネルギー庁（2019）：廃炉からのゴミをリサイクルできるしくみ「クリアランス制度」<https://www.enecho.meti.go.jp/about/special/johoteikyo/clearance.html>
[11] 池田信夫（2016）：原子力の価値、評価を妨げるものは何か、Global Energy Policy Research <https://www.gepr.org/contents/20161215%E2%88%9201/>
[12] The Chernobyl Forum: 2003-2005（2006）：Chernobyl's Legacy: Health, Environmental and Socio-Economic Impacts and Recommendations to the Governments of Belarus, the Russian Federation and Ukraine <http://www.agriculturedefensecoalition.org/sites/default/files/file/nuclear/14Q_2003_2005_IAEA_Publications_Chernobyl_Legacy_Second_Revised_Edition.pdf>
[13] 今中哲二（2006）：チェルノブイリ事故による死者の数、原子力資料情報室通信、386、8-11
[14] スチュワート・リチャーズ（1985）：科学・哲学・社会、岩坪紹夫訳、紀伊國屋書店
[15] 金井直美（2011）：自己決定の限界と可能性――自己決定の主体と能力をめぐる考察、政治学研究論集、33、147-169
[16] 日本経済新聞（2014年6月27日）：新出生前診断　染色体異常、確定者の97%が中絶 <https://www.nikkei.com/article/DGXNASDG2703S_X20C14A6CC1000/>
[17] 坂井律子（2013）：出生前診断と「寛容さ」、「ジェンダー」、教育福祉研究、19、49-56
[18] 佐々木恒太郎・斉藤通紀（2018）：ヒトiPS細胞を用いた生殖細胞造成の現状と将来（日本産婦人科医会の研修ノート第100号のサイトより引用）<https://www.jaog.or.jp/note/（1）ヒトips-細胞を用いた生殖細胞造成の現状と将/>
[19] 国土交通省（2006）：利根川水系河川整備基本方針「基本高水等に関する資料」<https://www.mlit.go.jp/river/basic_info/jigyo_keikaku/gaiyou/seibi/pdf/tone-2.pdf>
[20] 大熊孝（2004）：脱ダムを阻む「基本高水」――さまよい続ける日本の治水計画、世界、2004年10月号、123-131
[21] 国土交通省（2005）：第21回河川整備基本方針検討小委員会資料2-1 <https://www.mlit.go.jp/river/shinngikai_blog/shaseishin/kasenbunkakai/shouiinkai/kihonhoushin/051003/pdf/s2-1.pdf>
[22] 大熊孝（2008）：意見書（八ッ場ダム公金支出差し止め請求にかかわり水戸地裁に提出された意見書）<http://www.yamba.sakura.ne.jp/shiryo/ikensho/ikensho_

ookuma.pdf>
[23] 関良基（2018）：利根川の緑のダム機能と基本高水問題、経済地理学年報、64、102-112
[24] 山口光恒（2008）：日経ＢＰ 山口光恒の『地球温暖化 日本の戦略』連載第10回　費用便益分析と「スターン・レビュー」【前編】<http://m-yamaguchi.jp/others2/bp_10.pdf>
[25] 大瀧正子（2008）：地球温暖化問題の経済分析における将来世代の厚生評価の問題点、立命館国際研究、21(2)、281-299
[26] 多田羅浩三（2009）：現代公衆衛生の思想的基盤、日本公衆衛生雑誌、56(1)、3-17
[27] 田中嘉之（1972）：イタイイタイ病第一次訴訟第一審判決にみる因果関係論（中）、一橋論叢、68(4)、410-417より判決文を引用
[28] 吉村良一（2019）：損害賠償訴訟における疫学の意義——水俣病訴訟を例に、末川民事法研究、5、33-53より判決文を引用
[29] 藤垣裕子（2003）：専門知と公共性——科学技術社会論の構築へ向けて、東京大学出版会
[30] 広島地方裁判所（2020）：令和2年7月29日「『黒い雨』被爆者健康手帳交付請求等事件」判決中の被告の主張より引用 <https://www.courts.go.jp/app/files/hanrei_jp/808/089808_hanrei.pdf>
[31] シーラ・ジャサノフ（2015）：法廷に立つ科学——「法と科学」入門、渡辺千原・吉良貴之監訳、勁草書房
[32] 疾病・障害認定審査会 原子爆弾被爆者医療分科会（2001）：原爆症認定に関する審査の方針　厚生労働省健康局 第1回原爆症認定の在り方に関する検討会 <https://www.mhlw.go.jp/shingi/2007/09/s0928-9.html> において提出された参考資料2より引用
[33] 大阪高等裁判所（2008）：平成20年5月30日判決「原爆症認定申請却下処分取消等請求控訴事件」判決 <https://www.courts.go.jp/app/files/hanrei_jp/731/036731_hanrei.pdf>
[34] OECD（2006）：Assessing Scientific, Reading and Mathematical Literacy: A Framework for PISA 2006 <https://www.oecd-ilibrary.org/assessing-scientific-reading-and-mathematical-literacy_5l9px1szzg30.pdf?itemId=%2Fcontent%2Fpublication%2F9789264026407-en&mimeType=pdf>
[35] 村上陽一郎（1994）：科学者とは何か、新潮選書
[36] クロード・レヴィ＝ストロース（1976）：野生の思考、大橋保夫訳、みすず書房
[37] ジョン・ザイマン（1988）：科学と社会を結ぶ教育とは、竹内敬人・中島秀人訳、産業図書
[38] 廣野喜幸（2013）：サイエンティフィック・リテラシー——科学技術リスクを考える、丸善出版
[39] アマルティア・セン（2000）：自由と経済開発、石塚雅彦訳、日本経済新聞

社
[40] デイヴィド・ガイル（2012）：知識経済の特徴とは何か？——教育への意味（潮木守一訳）、ヒュー・ローダー他編『グローバル化・社会変動と教育1　市場と労働の教育社会学』広田照幸他編訳、179-198、東京大学出版会
[41] 内田隆（2015）：未来のエネルギー政策を題材としたシナリオワークショップ——参加型テクノロジーアセスメントの手法を利用した理科教材の開発と実践、理科教育学研究、55(4)、425-436
[42]「チャレンジ！ 原子力ワールド」企画制作委員会（2010）：チャレンジ！ 原子力ワールド——中学生のためのエネルギー副読本、文部科学省・経済産業省資源エネルギー庁
[43] 平川秀幸（2004）：科学技術論と社会学とのコラボレーションに向けての論点提起、フォーラム現代社会学、3、70-72
[44] 小林傳司（2010）：社会のなかの科学知とコミュニケーション、科学哲学、43(2)、33-45
[45] カール・マンハイム（1971）：自由・権力・民主的計画、池田秀男訳、未来社
[46] グラント・ウィギンズ、ジェイ・マクタイ（2012）：理解をもたらすカリキュラム設計——「逆向き設計」の理論と方法、西岡加名恵訳、日本標準

●おわりに

内田隆・鶴岡義彦（2014）：日本におけるSTS教育研究・実践の傾向と課題、千葉大学教育学部研究紀要、62、31-49